마음이
학교다

일러두기

1. 몇몇 단어는 국립국어원의 표준 맞춤법을 따르지 않고, 교육 현장에서 쓰는 말은 그
   대로 살렸다.
2. 마찬가지로, 헤엄, 구체로, 보통으로, 규칙 있게, 객관으로, 생태스러운 같은, 교육 현
   장에서 쓰는 우리말을 그대로 살렸다.

공동체 살리는 시리즈

함께 살아간다는 것. 어디서나 공동체를 일굴 수 있습니다. 마음을 모아 혼자만의 경험이 아닌, 우리의 경험을 모아내기만 한다면 가능합니다. 삶을 쏟아붓는 특정한 이슈는 공동체를 만드는 좋은 씨앗입니다. 환경, 교육, 예술, 문화 등 '공동체 살리는 시리즈'는 공동체를 다시 일구는 든든한 디딤돌이 되겠습니다.

생태전환교육과 마을교육공동체 이야기

마을이 학교다

초판 1쇄 발행 2024년 7월 30일

지은이. 전정일
펴낸이. 김태영

씽크스마트 책 짓는 집
경기도 고양시 덕양구 청초로66
덕은리버워크 지식산업센터 B-1403호
전화. 02-323-5609

홈페이지. www.tsbook.co.kr
블로그. blog.naver.com/ts0651
페이스북. @official.thinksmart
인스타그램. @thinksmart.official
이메일. thinksmart@kakao.com

ISBN 978-89-6529-408-5 (03370)
© 2024 전정일

• **씽크스마트** 더 큰 생각으로 통하는 길
'더 큰 생각으로 통하는 길' 위에서 삶의 지혜를 모아 '인문교양, 자기계발, 자녀교육, 어린이 교양·학습, 정치사회, 취미생활' 등 다양한 분야의 도서를 출간합니다. 바람직한 교육관을 세우고 나다움의 힘을 기르며, 세상에서 소외된 부분을 바라봅니다. 첫 원고부터 책의 완성까지 늘 시대를 읽는 기획으로 책을 만들어, 넓고 깊은 생각으로 세상을 살아갈 수 있는 힘을 드리고자 합니다.

• **도서출판 큐** 더 쓸모 있는 책을 만나다
도서출판 큐는 울퉁불퉁한 현실에서 만나는 다양한 질문과 고민에 답하고자 만든 실용교양 임프린트입니다. 새로운 작가와 독자를 개척하며, 변화하는 세상 속에서 책의 쓸모를 키워갑니다. 흥겹게 춤추듯 시대의 변화에 맞는 '더 쓸모 있는 책'을 만들겠습니다.

자신만의 생각이나 이야기를 펼치고 싶은 당신.
책으로 사람들에게 전하고 싶은 아이디어나 원고를 메일(thinksmart@kakao.com)로 보내주세요.
씽크스마트는 당신의 소중한 원고를 기다리고 있습니다.

마을이 학교다

생태전환교육과
마을교육공동체 이야기

전정일 지음

| 감사 말씀 |

맑은샘학교는 2005년 물이랑작은학교로 설립되어 2007년 맑은샘학교로 재개교한 경기도교육청 등록 대안교육기관 학교이다. 학교의 교육철학으로 이오덕 사상과 생태주의를 바탕으로 주인으로 더불어 앞날을 열어가기 위해, 자연 속에서 일놀이와 글쓰기로 어린이 삶을 가꾸며 어린이와 어른이 함께 자라는 행복한 미래교육 현장, 삶을 위한 교육으로 인지교과와 표현교과가 통합되는 맛있고 신나는 삶을 위한 학교, 마을 속 교육과정으로 마을교육공동체를 가꾸는 마을 속 작은 학교이다.

많은 대안교육 현장이 그러하듯 생태주의와 마을이 학교 철학의 바탕으로 깔려있기에 학교에서의 일상과 삶을 포괄하는 모든 교육과정의 근본에는 생태와 마을이 있다. 학교는 세상과 연결되어야 한다는 생각으로 학교에서 추구하는 생태스러운 삶을 마을로 넓히는 데 애를 써왔다. 그래서 맑은샘학교의 생태전환교육과 마을교육공동체는 별개가 아닌 하나의 이야기다. 학교와 마을에서 어린이 삶을 가꾸고, 세상을 이롭게 하며, 교육공동체가 마을교육공동체를 가꾸며 자라는 이야기는 모두 삶을 위한 교육에 닿아 있다.

무엇보다 이 책은 맑은샘 어린이들과 교사들과 부모들이 교육공동체로 실천해온 전환 교육과 어린이 삶을 가꾸며 마을을 가꾸는 교육공동체의 아름다운 실천 기록 가운데 일부이다. 마을신문과 여러 곳에 보낸 글과 날마다 쓰는 교육 일기 가운데 간추려서 사실 겹치는 이야기가 많다. 학교에서 펼쳤던 생태전환교육이 마을로 확장되고, 마을 속 교육과정으로 마을을 가꾸는 마을교육공동체 활동은 궁극으로는 생태 전환의 가치가 학교와 마을에서 다양하게 모색되는 이야기이기 때문이다.

마을을 가꾸고 생태 전환의 삶을 꿈꾸는 맑은샘교육공동체의 눈부신 실천이 충분히 드러나지 못했다면 그건 모두 저자의 부족함이다. 어린이 삶을 가꾸며 교육의 전환, 문명의 전환, 삶의 전환을 꿈꾸는 맑은샘교육공동체의 실천을 썼기에, 끝내 이 책은 맑은샘 어린이들과 동료 교사들, 교육공동체 식구들, 가족들이 쓴 것이다. 다시 한 번 깊은 감사를 전한다.

추천의 글을 써주신 김태정 선생님, 강신호 선생님, 안성균 선생님, 그리고 대안교육연대 식구들과 많은 벗들이 보내준 응원과 격려가 있어 도전할 용기가 생겼음을 밝힌다.

또한 부족한 원고를 멋진 책으로 펴내주신 씽크스마트 출판사 김태영 대표님, 김무영 편집장님과 신재혁 편집자님에게 감사를 드린다. 이분들의 뜻깊고 아름다운 출판 철학과 가치가 있어 책으로 나올 수 있었다. 정말 감사드린다.

마지막으로 늘 응원하고 격려를 아끼지 않는 고마운 가족들, 사랑하는 경미, 호진, 우진에게 고마움을 전한다.

야만의 경쟁교육을 넘어
협력을 통한 발달교육으로 가고 싶다면

김태정

(사)마을교육공동체포럼 상임이사
인천광역시교육청 마을교육공동체 전문관

한국사회의 제도교육은 여전히 근대학교의 패러다임을 벗어나고 있지 못합니다. 지식과 기술을 전달하는 교육의 한계는 너무나 분명합니다. 여기에 주어진 문제의 주어진 정답을 주어진 시간 안에 찾는 입시경쟁교육은 교육과 사회를 병들게 만들었습니다.

이를 극복하기 위하여 대안학교들이 등장하였고, 마을교육공동체 운동이 조금씩 확산되고 있습니다. 이런 와중에 대안학교의 교장이자, 마을교육활동가, 마을운동가인 전정일 선생님이 귀한 책을 쓰셨습니다. 전정일 선생님의 이전 책이 가지는 의미는 남다릅니다.

첫째, 비제도적 영역에서 활동하는 교육운동가의 자기기록입니다. 현학적인 태도와 기교가 없는 진솔한 자기기록으로 이는 아카데믹한 연구자들은 결코 넘볼 수 없는,

현장에서 실천하는 활동가만이 할 수 있는 독보적인 창작 활동이 아닐 수 없습니다. 저는 전정일 선생님의 이번 책의 출간으로 좀 더 많은 대안교육운동가, 마을교육활동가들의 기록 활동이 이루어지길 희망합니다.

둘째, 생태전환교육의 전형을 보여주는 저작입니다. 제도영역인 학교에서도 생태전환교육을 하고 있으나, 비제도영역인 대안학교, 마을학교 가지는 장점을 활용하여 더 유연하고 더 다양한 교육활동의 생생한 사례가 담겨져 있습니다. 생태전환교육에 관심이 있는 분들이라면 필독을 권합니다.

셋째, 마을교육공동체활동가는 어떻게 활동하고 살아가야 하는지에 대해 깊은 영감을 주고 있습니다. 전정일 선생님은 앎과 삶이 일치하는 마을교육공동체 활동가의 전형을 보여주고 있습니다.

공동체는 오래된 미래라고 할 수 있습니다. 우리 인류는 협력을 통해서 성장하고 발달하며 공존하는 존재입니다. 비록 자본주의 경쟁체제가 각자도생을 강요하고 있지만 인간의 유적 본질을 없앨 수 없는 일입니다. 야만의 경쟁교육을 넘어 협력을 통한 발달교육을 지향하는 이들이라면 전정일 선생님의 귀한 기록을 꼭 한번 읽어 보시길 권합니다.

생태 중심의 가치관

안성균

지평선중고등학교 교장, 前 삶을 위한 교사대학 이사장

교육의 생태적 전환을 넘어 생태 중심의 가치관으로 똘똘 뭉쳐서, 지속가능한 삶을 위한 배움터와 글밭을 가꾸는 일놀이 농부 교장샘과 어린 농사꾼들의 유쾌한 반란이 꿈틀거리는 현장이 있다. 맑은샘학교가 바로 그 곳이다.

마을이 곧 학교인 세상

강신호

『이러다 지구에 플라스틱만 남겠어』 저자

이 책엔 생태교육에 관한 저자의 철학과 오랜 경험이 고스란히 녹아들어가 있다. 교과서 안의 이론이나 구호만이 아닌, 학교 운동장을 교실 삼고 텃밭을 놀이터 삼으며 마을이 곧 학교인 세상을 책속에 거침없이 그려 놓았다. 저자가 꺼내 놓은 생태적이면서도 창의적인 아이디어들은 생태교육에 대한 열망이 얼마나 깊은 가를 충분히 가늠케 해준다. 이 책을 읽는 것만으로도 생태적인 감수성이 길러지고, 학교 안팎의 생활 속에서 어떻게 실천할 수 있는지를 알게 한다.

2장. 생태전환교육

🎋 하나. 일 놀이와 자립교육 ···················· 236

1장

마을 속 작은 학교와 마을교육공동체

마을이 학교이고 삶이 교육이니
마을 가꾸기가 교육과정이며
마을 사람들이 교육과정이며 학교다.

삶을 위한 교육은 교육의 본질이다. 전인교육과 미래교육은 배움을 나누고, 삶의 주인으로 함께 살기를 실천하는데 달려있다. 프로그래밍과 스마트기기 활용이 전부가 아닌 학교 일상에서 마을로 학교를 넓혀 배움을 나누고 소통하는 삶을 위한 교육이 미래교육이다. 생태전환, 마을교육공동체를 20년 가까이 그보다 더 오래 학교 설립 이후로 꾸준히 실천해온 대안교육연대 소속 교육현장이 우리가 꿈꾸는 미래학교이다.

2021년부터 2025년까지 18조가 넘는 한국판 뉴딜사업으로 진행되는 그린스마트미래학교(40년 이상 경과한 학교 건물 중, 2,835동(약 1,400개교)을 개축 또는 새 단장(리모델링)하는 사업)는 공간혁신, 그린학교, 스마트교실, 시설복합화로 대표되지만 실은 미래학교에서 담을 교육과정의 혁신, 마을교육공동체, 생태전환을 축으로 교육의 전환을 담아야 한다. 그러나 아쉽게도 그린스마트미래학교가 공교육의 새 지평을 열어내고 입시와 경쟁 중심 교육을 바꾸지는 못하고 있다. 제도권 교육의 변화흐름을 지켜보며 대안교육기관의 앞날과 교육의 근본을 생각해볼 때 작은 학교의 생태전환교육은 현재와 미래를 위한 교육의 바탕이다.

맑은샘학교는 자연이 위대한 스승이라는 철학처럼 자연의 감수성을 배우고 익히는 교육과정을 직접 겪어보고 경험하는 교육활동이 학교 교육의 중심이다. 물론 자연 체험에 그치지 않고 삶에서 실천하도록 돕는 교육이다. 생태의 삶은 자연의 경험과 더불어 자본주의의 소비중심 사회와 경제성장 제일주의 대신 대안의 삶에 대한 고민과 실천에 연결되어 있다. 그래서 자연과 함께 살아가는 공생을 위한 에너지 자립과 생산자로서의 경험을 교육과정의 큰 축으로 잡고 있다. 기후위기 역시 맑은샘에서 이미 이루어지고 있는 공생을 위한 자립에 초점을 둔 학교의 문화와 교육활동들을 바탕으로 소비 중심 사회에 관한 비판을 담고 대안의 삶을 상상하고 실천하면서 접근하고 있다.

어린이들이 학교에서 자원과 에너지를 아끼고, 대안에너지를 찾고 쓰며, 자연에 해가 덜 가는 방향에서 직접 생산해 보는 일과 관련된 다양한 활동들을 하도록 하고 있다. 쓰레기 처리 교육(쓰레기 만들지 않기, 쓰레기 줍기, 분리수거), 마을 장터를 열고 아나바다 실천하기, 고물상에 다니며 모은 돈으로 태양광 발전기 설치해서 전기 생산하기, 빗물 저금통을 만들어 빨래 및 농사에 필요한 물로 쓰기, 손빨래와 빗자루 청소, 에어컨 덜 쓰기로 에너지 절약하기, 목공 염색 직조 발효 바느질 손뜨개 같은 손끝활동(적정기술, 삶의 기술)으로 학교와 마을에 필요한 것들 직접 만들기, 텃밭과 논 농사를 지어 생명을 살리는 먹을거리를 스스로 마련하기 활동을 꾸준히 펼쳤다.

이러한 일놀이 활동들은 여러 교과 교육이나 교육활동들과 연계되어 통합교과, 주제학습으로 이어진다. 자원으로서의 빗물의 중요성에 관한 수업을 하며 빗물 저금통을 만들고, 수학 시간을 통해 태양광 발전기에서 생산되는 전기량을 관찰, 측정하고 도표와 그래프를 그리고, 통계와 평균내기로 수학을 한다. 목공수업으로 움직이는 포장마차를 만들고, 태양광전지판을 달아 마을에서 포장마차를 운영한다. 어린이들이 직접 대나무를 깎아 꼬치를 만들고 꼬치구이를 마을 사람들에게 판매하여 졸업여행 비용을 벌기도 했다.

특히 농사와 먹을거리 마련은 기후위기 시대에 더 절절하게 교육해야 되는 경험임을 깨닫고 있다. 농사를 지으며 자연을 경험하는 것을 넘어 자연에 해를 덜 입히는 방법으로 자립하는 경험을 해볼 수 있기 때문이다. 대단한 풍요 속에 살고 있으며 모든 것을 다 살 수 있다 생각해 물건들이나 먹거리들이 귀한 줄 모르는 오늘날의 어린이들이 누군가 땀 흘려서 일하는 과정에서 생산된 귀한 먹을거리가 밥상에 오른다는 사실을 알게 하는 것, 직접 시간과 힘을 들여 내 밥상이 준비되는 것을 경험하고 삶에서 실천해 보는 것은 쉽지 않지만 교육 현장이 해야 할 노릇이다.

　학교에서 경험하는 생태스러운 삶을 통해 아이들이 자연의 감성을 자연스레 배우고 자연을 닮아간다고 느낀다. 자연의 감성, 자연을 닮은 감성이란 생명을 소중히 하고, 자연을 아끼고 사랑하고 또 자연 속에서 편안함을 느끼는 감성, 자연이 얼마나 우리에게 아름다움을 선물하고 인류의 삶의 바탕을 만들어주지를 골고루 느끼는 감성이다. 자연의 감성을 훨씬 더 구체로 드러내기 위한 교육과정이 일과 놀이 교육과정이다. 그러나 일하고 놀며 자연의 감성을 삶에서 배워가고 드러내는 아이들의 본성을 흐트러트리는 게 자본주의 사회 또는 소비가 칭찬받는 사회이다. 그래서 자연의 감성을 교육 현장에서 중요하게 여긴다면 단순한 자연 체험을 넘어 소비중심사회에 대한 비판과 대안의 관점에서 삶의 방식을 전환하는 교육의 가치가 삶을 바꾸고 문명을 바꿀 수 있다는 것을 경험할 수 있도록 도와야 한다. 이것이 기후위기 시대 교육의 시대정신이다.

맑은샘학교에서는 어린이들이 자연에서 얻은 것들을 가지고 함께 하나라도 직접 만들어보고, 생산되는 전 과정을 이해할 수 있도록 겪어보면서 얼마나 땀과 정성이 필요한지 또 자연의 한 생명체로 살아가는 고마움을 느끼도록 돕는다. 무엇보다도 우리가 다루고자 하는 생태전환교육을 하나의 교육활동 안에 잠깐 한 번 하고 말거나, 삶에서 특별한 활동으로 국한해 내 삶과 크게 관련 없는 것이 아닌, 우리가 살아가는 일상과 삶으로 연결되는 교육의 일관성을 생각하면 좋겠다. 학교마다 생태전환의 가치를 배우고 실천하는 수업을 한 번의 수업으로 담는 걸 시도 해 왔다면, 그 수업을 넘어 다른 교과 수업에서 그러한 가치가 일관되게 이어지도록, 또 만일 자신의 교과 수업에서만 시도해 왔다면 교과 외 활동과 학생 자치를 포함하는 통합교육으로 펼쳐지도록 하는 게 중요하다.

학교 안 작은 교실을 넘어 학년과 전체의 교실에서, 내 학년을 넘어 모든 학년의 경험에서 생태전환교육이 실천되도록 어떻게 하면 그 범위를 조금 씩 더 확장할 수 있는지, 그래서 여러 수업과 교실, 경험을 넘나들고 가로지르며 자라나는 아이들이 마을과 학교 밖 세상에서도 일관되게 생태전환의 삶을 실천할 수 있도록 도울 건지는 학교와 교육, 교사의 몫이다.

 # 하나. 자연은 위대한 스승이다

맑은샘학교 어린이들과 선생들은 봄, 여름, 가을, 겨울, 철마다 때마다 집을 떠나 남쪽으로 지리산과 섬진강이 있는 하동, 화순, 남해, 해남과 청산도, 연대도, 진도, 동쪽 주문진과 고성 북쪽 원주와 인제, 서쪽 춘장대와 덕적도, 태안반도, 나라 가운데 괴산에서 짧게는 일주일, 길게는 보름을 함께 사는 자연 속 기숙학교를 열어왔다. 아이들은 자연에서 들살림, 산살림, 갯살림을 배우며 어린이 스스로 제 삶의 주인이 되어, 계절에 따른 자연과 삶의 변화를 겪고, 그 고장의 문화와 역사를 공부하며, 모둠살이를 깊이 느끼고 배운다. 집을 떠나 때론 불편하고 힘든 곳에서 어린이들 스스로 밥을 짓고, 빨래를 하며, 청소를 하며 함께 자고 먹고 놀며 일한다. 해마다 줄곧 자연 속으로 떠났으니 오래 다닌 아이들은 6년 동안 24번 넘게 자연 속 학교를 다닌다. 그래서인지 철이 바뀌면 아이들과 선생들은 자연 속 학교를 기다린다.

가끔 어린이들이 그렇게 길게 자연 속 학교를 가는 까닭을 많이 분들이 묻기도 하고 여행과 다른 점이 무엇인지 궁금해 한다. 우리는 어린이들은 부모와 함께 살아야 한다고 여기고 도시 속 대안학교에서 어린이 삶을 가꾸며 부모가 함께 자라기를 바란다. 그러나 경쟁과 소비의 유혹이 넘치는 도시 속 대안학교가 갖는 어려움을 뛰어넘고자 자연 속 기숙학교를 자주 가 자연 속에서 마음껏 놀고 일하며, 기숙학교의 장점을 살려 자연이 주는 건강, 감성과 버릇을 어린이 삶을 가꾸는 큰 힘으로 생각한다. 우리가 가는 자연 속 학교가 스쳐 지나가는 여행과 한 번 하고 잊어버리는 체험으로 끝나기를 바라지 않기에, 우리는 같은 곳에 줄곧 가서 우리 아이들을 따듯하게 맞아주는 마을과 어른들이 있고 삶이 있는 곳에서 들살림, 산살림을 배운다.

뭐든지 줄곧 할 때 배움이 있고 삶이 있는 법이다. 자연 속 학교 때면 아이들은 어김없이 아침 일찍부터 저녁까지 쉬지 않고 놀며, 선생들도 아침부터 저녁까지 쉬지 않고 아이들을 살피고 이끌며 일거리와 놀거리를 찾아 배움으로 버릇으로 이어지도록 애를 쓴다. 그렇게 하나가 되어 주인으로, 더불어 사는 힘을 길러 도시로 돌아오면 도시와 자본과 소비의 유혹을 이겨낼 수 있는 힘이 살며시 들어있기를 바랄 뿐이다.

자연 속 여행 기숙학교

자연속학교는 함께 먹고, 함께 자고, 함께 일하고 노는 여행 기숙학교다. 날마다 학교에서 살 때와 달리 온 종일 함께 지내니 평소보다 더 많은 것들을 서로에게 배우고, 느끼고, 싸우고, 웃는다. 일주일을 함께 지내니 저마다 개성이 듬뿍 묻어나오고, 부모와 떨어져 낯설고 집보다 불편한 곳에서 살다보니 힘듦과 짜증을 내는 것도 자연스럽다. 자신을 위한 잠자리와 익숙해서 편한 화장실, 먹고 싶은 것만 먹을 수 있고, 자신의 기운과 호흡대로 자유롭게 쉬고 놀 수 있는 집을 떠나 다 함께 살면, 마음대로 할 수 없는 게 함께 사는 규칙이다. 옛말에 집 떠나면 고생이라 하지 않았던가.

밥 먹을 때도 모둠단위로 밥을 받고, 날마다 어울려 노는 즐거움도 있지만 서로 자꾸 다투는 일도 생기고, 순간 못된 마음으로 상대방을 힘들게 하기도 하고, 자신의 욕구를 더 드러내며 다른 사람의 몫을 생각하지 않는 때도 있고, 세상의 중심이 자신인 어린이들이 서로 다른 사람의 마음을 읽고 배려한다는 건 대단히 어려운 일이라 날마다 희노애락의 감정이 누군가로부터 쏟아져 나온다. 그래서 함께 살기는 배우는 게 많지만 힘들기도 하다.

어린이들에게 집은 부모이고 곧 사랑이다. 부모가 있는 집을 떠나 사는 것은 대단한 도전이며 용기이다. 힘듦과 어려움을 이겨낼 수 있는 힘은 함께 사는 어린이들과 선생들, 자연에게 있다. 지금이 소중한 어린이들이니 날마다 하는 활동에 온 힘을 다하고, 저녁이면 보고 싶은 부모님 대신 정겨운 어린이들과 선생들을 보며 순간 힘든 것들을 참아낸다.

사실 서로 어울려 살아가며 배우고 놀고 재미난 게 많지만 본능에 해당하는 먹고 자고 누는 문제가 가장 어렵다. 무엇보다 선생들은 어린이들이 낯선 곳에서 살다보니 익숙한 생리현상이 마음대로 되지 않아 힘든 경우가 참 미안하다. 마음같이 잘 누기가 어렵고, 잠이 안 와 힘들어하는 때 여러 가지 도울 방도를 찾고 더 알뜰하게 살피지만 단 번에 해결되는 게 아니라 어렵다. 자연속학교 때마다 한두 어린이가 꼭 자고 누는 게 어려워 많은 보살핌을 받는다.

함께 놀다보면 다툼은 자연스럽다. 협력해서 노는 놀이를 하다가도 서로 다름을 확인하는 게다. 안에서는 공기놀이와 카드놀이를 하고, 밖에서는 축구와 야구, 그물침대를 타는 어린이들이 많았다. 날마다 여러 어린이들이 서로 속상 한 걸 경험하고 선생에게 알려온다. 보통 놀림말, 거친 말과 거친 몸짓, 놀이하다 속상한 게 많다. 형 언니 동생 사이라서 속상한 게 나오고, 자주 어울려 몰려다니다가도 속상하고, 둘레를 생각해 맞춰 살다 지쳐서 속상한 경우도 있다. 싫어하는 행동을 해도 너무하는 어린이도 있고, 자꾸 자기 마음대로 하려는 어린이도 있다. 한바탕 선생에게 털어놓고 마음이 편해지는 어린이도 있고, 선생의 도움으로 규칙을 배우는 어린이도 있다. 선생이 지나치게 개입해서 안 되는 일도 많고, 적당한 거리에서 스스로 해결하도록 내버려둬야 할 때도 있다. 부모의 잔소리를 듣지 않아 자연속학교가 좋다는 어린이도 있지만, 자연속학교에서는 날마다 선생들과 다른 어린이들에게 잔소리와 도움말을 들으며 자란다.

많은 것을 겪지만 즐거움이 없으면 견딜 수 없는 게 자연속학교다. 함께 수다를 떨어줘서 고맙고, 서로 놀아줘서 고맙고, 설거지를 해줘서 고맙고, 도와줘서 고맙고, 날마다 고마운 이야기가 넘쳐난다. 마침회 때 고마운 이야기를 들어보면 어린이들이 어디에서 힘을 받고 고마워하는지 잘 알 수 있다. 고마운 이야기를 할 때면 당연한 건 없다는 걸 자꾸 말하곤 한다. 부모님이라서 선생님이라서 형 언니라서 동생이라서 나를 돕고 챙겨주는 게 당연하지 않다는 걸, 서로 알게 모르게 자신과 우리를 돕는 것에 고마워하는 마음을 기르는 게 자연속학교에서 아주 중요하다. 그러니 모든 것이 고마운 것 투성이다. 부모와 집을 떠나 살아보니 부모와 집이 소중하고 고마운 존재를 확인하는 것이고, 익숙한 게 얼마나 자신의 삶을 규정하는지 알게 되는 이치다. 그러니 어린이들에게 잠깐의 여행 기숙학교는 한 식구가 되어가는 것이고, 마음을 부쩍 자라게 한다.

눈부신 자유, 자율과 자치

자연속학교는 자연 속에서 정말 실컷 논다. 놀고 놀고 또 놀면서 마음껏 자연 속에서 감성을 쌓고 제 기운을 뿜어낸다. 부모와 편안한 집을 떠나 함께 자고, 놀고, 일하면서 함께 살기를 실천하며 마음을 살찌운다. 더 일찍 잠이 깬 어린이들은 아침 6시 30분부터 밖에서 놀다, 아침산책을 다녀와 아침을 먹는다. 오전, 오후에 다 함께 하는 교육 활동 빼고는 모두 자유 시간이니 저마다 좋아하는 놀이로 하루를 지내는 셈이다. 야구를 하고, 강가에서 놀고, 그네를 타고, 풀과 나무를 찾고, 방에서 그림을 그리고, 놀이를 하는 다양한 모습이 그대로 다양한 기운과 결이다. 그렇게 아침부터 저녁까지 놀고 놀다 규칙 있게 먹고, 자며, 일과 놀이로 자라는 어린이들에게 쌓이는 함께 살기와 자연의 감성은 컴퓨터와 손전화에 빠져서는 익힐 수 없는 눈부신 교육이다.

자유는 사람의 본성이다. 어린이들이 마음껏 놀 수 있는 충분한 시간이 있다는 건 성장에서 아주 중요하다. 자연속학교에서는 어김없이 일찍 일어나 원 없이 자유 시간을 누리며 함께 놀이를 하고, 스스로 저마다 시간을 보낸다. 그러나 한국 사회에서 살아가는 아이들은 마음껏 놀 수 있는 시간이 없다. 학원을 순례하며 입시에 치중된 교육 현실에서는 자유를 누릴 수가 없다. 자유를 누리는 어린이들에게는 자율과 자치가 싹튼다. 스스로 할 수 있는 힘이 나오도록 충분한 자유가 보장되고, 그만한 시간이 주어지는 자연속학교야말로 자율과 자치가 일상으로 일어난다. 함께 살기 위해 필요한 모둠을 짜고, 먹고 자는데 필요한 청소와 상차림을 모두 스스로 할 수 있도록 돕는다. 물론 자유와 규칙은 함께 가는 것이다. 먹고 자고 활동 시간의 큰 테두리와 규칙은 함께 살기 위해 꼭 필요한 약속이다. 그 규칙 속에서 일상보다 더 무한히 주어지는 자유는 자연스럽게 자율과 자치의 힘을 높인다.

모둠 짜고 규칙 살피고 첫 날부터 규칙 있는 하루 흐름 속에서 어린이들은 곳곳에서 쉬고 놀고 또 논다. 자연속학교 맛이다. 잠집 옆 강가 쪽으로 나간 어린이들이 다슬기와 우렁이를 잡아서 새참거리를 만들고, 운동장 있는 곳에서는 공놀이를 한다. 손전화와 컴퓨터 없이 늘 놀이감을 구하고 함께 놀 궁리하고 찾아내는 재미를 안다. 앞마당에서는 신발 던지기, 이어달리기, 학교놀이까지 쉼 없이 놀이를 만들어낸다. 어린이들과 같이 이어달리기, 신발던지기를 했다. 장난치고 안겨오는 어린이들 덕분에 신이 났다. 일주일 동안 서류와 회의를 떠나 어린이들과 뛰고 달리니 세상 걱정이 없다. 이 맛이 선생을 살아나게 하고 다시 서류와 회의 속으로 들어가게 하는 힘이 된다.

자연속학교에 올 때마다 더 특별하게 어린이들 삶에서 확인하는 것은 어린이들은 뛰고 달리며 자연 속에서 원 없이 실컷 놀아야 몸과 마음이 건강하게 자란다는 것이다. 도시나 시골이나 이제 소비하는 삶의 방식이야 큰 차이가 없을지라도 날마다 보고 듣는 자연 속에서 동무들과 선생들과 신나게 놀고 스스로 놀며 주인으로 함께 살기를 실천하는 맛이야말로 자연속학교 교육과정의 매력이다. 어느 곳이나 어린이들이 충분히 일하고 놀 수 있는 교육과정이 있는가가 미래교육의 핵심이라 믿는다. 지금 행복해야 앞날이 열린다. 미래를 담보로 현재 불행을 참고 견디라고

해서는 안 된다. 한 번 뿐인 삶, 다시는 오지 않을 시간이기에 그렇다

돌봄과 교육

자연속학교 때마다 미안함과 고마움은 늘 쌓여간다. 자연속학교를 열 수 있는 힘은 미안함과 고마움 속에 있다. 교육과정을 책임지고 이끌어가는 교사가 자연속학교의 으뜸가는 힘이요, 이를 뒷받침하는 교육공동체가 역시 첫째 힘이다. 교육공동체는 교육의 주체들이 가꾸어가는 문화이자 교육의 숨어있는 교육과정이다. 교육공동체와 교사들이 있어 자연속학교가 열릴 수 있다 믿는다. 24시간 돌봄과 교육을 실천하는 교사들이 있기에 철마다 자연 속에서 일과 놀이로 자랄 수 있다. 역시 교사를 믿고 어린이들을 보내는 학부모님들은 교육과정을 함께 만들어가는 큰 축이다. 불편함을 겪어보고, 자기앞가림과 함께 살기를 실천하는 공동체성을 길러주는 자연속학교에 대한 굳건한 믿음은 교사들에 대한 믿음이 있어야 나올 수 있다. 그렇기에 학부모님들의 굳건한 믿음, 자원교사 활동과 온갖 뒷받침이 정말 고맙다. 교사들에게 힘을 주고 어린이들에게 행복을 안겨주는 맑은샘 학부모님들에게 또 고마운 추억이 쌓인다. 자원교사 활동은 교사들에게 얼마나 큰 힘이

되었는지 모른다. 바깥활동이 많은 자연속학교의 건강과 안전을 위해 교사들을 돕는 자원교사들의 수고로움과 정성으로 열릴 수 있는 자연속학교다.

또한 우리 어린이들을 품어주고 안아주는 마을은 끝내 사람이다. 잠집을 빌려준 분도, 해마다 수육을 안기는 분도, 가까운 곳에 왔다며 곡성에서 달려와 준 분도, 시장에서 양말을 선물해준 분도 모두 마을이다. 마을의 품은 공간 지리에 머무르는 게 아니라 사람의 품임을 알기에 고마움이 가득하다.

자연속학교에서 날마다 어린이들과 크게 외친 게 있다. "사고는 순간이다.", "첫째도 안전, 둘째도 안전, 셋째도 안전", "내 몸은 내가 지키고, 서로 안전을 살피자." 바깥활동 때마다 확인하는 거지만 이번에는 더 다가온 외침이다. 자연속학교 모든 활동은 먹고 자기 위한 활동 빼고는 밖에서 이뤄진다. 그렇기에 더욱 긴장해서 아이들을 살피게 되고, 행여나 아이들이 눈 밖에서 다칠까 되도록 곳곳에서 아이들 곁에 가있곤 했다. 운동장 놀이 할 때, 건물 안에서 층계를 오르내릴 때, 텃밭 일을 할 때, 놀이 구조물에서 놀때, 산에 오를 때, 음식을 할 때, 씻을 때조차 미끄러질 까봐, 곳곳에서 안전을 살필 게 많아 집중을 줄곧 외친다. 활동마다 구체 안전 규칙이 있고, 활동 때마다 살피고 확인하지만 언제나 사고는 순간이고, 아무리 눈길이 많아도 사고는 날 수 있다. 위험과 도전이 오히려 안전을 기르는 힘이 있다지만 언제까지나 교육활동은 안전을 확인하는 큰 테두리 안에서 위험과 도전임을 잊지 말아야 한다.

선생들은 날마다 아이들이 먹는 것, 자는 것, 노는 것, 싸는 것까지 살피며 아이들 건강과 안전을 들여다본다. 생활에서 아이들 기운과 호흡을 조절하고 쉴 때와 놀 때를 깊이 살피는 것부터 시작한다. 여러 바깥 활동과 산에 오르거나 물놀이 할 때는 반드시 안전 규칙을 살피고, 높은 학년과 낮은 학년, 선생들이 고루 섞여 활동을 한다. 날마다 살아가며 만나게 되는 위험으로부터 스스로를 지키는 것이 가장 먼저고. 바깥 활동을 할 때 집중과 긴장의 힘을 더 기르고, 때마다 계획을 세워 일어날 수 있는 사고 유형마다 더 세밀한 안전 교육 활동을 늘리고, 아이들과 선생들이 위축되지 않고 안전의 기본을 지키며 놀이와 바깥 활동을 할 수 있도록 애써야 한다.

부모이자 선생이 되고, 서로 한 식구가 되어 함께 살았다. 언제나 그렇듯 우리 자연속학교를 열 수 있는 힘은 아이들 자람과 배움을 위해 온 힘을 다해 24시간 기숙학교를 여는 선생들, 선생들과 아이들을 믿고 기숙학교를 뒷받침하는 부모님들(아이들 먹은 반찬을 만들고, 차를 빌려주고, 따듯하게 맞아주는 부모님들) 그리고 아이들을 안아주고 품어주는 자연과 시골 어른들, 세상 곳곳에서 희망을 만들어가는 사람들이 있어 가능함을 잊지 말아야 한다.

자연속학교에서 선생들 몸놀림과 호흡은 언제나 자랑스럽다. 아침부터 밤늦게까지 아이들과 함께 사는 선생들은 자연 속 학교에서 거의 초인이 된다. 왜 우리는 과천을 떠나 먼 남쪽에 내려와 이렇게 힘든 기숙학교를 여는가? 우리 아이들 삶이 행복하기 때문이며 주인으로 더불어 살기 위함이다. 아이들과 선생이 자라기 위함이다. 자연 속 학교가 우리 아이들을 크게 자라고 하고 일놀이 교육을 실천하기에 학교 교육 정신으로 자리를 잡았다. 자연속학교에서 초인이 돼야 하는 선생들은 어떤가? 선생들은 엄청난 집중력과 부지런함으로 어린이와 함께 놀고 일해야 하니 기운이 많이 필요하다. 때마다 스스로 몸을 살피고 전체가 체력을 관리해야 자연 속 학교 끝나고 쓰러지는 일이 없다. 교사 집중 연수가 이뤄지니 아이들과 선생들이 함께 자라는 자연 속 학교이다.

어린이들이 이끌고 어린이들이 스스로 알아서 살아가는 자연속학교를 꿈꾸지만 현실은 선생들이 준비하고 계획한 흐름과 공부로 자연속학교는 구성된다. 청소년 과정이라도 학교에서 중요하게 여기는 여행과 국토순례는 모두 선생들이 구성하고 계획한다. 안전과 건강, 잠집과 여러 시설 살피기가 가장 큰 까닭이다. 물론 학생들이 모든 공부에서 이끌고 참여하고 함께 준비하고 마무리 짓는 힘을 발휘하도록 돕는다. 큰 테두리를 교육과정이 잡아준다면 내용은 학생들이 채워간다는 뜻이다. 어린이들과 함께 여행을 하고, 함께 자고, 일하는 기숙학교도 마찬가지다. 어린이들을 위한 기숙학교는 사실 선생이 부모 노릇을 하면서 선생 노릇도 한다. 먹고 자고 누는 것 까지 살펴서 살아야 하고, 실수로 오줌과 똥을 눈 어린이들 속옷과 이불을 빨고 씻기는 일이 늘 있다. 안전사고에 대한 긴장은 어마어마하다. 행여나 다칠까 아플까 살피고 살펴도 사고는 순간이다. 감기에 걸리면 날마다 병원에 가고, 부모가 보고 싶은 밤에는 껴안고 자고, 죽을 써서 먹이고, 곁에서 물수건을 얹으며, 잠자리에 들 때는 이야기를 들려주며 함께 산다. 그러니 자연 속 기숙학교를 어린이들과 여는 것은 그만한 교육 성과와 교육에 대한 확신이 있는 선생들이 없다면 할 수 없는 일이다. 초인이 되어 부모와 선생 노릇을 같이 하며 24시간 어린이들과 살아가는 선생들을 보고 부모들은 아이들 맡긴다. 믿음은 함께 살아봐야 진짜로 나오는 법이다. 그래서 많은 부모들에게 자연속학교 자원교사로 참여해 볼 것을 제안하곤 한다. 처음부터 마지막까지 살아본 부모와 잠깐 며칠을 보낸 부모는 또 다르고, 하루 살고 간 사람은 또 다르다. 다녀 간 자연속학교에서 모든 어린이들이 보이고, 어린이들과 어울려 사는 힘을 확인하고, 선생들의 애씀을 보며, 어른으로서 삶을 되돌아보고,

우리 자식들이 훌쩍 자라는 현장을 보고, 자연속학교 힘을 느끼는 분들이 많았다.

찾아보면 참 여러 가지로 부족한 게 많은 교육 활동이다. 그래서 그 부족함을 자연이 대신하고, 자연의 힘으로, 함께 사는 힘으로 넘으려 부단히 애써온 게 자연속학교 역사다. 언제나 정성을 다하지만 언제나 부족함이 보이는 곳이니 언제나 다시 성찰한다.

교사 성장

함께 자고 먹고 일하고 놀다보면 서로가 더 잘 보인다. 더욱이 자연속학교에서는 자유 시간이 더 많다. 따라서 서로 오해와 다툼이 많을 수밖에 없다. 여자 어린이들이 많은 자연속학교가 만들어내는 분위기도 색다르다. 하루 종일 밖에서 일하고 노는 자연속학교는 사흘쯤 되면 몸에 피곤함이 몰려오는데, 더 일찍 잠이 들기도 하지만 피곤함으로 인한 짜증이 더 묻어날 때도 있다. 물론 어린이들은 금세 풀고 잘 어울려 논다. 그런데 교사들은 신경이 곤두선다. 어린이들의 건강과 안전을 책임지는 어른으로 살아야 하니 어린이들에게는 부모가 되고 놀이 동무가 되고 문제를 해결해주는 교사가 된다. 한 마디로 모든 노릇을 다하는 셈이니 어린이들에게 선생님이라기보다 부모에 더 가깝다. 물론 어린이들은 진짜 부모가 아닌 줄도 안다. 그러나 어린이들은 경계를 모른다. 어떨 때는 나를 한없이 이해하고 내 편에서 내 말을 들어주는 부모이고, 어떨 때는 잠깐이나마 나를 힘들게 하는 어린이들을 공정하고 냉정하게 야단쳐줄 수 있는 교사를 찾는다. 두 노릇 모두를 해내는 게 사실 자연속학교 교사 모습이다. 그러나 경계가 무너진 상태에서 쏟아내는 짜증에 기반한 예의 없음과 버릇없는 말과 태도는 오히려 교육이 필요함을 깨닫게 한다. 그러니 '참을 인' 자를 새기고 살아가야 하는 교사에게는 자연속학교는 성장의 보고이자 체력의 현재를 알게 하며 아이들을 어떻게 더 사랑해야 할지를 생각하게 하는 성장 학교이다. 아이들 때문에 울고 웃는 게 부모와 교사다. 날마다 아이들이 뿜어내는 야성의 기운은 교사에게도 사랑하는 법을 다시 배우게 한다. 아이들이 실수하면 몸을 씻기고 빨래를 하고 안아주는 교사들은 체력도 체력이지만 아이들을 사랑하는 교사의 소명의식이 없으면 쉽지 않다. 끊임없이 아이들을 사랑하는 교사의 마음이 교육이다. 교사의 으뜸가는 덕목이자 교사로서 자세와 태도는 사랑이다. 날마다 어떻게 아이들을 사랑해야 할지 스스로 몸가짐을 가다듬을 수 있는 기회를 주기에 성찰하는 자연속학교다.

자연속학교는 24시간 어린이들과 선생들이 함께 지내

는 기숙학교다. 기숙학교는 공동체의식을 자연스럽게 기르며 함께 살기를 익히는 학교다. 이를 뒷받침하기 위해서는 자연 속에서 일과 놀이로 어린이 삶을 가꾸는 철학을 굳게 실천한 선생이 있어야 열릴 수 있다. 일놀이 교육 철학과 어린이를 사랑하는 선생들이 있어 20년이라는 자연속학교 역사가 쌓여왔다. 당연히 어린이들과 선생들이 함께 만들어온 놀라운 역사이고, 학부모님들의 굳건한 믿음과 자원교사, 뒷바라지를 함께 일궈온 교육공동체가 있어 교육과정의 성과가 그대로 어린이들의 성장으로 이어졌다. 그 한 가운데에 교사가 있다. 아침부터 밤늦게까지 돌봄과 교육을 하는 선생은 때로는 부모가 되고, 때로는 이모 삼촌이 되어, 자연스럽게 함께 일하고 놀고 함께 잠을 잔다. 그렇기에 어린이 삶을 가꾸며 함께 자란다는 것이 아주 뚜렷하게 보이는 시간이 자연속학교다. 어린이와 함께 지내는 시간이 하루 종일이니 정말 많은 이야기와 관계가 있다. 학교에서보다 더 자세히 아이를 들여다볼 시간이 충분히 주어지니 더 어린이들 매력에 빠지며, 어떻게 아이를 사랑해야 하는지 생각하고 실천한다. 그래서 자연속학교는 교사 성장의 시간이자 교사 성찰의 장이다.

처음 자연속학교에 참여하는 선생들에게는 선배교사들이 어떻게 몸을 놀리며 어린이들과 함께 사는지, 앞 채비 뒤 채비를 어찌 하는지를 그대로 볼 수 있다. 다 함께 아침을 열고, 낮 공부를 열고, 저녁 마침회를 이끄는 것도 꼭 필요한 노릇이다. 부엌에서 밥 채비를 더 챙기고, 아이들과 함께 뛰어 놀며 즐거워하고, 힘든 산 오르기와 텃밭 일도 칭찬하고 격려하며 함께 하는 선생의 모습 속에서 서로 배울 게 많다. 바깥활동 안전 지도와 현장 상황에 따른 활동의 구성과 실천은 한 번에 배울 수 있는 영역은 아니다. 사실 서로 호흡을 맞춰가는 것은 더 몸을 쓰는 부지런함에서 나온다. 배려는 부지런함에서 보장된다. 내가 하지 않으면 누군가는 해야 하는 일이니 내가 먼저 찾아서 몸을 쓰는 것이다. 그렇게 서로 몸을 살피며 배워가며 호흡을 맞춰가는 교사회가 있어 자연속학교는 충분한 성장이 일어난다. 하나라도 더 배우고 챙기려는 새내기 교사, 더 몸을 쓰고 챙겨내는 선배교사가 함께 어우러진 덕분이다.

교육공동체의 힘

교육공동체 학교답게 학부모님들의 잇따른 자원교사 참여와 지원 덕분에 행복했다. 자연속학교에서 가장 중요한 건 언제나 어린이 건강과 안전이다. 따라서 안전규칙, 규칙 있는 생활과 호흡, 잘 먹고 잘 자고 잘 씻고 잘 놀고 잘 누도록 돕는 게 큰 공부이다. 그 가운데 잘 먹는 건 모든 것의 바탕이다. 하루 세끼를 채비하는 건 그만한 정성이 필요하고, 어린이들의 자기 앞가림을 길러주며 이끄는 밥 선생 노릇은 아주 많은 체력이 필요하다. 꾸준히 자연속학교에서 밥을 맡아주시는 자원교사로 학부모님들이 나서주셔서 교사들이 안정된 교육활동을 펼칠 수 있고, 아이들 속에서 체력 관리를 할 수 있었다. 교육공동체를 가꾸는 식구들 덕분에 자연속학교가 빛난다.

그동안 첫 자연속학교에는 1학년 어린이들과 부모님을 더 찾는 아이들을 위해 되도록 부모자원교사 도움을 거의 받지 않거나 최소로 받아온 적이 있었지만 자연속학교를 안정되게 열기 위해서는 부모자원교사의 도움이 꼭 필요하다. 운전과 밥 선생 노릇을 해주신 부모자원교사들의 도움으로 24시간 함께 살아가는 선생들의 체력과 호흡에 큰 도움을 받는다. 덕분에 선생들은 더 아이들 속에서 일하고 놀 수 있었고 교육활동을 위해 필요한 차량 운전이 가능했다. 집에서도 그렇지만 자연속학교에서 하루 세끼 밥 때는 어김없이 많은 채비가 필요하다. 밑반찬을 만들어 왔지만 꺼내서 데우고 먹을 수 있게 채비하는 것과 음식을 요리하는 것은 자연속학교 모든 것의 중심이다. 선생들이 돌아가며 밥 당번을 하며 어린이들과 함께 밥을 채비하는데, 교육활동을 이끈 뒤 다시 밥을 채비하는 것은 그만한 체력이 들어간다. 선생 수가 아주 많을 때도 체력이 필요한 일이기에 교사 수가 부족할 때는 자원교사가 절실함을 느끼곤 했다. 해마다 자연속학교 때마다 부모자원교사로 오신 분들이 있어 자연속학교를 열 수 있었지만 해마다 부모자원교사가 늘 계셨다. 일부러 회사 연차를 내고, 또 일정을 바꾸고 참여해주신 일곱 분의 부모자원교사가 있어 자연속학교는 행복하다. 물론 부모자원교사가 없을 수도 있고 그에 맞게 채비를 하겠지만 자원교사 없이 교사회 구성만으로 살아가려면 그만한 교사 채용과 임시 자원교사 모집할 재정 또한 필요하다. 더욱이 여름과 가을에는 자연속학교가 두 곳, 세 곳에서 열리니 선생 수가 더 필요하다. 따라서 더 안정된 자연속학교를 위해 필요한 과제도 있지만, 교육과정을 교육주체가 함께 만들어간다는 점과 줄곧 이어간다는 지속가능성을 위해서라도 부모자원교사는 꼭 필요하다.

자연속학교를 채비할 때부터 마칠 때까지 고마움은 켜켜이 쌓여간다. 하나의 교육활동을 위해서는 아주 많은 채비가 필요하다. 어린이들과 선생들은 자연속학교를 앞두고 사전 공부할 게 많지만, 그 가운데 마음채비 몸채비가 또 중요하다. 부모님과 집을 떠나 살 마음을 채비하는 것부터 건강하게 자연속학교를 갈 수 있기 위해서는 어린이 스스로 또 온 식구가 함께 돕는다. 어린이, 부모, 교사 모두가 그렇다. 함께 채비를 시작한다. 선생들은 답사부터 자연속학교 교육밑그림, 식단표, 약품, 많은 예약, 재정

지원 신청서와 결과보고서까지 앞 채비가 아주 많다. 부모
님들은 아이들 떠나보낼 채비부터 반찬을 만들고 나눠서
얼린다. 또 부모자원교사로 가기 위해 일정을 바꾸고 연차
를 내는 분들도 있다. 어린이들과 선생들을 사랑하는 마음
임을 알기에 참 존경스럽다. 자연속학교가 시작되면 선생
들은 24시간 아이들을 돌보는 부모가 된다. 아이들이 먹
고 자고 씻고 옷 입고 놀 때마다 선생들이 곁에 있다. 24시
간 돌봄과 교육이 한 몸이다. 때로는 자다 깨서 이불을 빨
기도 하고, 실수한 아이들 속옷을 빨고, 아무도 모르게 티
안 나도록, 아이를 감싸 안으며 돌본다. 자기 전에 옛이야
기를 들려주거나 읽어주고, 자다 새벽에 일어나 방 온도를
조절한다. 그런데 선생들을 감동시키고 웃게 하는 건 어
린이들이다. 집을 떠나 사는 것만으로도 대단한 일을 자
연 속에서 일과 놀이로, 동무들과 형 동생들과 함께 놀고
어울리며 함께 살기가 무엇인지 보여주는 어린이들이 고
마움의 으뜸이다. 함께 살기는 조금은 불편해도 참아주고
배려하는 것이라는 걸 온 몸으로 느끼며 글로 써서 들려준
것도 어린이들이다. 그런 어린이들을 넉넉하게 품어주고
안아주는 자연이 있어 고맙고, 인연이 선물해준 인심이 있
어 호강하니 또 고맙다. 10년째 한결같이 아이들을 위해
수육 고기를 안겨주거나 놀이터를 아낌없이 내어주는 인
연이 곧 마을이고 인심이다. 그렇게 자연속학교를 마칠 때

마다 또 새로운 인연과 품을 선물받는 셈이고, 인연이 줄곧 이어진다. 교육은 일관되고 줄곧 갈 때 살아난다. 우리는 자연속학교를 갈 때마다 고마운 인연을 맺어왔다. 소중한 인연이 줄곧 되어 아이들을 반겨주고 넉넉한 인심이 되곤 한다. 그래서 자연속학교는 고마움의 산실일 수밖에 없다. 모두가 있어 고마움은 해마다 쌓여간다. 고마움이 바탕이 되어 오늘 행복할 수 있음을, 알게 모르게 수많은 고마움이 있다는 게 자연스레 스며드는 교육 현장이 자연속학교다.

자연속학교 교사 일기

2019년 4월 29일 - 5월 4일

[화순 봄 자연속학교]

1.　　　4년 동안 묵었던 수만리 들국화마을을 떠나 이서
면 야사리 이서커뮤니티센터에서 다섯 밤을 보내고, 자연
속에서 일과 놀이로 건강한 몸과 마음을 가꾸고 돌아왔다.
선생들이 답사를 가서 찾은 자연속학교 잠집인데 운동장
에 크게 서 있던 400년 된 쌍 느티나무가 수만리 들국화마
을에서 내려다보는 아름다운 풍광을 대신하며 아이들을
넉넉히 품어줬다. 이서적벽으로 유명한 마을인데 누룩빵
집으로 꽤 알려진 곳이기도 하다. 4년 전 화순 자연속학교
잠집을 찾으러 갔을 때 찾아갔던 빵집 주인과 인사를 나눈
기억이 있어 빵집 앞에 있던 작은 학교를 다시 고친 건물
이 떠올랐더랬다. 마을에는 방과후학교를 꾸리는 마을사
람들이 있는데 시골에서 공동체를 가꾸며 영농조합도 꾸
리고 교육으로 마을을 되살리려는 계획이 있다. 3월에 선

생들이 답사를 가서 다시 확인했다. 자연속학교 잠집을 찾을 때 어린이들 먹고 자고 씻기에 알맞은지, 안전하게 놀기에 충분한 공간이 있는지 같은 여러 가지 기준이 있지만, 무엇보다 우리 아이들을 반기고 넉넉하게 품어주는 마을 사람들이 있는 곳을 찾아왔기에 자연속학교 잠집으로 충분했다. 덕분에 대안학교 처지를 이해하고 우리에게 작두콩 텃밭 일을 맡기며 새참과 넉넉한 마을 인심으로 아이들과 고기라도 사먹으라며 봉투를 건네신 문병기 농부님을 만나기도 했다. 귀한 인연이 이어지리라 믿는다. 마지막 날 12시에 마을 아이들이 노래공연을 하는 잔치를 하는데 과천가는 버스를 11시 전에 타기로 해서 함께 하지 못해 못내 아쉬웠다. 또한 화순에 가면 늘 도움을 주는 분들이 많다. 이번에도 어김없이 5년째 우리 아이들에게 맛있는 수육을 안겨준 동무 양승오가 있었다. 우리를 기억해주는 화순 오일장 호떡가게 부부도 있다. 잠깐 들렸지만 4년 동안 인연을 맺은 수만리들국화마을 분들과도 인사를 나눴다. 지난해 숲 속 밧줄놀이로 어린이들을 이끌어준 고대승 선생 부부는 뵙지 못했지만 화순에 갈 때마다 떠오르는 분들이다. 우리 아이들을 안아주고 품어주는 사람들이 있어 자연속학교가 풍요롭다.

2. 자연속학교는 자기 앞가림 공부와 함께 살기가 큰

공부 목표이다. 학교에서 늘 실천하는 공부를 자연 속에서 그대로 이어 하는 것이지만 함께 잠을 자는 기숙학교이니 밥 먹고 잠을 잘 때 서로 살펴야 할 것도 많다. 집을 떠나왔으니 스스로 청소하고 밥을 해야 함께 지낼 수 있고, 같이 잠을 자니 서로를 배려해야 한다.

더불어 화순 자연속학교는 역사 공부를 하기에도 좋은 지역이라 올 때마다 바깥 활동으로 고인돌 유적지와 천불천탑 운주사를 가고, 국립5.18민주묘지를 간다. 일 년에 한 번 화순에 오지만 나흘째 오후, 석기시대 고인돌 군락지 길을 따라 걸으며 찔레순과 칡 순을 따 먹으며 봄을 찾고, 고인돌 뒤에 숨는 숨바꼭질을 하며 석기시대를 느낀다. 물론 남방식과 북방식 고인돌 차이도 알아가고 고인돌의 쓰임새와 만드는 과정도 활동 앞뒤에 다시 배운다. 이틀째 오후 천불천탑으로 유명한 운주사에서는 고려시대 석탑과 마애여래좌상을 만났다. <1942년까지는 석불 213좌와 석탑 30기가 있었다고 하나 지금은 석탑 12기와 석불 70기만 남아 있다. 신증동국여지승람에는 절 왼쪽 오른쪽 산등성이에 1,000개의 석불과 석탑이 있다고 쓰여 있으며 1980년 6월에는 절 둘레가 문화재 보호구역으로 지정되었다>고 쓰여있다. 산의 빛깔이 가장 아름다운 때라 운주사를 거닐고 운주사를 내려다보는 마음이 평화로웠다. 닷새째 오후, 5.18민주묘지에서는 가슴 아픈 민주주의 역사를 알고 참배를 하며, 5.18민주화 운동의 정신을 생각해봤다. 법으로 제정하고 교과서에도 나오지만 아직도 1980년 5월에 광주에서 제 나라 국민을 총칼로 죽이고 대통령이 됐던 전두환씨는 5.18 살인을 부정하며 떵떵거리며 살고 있고, 어느 몹쓸 당에서는 5.18민주화운동을 부정하고 유가족들을 모욕하는 형편없는 정치인들이 있다. 전시관에 쓰여 있다. "기억하지 않는 역사는 되풀이된다." 민주주의를 지켜 온 4.19, 5.18, 6월 항쟁, 촛불의 역사는 어릴 때부터 가르쳐야 한다. 어린이들에게 전쟁과 희생자가 있는 역사를 가르칠 때는 충분한 살핌과 교육 활동이 알맞게 구성되어야 한다. 책으로만 배우지 않고, 유적지와 박물관에서 살아있는 공부를 해야 하고, 발달 단계에 맞는 말과 글, 영상도 필요하다. 어린이들에게 슬프고 아픈 진실의 역사를 가르치는 일은 챙길 게 많다. 높은 학년만 5.18민주화운동을 다룬 만화영상을 봤는데, 한두 어린이가 만화영상 말고 다큐멘타리 영화를 보고 싶다고 했지만 늘 보던 대로 만화영상을 봤다. 하기야 12세 이상이라는 '엔드게임' 같은 영화를 더 낮은 연령대 어린이들에게 보여주고, 일상에서 사람을 죽이는 전쟁과 폭력같은 잔인한 영상물이 노출되어 있는 시대에 만화영상을 자신들이 보기에 수준 낮다고 생각할 수 있다.

독일에 갔을 때 추악한 나찌 역사를 기억하기 위해 시내 인도에도 표시가 되어있고, 유태인수용소를 방문하면 자연스레 역사 교육이 되도록 교육활동이 구성되어 있던 게 떠올랐다. 지금도 희생자를 찾고 희생자들을 죽인 나찌 부역자들을 찾아 처벌하는 활동이 줄곧 되고 있는데, 한국에서는 학살의 주범이 줄곧 자신의 죄를 부정하는 활동을 방조하고 있으며 심지어 그에 동의하는 사람들이 정치인이 되어 유가족들을 욕보이는 일이 버젓이 일어나고 있다. 일제부역자가 되어 제 나라 민족을 배신하고 독립운동가들을 고문하고 죽였던 사람들을 찾아 처벌하려는 노력도 진전되지 못하고 있는 게 우리 현실이다. 해설사 안내로 생명의 씨앗을 감싸 안은 탑 아래에서 참배를 하고 민주묘지에 묻힌 분들의 이야기를 들으며 민주주의 역사를 배우고 참배곡으로 나온 '임을 위한 행진곡'을 불러보았다.

3.　　　자연속학교에서는 일놀이 공부가 많다. 청소와 밥짓기, 상차리기, 설거지, 빨래 같은 자기앞가림 공부가 많으니 일놀이가 더 늘어난다. 때로는 누가 시키지도 않았는데 스스로 마음내서 신발을 정리하기도 하고, 설거지를 더 해주며 칭찬을 받고 마음을 키우는 어린이들이 많았다. 엿새째 되는 날, 5학년은 아침 6시에 일어나 무등산 자락 머위를 잘라서 껍질을 벗겨 자람여행비를 벌기 위해 장아찌를 담을 채비를 했다. 형들을 돕는 동생들이 있어 금세 끝이 났다. 이번에는 주도리 작은 텃밭 일 말고도 특별하게

넓은 텃밭 일을 했다. 화순 봄 자연속학교(자연속 여행 기숙학교) 나흘째, 마을에서 일손을 보태달라고 해서 비닐 씌우는 일을 해드렸다. 새참도 가득주고 아이들에게 일을 주는 마을 어른이 있어 자연속학교가 살아난다. 시원한 얼음과자가 있어 일하는 즐거움을 찾는다. 그런데 아이들 일 잘한다면서 아이들과 맛있는 거 사먹으라고 봉투를 건네셔서 모두가 괜찮다며 안 받으려는데 끝내 봉투를 안기신다. 일도 주고 새참도 주고 봉투까지 주시니 고맙기만 하다. 오일장날 맛있는 새참을 정말 배부르게 사먹었다.

그런데 선생은 어린이들과 일할 때는 일하기 원칙을 잘 지켜야 한다. 조금 하고 쉬고 다시 조금씩 하고 적당한 시간에 모두 일을 마치고, 그리고 스스로 더 일을 하겠다는 마음을 낸 어린이들과 선생들이 일을 더해 1,000평 넘는 밭 이랑 비닐을 씌우고 보람을 담았다. 이오덕 선생님이 말한 일하기 원칙 다섯 가지가 제대로 구현된 날이다.

"일하기를 가르침에는 반드시 유의해야 할 원칙이 몇 가지 있다.

첫째, 모든 사람이 다 해야 한다. 한 사람도 빠지는 일이 있어서는 안된다. 한 학급을 단위로 하는 교육이라면 그 학급 어린이 모두가 참여해야 한다.

둘째, 학습하는 사람의 힘에 맞게 해야 한다. 나이(학년)에 따라, 때로는 남녀와 개인별 신체 조건까지도 생각해서 일의 양이나 내용이나 정도를 달리 할 수 있어야 한다. 결코 힘에 넘치는 일을 하도록 할 것이 아니다.

셋째, 앞에서도 말한 바이지만, 결과보다 과정을 무겁게 여겨야 한다. 결코 어떤 결과를 얻기에 바빠서는 안 된다.

넷째, 일하는 시간이 너무 길어서는 안 된다. 예상한 결과를 얻지 못하더라도 아이들이 일에 지쳐 있거나 일하기가 지겨운 상태에 되었으면 곧 그만두는 것이 좋다.

다섯째, 보람을 느끼도록 해야 한다.

~마땅히 어릴 때부터 일을 하게 해야 하고, 어릴 때부터 할 수 있는 일을 하도록 해야 한다. 어릴 때부터 손발을 적당히 움직여 일을 함으로써 몸이 자라나게 하고, 지혜가 늘도록 하고, 세상을 알게 해야 한다. 이것이 아이들을 행복하게 하는 길이고, 참교육이다.

- 이오덕 〈민주교육으로 가는 길〉

내 생각에 두 가지 더 더할 원칙을 꼽아봤다.

여섯째, 일이 즐거운 놀이가 되도록 끊임없이 잘한다 칭찬과 격려를 하고, 노래를 부르며 일할 맛이 나도록 애써야 하며, 다 함께 힘을 합쳐 일하도록 하되 일하는 기운을 보장해야 한다.

일곱째, 새참은 넉넉하게 챙기고, 계절마다 일하는 날에 맞게 입이 즐겁고 일할 맛이 나는 새참을 먹도록 해야 한다.

4. 　　화순 봄 자연속학교(자연속 여행 기숙 학교)에서 어린이들은 아침부터 저녁까지 쉬지 않고 놀고 놀았다. 혼자서 놀고, 함께 모여 놀고, 쉴 때마다 제 기운껏 놀고 쉬었다. 한국 교육은 아이들에게 실컷 놀고, 일하고, 쉴 수 있는 여유, 뒹굴거릴 수 있는 시간을 돌려줘야 한다. 나흘째 오후 텃밭 일을 하고 점심 먹고 쉬는데 윤태와 영호가 날이 좋아서 따사로운 햇볕아래 잠을 자는 모습이 참 평화로워 보였더랬다. 잠을 자도 꼭 떨어질 듯한 다리 구조물 위에서 여유를 누리는 풍경이 예뻐 사진을 찍기도 했다. 자연속학교에 오면 안에서는 그림을 그리고 이야기를 하는 어린이들이 많고, 넓은 운동장에서는 야구하는 어린이들이 많았다. 어린이들 틈에 끼여 야구를 하고, 어린이들과 뛰고 달리며, 400년 된 느티나무 아래 햇살을 맞으며 졸기도 하는 여유를 같이 누린다. 그래서 자연속학교는 선생들도 어린이들과 자연 속에 푹 빠져 함께 자란다. 틈만 나면 쌍느티나무 아래서 뛰어놀던 아이들 풍경, 고깔콘 모양의 주차금지표지판을 들고 마이크 놀이를 하던 모습, 선생 무릎에 앉거나 선생에게 업혀 놀던 어린이들, 마을잔치에서 흘러

나오는 음악에 덩실덩실 몸을 움직이며 춤을 추던 어린이들, 아주 넓은 텃밭 일을 더 많이 하겠다던 모습, 서석대를 내려오며 얼마나 뿌듯해하던지 무등산 자락과 정말 잘 어울리던 어린이들, 부모님 사랑처럼 새참과 먹을거리에 집중하던 어린이들, 동생들을 위해 스스로 마음을 키워 설거지를 줄곧 하던 어린이들, 찔레순과 칡순을 먹으며 고인돌 군락지를 걷고 숨바꼭질 하던 모습, 천불석탑 아래 부처님 표정을 짓던 모습, 망월동민주묘지에서의 진지하던 어린이들 모습, 청소를 하고 상을 차리며 설거지를 하며 자기 앞가림 하는 힘을 기르며 함께 살기를 실천한 자연속학교 삶이 모두 아른거린다. 우리 모두 자연 속에서 일과 놀이로 잘 자랐다.

부모 품을 떠나 먼 곳에서 내 공간보다는 다 함께 사는 것을 익히는 기숙학교에서 불편함과 낯섬은 그 자체가 배움이며 귀한 경험이다. 어린 시절 부모 품을 벗어나 동무들과 형 동생과 함께 자고 먹고 뭔가를 하는 것은 언제나 아이들에게 큰 도전이자 두려움을 넘어 훌쩍 자라는 기회이다. 그렇기에 아무리 익숙한 여행이라도 갈 때마다 새로움과 어려움을 예상하며 준비할 몫이 선생들에게 있다. 1학년들이 첫 자연속학교를 더 짧게 가는 까닭도 그러한 역사와 실천의 교훈을 살핀 결과이다. 이틀 더 늦게 내려온 많은 1학년 동생들을 만나서 좋아하며 돕고 챙기는 높은 학년들 모습에서 우리가 한 식구임을 깨닫는다. 내게도 그렇게 아래 위가 섞이고 따라 배우며 사는 게 동네 일상이며 어린 시절 마을이었다. 그것만큼 기억에 많이 남는 건 여전히 없다. 다 함께 늘 애쓰는 〈서로 돕고 함께 살자〉, 〈말하는 사람 눈을 보고 귀 기울여 듣고 뚜렷하게 부드럽게 말하자〉, 〈아껴 쓰고 나눠 쓰고 바꿔 쓰고 다시 쓰자〉는 학교에서 뿐만 아니라 자연속학교 동안 줄곧 실천했다.

또 자연속학교 갈 때마다 자기 목표와 모두가 애쓸 목표를 정하곤 하는데 부족하면 부족한 대로 애를 쓰다 자기 과제를 안고 돌아오기도 한다. 자연속학교에서는 학년 통합으로 지내니 선생 모두가 아이들을 만난다. 하루 24시간을 함께 지내는 기간이 엿새 쯤 되면 아이들 관계와 기운이 더 들어오고, 서로 다툼의 형태와 말들, 저마다 버릇과 함께 사는데 필요한 자세들이 한 눈에 보이는 법이다. 동무처럼 함께 노는 선생이 되다가, 안전하게 지켜주고 챙겨주는 부모로, 도전과 과제를 던지며 함께 자라게 하는 이끔이 노릇을 번갈아 하며 아이들과 자연 속에서 푹 빠져 살기에 선생들에게 아이들은 훨씬 여유롭고 넉넉하게 다가온다. 올해도 그 맛을 고스란히 느낀 자연속학교였다.

5.　자연속학교에서 날마다 어린이들과 크게 외친 게 있다. "사고는 순간이다.", "첫째도 안전, 둘째도 안전, 셋

째도 안전", "내 몸은 내가 지키고, 서로 안전을 살피자." 바깥활동 때마다 확인하는 거지만 이번에는 더 다가온 외침이다. 자연속학교 오기 전 산 오르기 활동에서 한 어린이가 다쳤기 때문이다. 자연속학교 모든 활동은 먹고 자기위한 활동 빼고는 밖에서 이뤄진다. 그렇기에 더욱 긴장해서 아이들을 살피게 되고, 행여나 아이들이 눈 밖에서 다칠까 되도록 곳곳에서 아이들 곁에 가있곤 했다. 운동장 놀이 할 때, 건물 안에서 층계를 오르내릴 때, 텃밭 일을 할 때, 놀이 구조물에서 놀 때, 산에 오를 때, 음식을 할 때, 씻을 때조차 미끄러질 까봐, 곳곳에서 안전을 살필 게 많아 집중을 줄곧 외친다. 활동마다 구체 안전 규칙이 있고, 활동 때마다 살피고 확인하지만 언제나 사고는 순간이고, 아무리 눈길이 많아도 사고는 날 수 있다. 위험과 도전이 오히려 안전을 기르는 힘이 있다지만 언제까지나 교육활동은 안전을 확인하는 큰 테두리 안에서 위험과 도전임을 잊지 말아야 한다. 무등산에 오르며 더 바짝 긴장을 했다. 낮은 학년은 입석대까지만 가고, 높은 학년은 서석대까지 가기로 했다. 낮은 학년은 저마다 선택으로 서석대까지 가고 싶은 어린이만 같이 갔다. 2학년과 3학년 가운데 네 어린이가 함께 오르며 뿌듯해 했다. 무등산에서 어린이들과 길동무를 하며 들은 이야기가 그대로 시가 되기도 했다.

민주: 무서운 이야기 해줘.

나: 안돼. 무서워서 잠 못 자.

민주: 괜찮아. 내 가슴 속에는 어머니가 있으니까.

선율: 선생님 산에 갔다 내려오는 길은 쉬워요.

나: 그렇지. 그런데 내려올 때 더 조심해야 돼.

선율: 산은 처음에는 가기 싫은데, 올라가다 보면 괜찮고,
      꼭대기에서는 기분이 좋아요.

나: 맞아 맞아.

선생들은 날마다 아이들이 먹는 것, 자는 것, 노는 것, 싸는 것까지 살피며 아이들 건강과 안전을 들여다본다. 생활에서 아이들 기운과 호흡을 조절하고 쉴 때와 놀 때를 깊이 살피는 것부터 시작한다. 여러 바깥 활동과 산에 오르거나 물놀이 할 때는 반드시 안전 규칙을 살피고, 높은 학년과 낮은 학년, 선생들이 고루 섞여 활동을 한다. 날마다 살아가며 만나게 되는 위험으로부터 스스로를 지키는 것이 가장 먼저고. 바깥 활동을 할 때 집중과 긴장의 힘을 더 기르고, 때마다 계획을 세워 일어날 수 있는 사고 유형마다 더 세밀한 안전 교육 활동을 늘리고, 아이들과 선생들이 위축되지 않고 안전의 기본을 지키며 놀이와 바깥 활동을 할 수 있도록 애써야 한다.

 ## 둘. 마을과 교육이 만났다.

삶의 기술, 교육을 살찌우다

우리 아이들을 둘러싼 세상을 들여다볼 필요가 있다. 놀이가 사라진 사회, 함께 놀 줄 모르는 아이들, 컴퓨터와 휴대폰이 아이들을 중독시켜 가는 사회가 보인다. 오롯이 자연 속에서 실컷 놀며 자연이 가르쳐준 감성과 모험에 도전하는 진정한 용기를 배우고 상상력과 집중력을 기를 기회는 없이 어릴 때부터 학습과 성적에 시달리는 슬픈 영혼들을 본다.

누가 우리 아이들에게 자유와 온전한 배움의 기회를 빼앗아 갔을까? 왜 교육받을수록 우리들은 더 멍청해지는 걸까? 아이들의 몸과 마음이 건강하게 자라도록 돕는 교육을 말하며 왜 바꾸지 못하는 걸까?

골목에서 들려오는 깔깔거리는 아이들 소리는 이제 아주 드문 세상이 됐다. 아이들은 학교와 학원 일정표에 맞춰 시간표를 짜는 일상을 익숙하게 받아들이고 파괴와 충동으로 가득 찬 게임 속의 세계에서 살아있음을 확인해가는데, 기업은 날마다 더 강력한 유혹을 담아 멋진 바보 기계들을 만들어내고 어른들은 도시에서 살아남기 위해 일하고 일해서 아이들에게 장난감과 새 전자기기를 안기며 아이와 함께하지 못한 시간을 보상한다. 시골이나 도시나 비슷한 삶의 모습이 지금 현실이다.

자본, 소비, 도시, 경쟁의 사회에서 살아가는 학생들에게 소비하는 삶은 사회의 자연스러운 반영일 수밖에 없다. 물질이 넘쳐나고 필요한 건 가게에서 언제든지 살 수 있고, 첨단기술이 만들어낸 스마트폰은 어른아이 가리지 않고 필수품인 세상에서 땀 흘려 일하고 생산하는 삶이 교육으로 이어지려면 많은 정성이 필요하다.

자본과 소비의 시대에서 살아가는 학생에게 세상은 불안과 두려움, 막연함으로 가득 차 있고, 세상의 변화와 앞날을 준비하는데 꼭 필요한 생활기술, 자립의 세계는 멀기만 한 이야기다. 또한 청소년기 세상을 희망과 낙관으로 바라보기 위해서는 자신에 대한 이해와 자신감이 무엇보다 필요하고, 세상의 변화에 맞는 자기 준비를 하는 게 중요하다. 인터넷과 엄청난 양의 대중매체 영향에서 살고 있지만 차분히 자신을 들여다보며 세상으로 나갈 준비를 할 시간은 늘 방해받고, 지구와 지역마을과 자신을 연결할 시간은 스마트폰 세상일 뿐이다.

따라서 스스로 자신의 내면을 들여다보고, 저마다 자신감과 자존감을 높이며, 세상과 나를 연결하며 진로를 탐색하는 프로그램이 절실하다. 더욱이 적정기술로 함께 일하는 공동작업, 협력의 가치를 깨닫고 다양한 길을 찾는 교육은 꼭 필요한 진로탐색이다. 사실 진작부터 인류의 지속가능성은 문제 제기되어 왔으나 대량생산과 대량소비로 지구의 자원을 모조리 고갈시켜가며 후대에게 물려줄 유산을 남김없이 쓰고 있는 우리의 삶은 변하지 않았다. 후쿠시마 핵발전소 사고로 생명의 바다가 죽어가고 있는데 인류는 속수무책이다. 감당할 수 없는 일이 일어난 것이다. 이러한 때 '교육은 무엇을 담아야 하는가'라는 물음에 교육의 생태적 전환은 무겁게 다가왔다.

그러나 꿈과 희망을 말하는 게 교육 아닌가. 교육이란 몸과 마음을 건강하게 키워가는 일이라 했다. 자연 속에서 일하고 노는 학생들은 건강하다. 삶의 기술은 소비하는 삶보다 생산하는 삶을 지향한다. 삶의 기술을 익히는 과정은 뇌의 조화로운 발달을 돕는 인류 역사에서 오랫동안 검증된 교육방법이기도 하다. 손을 놀리고 몸을 놀려 삶의 기술을 습득하는 것은 땀과 정성을 배우고, 자연의 시간을 배우고, 느림의 미학을 깨닫게 한다. 계절의 바뀜에 따라 자연이 주는 선물을 고맙게 받고, 땀 흘려 일해 스스로 먹을거리와 쓸 도구를 만들어가는 작은 활동이 쌓여 자연을 닮은 감성이 쌓이고 생산의 버릇이 밴다.

그러니 학교는 일과 놀이 학교이자 맛있는 학교, 생산하는 학교로 자연과 함께 사람과 함께 행복한 삶을 가꾸어가는 즐거운 배움터이어야 한다. 더욱이 생산자로 살아가는 삶에 선생들이 도움이 되도록 앞으로 뒤로 챙길 게 많으니 학생들의 삶을 삶의 기술로 가꾸며 교사 또한 자란다.

맑은샘교육연구회는 9년째 경기꿈의학교(일놀이꿈의학교, 일놀이이룸학교)의 농사와 요리, 적정기술로 학생들의 삶을 가꾸어 왔다. 일과 놀이로 자라는 우리 아이들에게 농사와 요리, 적정기술은 더없이 좋은 일놀이 거리다. 철마다 절기 따라 밭에 씨앗을 뿌리고 모종을 심고 길러 거두어 음식을 만드는 어린이 농부와 어린이 요리사들은 자연스레 자연의 이치와 땀과 일의 가치를 알아간다. 농사를 지어보며 건강한 먹을거리 교육의 바탕을 겪으며, 소비하는 삶이 아닌 생산하는 기쁨과 함께 일하는 즐거움을 누릴 수 있다. 텃밭 농사로 채소와 잡곡을 얻고 김장으로 밭농사를 갈무리하고, 논농사는 모를 심고 벼를 베고 탈곡한 쌀로 밥을 지어먹는 과정을 모두 경험한다. 또 나무로 필요한 물건을 만들고, 씨실과 날실을 걸어 직조를 하고, 바구니를 만들고, 손을 놀려 생활기술(적정기술)을 익힌다.

자연 속에서 일놀이를 교육 바탕으로 삼는 맑은샘학교에서는 일과 놀이 교육과정에서 담고 있는 농사, 에너지 자립, 적정기술(생활기술) 교과(직조, 목공, 생산하는 수공예 활동)들이 더욱 풍성해져 교육과정을 살찌우고 있다. 움집, 나무집을 짓고, 평상을 만들고, 빗자루와 바구니를 만들고, 직조와 스타돔, 텃밭 채소로 음식하기부터 발효와 효소 만들기, 빵 굽기를 일상으로 펼치고 손끝활동으로 집, 밥, 옷 살림 영역에서 자립의 방향을 세우고 있는 셈이다. 2009년 녹색연합 지원을 받아 학교에 태양광발전기와 자전거발전기, 풍력발전기를 달아 2년 동안 컨테이너 교실 전기를 생산했다가 학교가 이사 가며 무용지물이 되었다.

학교 교육활동으로는 2009~2013 대관령 신재생에너지 전시관, 2012~2013 지리산초록배움터(태양, 바람), 2013~2014 에너지 자립섬 연대도/부안 시민발전소(신재생에너지) 같은 에너지 교육기관을 방문했고, 2012년 후쿠시마 핵사고 뒤에는 더욱 에너지 자립교육을 강화했다. 학교에서 태양열 조리기, 로켓화덕을 만들어 썼고, 가마솥을 설치하고, 2015년에는 1년 반 동안 쓰레기를 분류하고 고물을 모아 고물상에서 번 돈으로 200와트 태양광발전기를 설치했고, 2017년에는 2년 고물상 가기로 모은 돈으로 150리터 빗물통을 설치해 잘 쓰고 있으며, 태양광발전으로 불을 켜는 마을포장마차를 만들었다.

또한 학교 교육활동에서 많이 다루던 손끝활동은 '삶을 위한 교사대학'의 생활기술 연수로 더 넓어지고 풍부해졌다. 집살림, 옷살림, 밥살림, 일놀이 교육에서 적정기술과 에너지 전환을 담고 있기도 하다. 그래서 부족하고 충분하지는 않지만 전환교육과 전환학교에 이름을 올리고 있고, 마을과 도시에 적정기술(생활기술)을 보급하며 전환마을, 전환도시를 꿈꾸는 시작을 하고 있다. 교육의 생태적 전환, 교육이 지역과 마을을 연결하고 삶을 바꾸는 힘이 되는데 적정기술이 모닥불 노릇을 하고 있다.

마을기술, 마을을 연결하다

교육을 인연으로 맺은 교육공동체는 마을공동체와 마을교육공동체를 꿈꾼다. 한 아이를 키우기 위해 마을이 필요하다는 걸 말하지 않더라도 도시 속 작은 학교에게는 따듯한 마을이 더욱 필요하다. 교육환경은 학교 둘레 마을까지를 포괄한다. 도시에서 마을 골목이 아이들 웃음소리로 살아나는 건 쉬운 일이 아니다.

마을 가꾸기가 교육과정인 학교, 마을 속 교육과정으로 학교를 넘어 마을을 교육과정으로 끌어들이고 마을이 학교가 되도록 해야 한다. 마을을 교육의 가운데에 놓는 순간 교육과정은 풍요로워지며 배움은 마을로 확장된다. 마을이 우정과 환대의 공동체로 되는 순간 숨어있는 교육과정이 삶이 되어 이웃과 함께 살기는 자연스럽다. 교육 속에 전환과 자연, 마을을 담는 것과 함께 마을 속에 전환과 교육, 자연을 담는 노력이 우리를 살찌우리라 믿는다.

양지마을과 과천을 더 큰 우리 학교로 만들기 위해서 동네 주민들과 소통에 애를 쓰는 활동을 때마다 배치하고, 인사를 잘하고 때마다 청소하고 음식을 나누고 어른들을 찾아가 이야기를 듣는 활동을 한다. 마을 청소, 마을신문, 마을 아나바다 벼룩장터, 마을방범대 어린이 참여, 마을공원 가꾸기, 마을 공동 냉장고, 때마다 열리는 마을잔치, 마을 기타교실, 마을 책 동아리, 마을축구단, 마을 김장, 마을 놀이터 조성, 마을 밥상, 마을교육 프로그램, 마을 숲속 놀이터, 마을영화제, 마을 숲속 작은 음악회, 마을꾸러미, 교육과 생태가 삶에서 어우러지는 전환마을은 전환교육과 어울려 어린이 삶을 가꾼다. 그 중심에 또한 마을기술이 있다.

학교를 넘어 마을, 고장에서 교육이 마을을 연결하고

삶의 방식을 바꾸는 실천은 우정과 환대가 살아있는 공동체 마을, 호혜의 경제가 살아있는 마을을 위해 꼭 필요하다. 함께 일하는 적정기술로 교육과 자연(생태)이 자연스러운 마을을 넘어 전환도시 울림을 위해 내가 우리가 바꾸어야 할 삶의 방식은 무엇인가.

마을에 사는 사람들이 즐거운 일과 놀이로 마을살이 재미를 느끼며 마을공동체를 만들어가는 마을기술로 적정기술이 쓰이고 있다. 마을에서 함께 빵을 굽고, 누룩과 막걸리를 빚으며, 김장을 담아 나눈 발효, 마을평상과 마을게시판, 보관함을 만든 목공, 서로를 씨실과 날실로 엮어주는 듯한 바구니와 직조가 모두 마을기술이며 삶의 기술이다. 마을이 앞날을 준비하는 신재생에너지라는 전환마을의 가치와 똑같으니 전환마을 이야기와 마을기술이 삶을 풍성하게 가꾸기를 바랄 뿐이다. 교육 속에 전환과 자연, 마을을 담는 것과 함께 마을 속에 전환과 교육, 자연을 담는 노력이 우리를 살찌우리라 믿는다. 그 중심에 마을기술, 삶의 기술인 적정기술이 있다.

일 놀이 교육과 교과통합

선생들의 고민은 일하기와 여러 교과를 연결시켜 배움을 확대하고 깊게 하는 것에 있다. 비노바 바베(Vinoba

Bhave, 1895~1982)가 쓴 《삶으로 배우고 사랑으로 가르치라》에서는 일하기 교육을 절절하게 강조하고 있다. 풀무학교와 변산공동체학교가 으뜸으로 삼은 일하기 교육도 같다고 생각한다. 작업장학교처럼 일하고 공부한다는 것이다. 음식을 만들며 화학을 배우고, 텃밭에서 생물과 과학을 끌어내며, 자연 속 여행에서 사회와 역사를 끌어낸다. 물리학이나 기하학 모두 삶에서 끌어내야 한다는 것이다. 아이들의 흥미와 관심을 바탕으로 일을 하고, 일을 통해 배움을 확장해가는 것, 사회구조를 들여다보게 하는 것은 많은 대안학교에서 운영하고 있는 주제학습과 프로젝트 학습의 형태이다.

우리 아이들은 날마다 양감을 익히고 일놀이와 교과통합 수업을 벌여간다. 선생들의 준비 역량에 따라 다르기도 하겠지만 전체로는 교과통합에 대한 활동을 끊임없이 조직하고 실천하고 있다. 봄에 넣은 호박씨로 호박 모종을 만들어 텃밭에서 심은 호박을 가을에 갈라 호박씨를 세며 수확하고 호박죽을 쒀 모두 새참으로 나눠먹는 아이들이 있는 것이다. 날마다 텃밭에 가서 식물을 살피고 거둬 글을 쓰고 그림을 그리는 아이들이다. 우유 곽을 모아 재생종이를 만들고, 놀이에 필요한 그네와 축구골대, 나무 위의 집을 만들어낸다. 공간과 구조를 만들며 역사와 과학, 수학을 함께 배우고 이야기와 추억을 만들어간다. 대나무로 팬플루트를 만들고, 나무막대기로 놀이를 만들어낸다.

곶감을 만들 때였다. 낮은 학년 아이들을 여러 모둠으로 나눠 곶감을 깎는 일을 했다. 물론 목표는 곶감을 만들어 높은 학년 여행비를 돕고 우리가 먹을 곶감을 직접 만드는 것이었다. 먼저 네 모둠에게 감 33개씩 나눠준 뒤 숫자 세고 양감 익히기와 셈 놀이를 한참 했다. 감으로 더하기와 빼기, 곱하기, 나누기 사칙연산을 하며 노는 것이다. 그리고 분류하는 법을 보고 싶어 모둠마다 33개의 감을 누구나 보기 쉽게 배열하라고 했다. 어떤 모둠은 10을 기준으로 묶고, 또 어떤 모둠은 5를, 2를 묶으며 여러 가지 방식으로 33개를 알려주는 분류를 잘 해냈다. 그런데 우리 3학년 한 모둠은 감으로 아예 33이란 숫자를 만들었다. 감을 배열해 33을 만들어 낸 것이다. 교사가 말한 뜻과는 다르지만 얼마나 기발한가. 대단하다며 얼마나 칭찬을 했는지 모른다. 정말 상상력이 좋지 않은가. 평범함에서 비범함이 나온다고 믿는다. 아주 장난꾸러기지만 흥미 있는 놀이와 공부에는 충분한 시간이 있으면 대단한 집중력을 보여주기 때문이다. 우리 아이들은 이렇게 잘 자라고 있다.

논농사도 벌써 16년째 짓고 있다. 우리는 교육의 일관성과 깊이를 크게 생각한다. 교육은 일관될 때 꾸준히 전개될 때 울림이 있는 경우가 많다는 것을 아이들과 살아가며 느끼고 있다. 그때 흥미에 따라 이것 찔끔 저것 찔끔 해서는 수박 겉핥기에 그치는 경우가 많을 뿐이다. 보통 많은데서 하는 체험교육이 아이들에게 내 삶과는 관련 없는 특별한 경험으로 그치게 해서 교육을 망치는 것을 많이 봐서 그렇다. 아이들에게 일은 집중력 있게 빠져들 시간과 기회가 충분해야 한다. 그것을 반복해 삶에서 실제 써먹을 수 있는 익힘의 시간이 절대 필요하다. 그래서 배움을 깊이 있게 가져가려면 잠깐 하거나 한 해 반짝 하는 일은 되도록 피하고 꾸준히 하도록 도울 필요가 있다.

물론 다양한 일거리, 아이들마다 뿜어내는 흥미와 결에 따라 선택할 수 있는 다양한 일거리가 보장되어야 한다. 문제는 선택과 결정을 오롯이 스스로 한다는 자율과 자발성을 북돋는 데 있지, 스치듯 한 번 해보고 그치도록 해서는 안 된다는 것이다. 그동안 일과 놀이교육으로 철마다 때마다 펼친 활동은 여전히 교육과정 완성을 위한 진행형이다. 지금까지 해온 일과 놀이교육 활동은 다음과 같다.

일놀이 교육	영역	내 용 교과통합(책, 글쓰기, 그림, 인지교과, 표현교과)
밥살림	생활	청소, 빨래, 설거지, 이불개기, 짐싸기, 자기앞가림, 함께 살기, 자연 속 기숙학교
	논농사 (300평)	벼의 한 살이와 기후변화, 역사, 지리, 사회 볍씨 소독하기, 모판 내기, 모내기-못줄 만들기, 모심기, 피 뽑기, 대야논, 벼베기, 벼타작-게상질, 홀태, 탈곡기, 벼 말리기, 풍구 돌리기, 메통으로 벼 찧기, 정미소 가기, 농사달력, 허수아비

일놀이 교육	영역	내 용 교과통합(책, 글쓰기, 그림, 인지교과, 표현교과)
밥살림	밭농사 (500평)	• 봄: 밭두렁 불 놓기, 밭 만들기, 토종 씨앗 모종내기와 씨앗 뿌리기(고추, 아욱, 상추, 당근, 옥수수, 오이, 호박, 땅콩, 가지, 참외, 수박, 수수, 토란, 결명자, 들깨, 참외), 고구마와 감자 심기, 토마토 순치기와 묶기, 풀뽑기, 자 루텃밭 • 여름: 밀 베기와 밀 털기, 보리와 밀 구워먹기, 마늘쫑 따 기, 마늘 캐기, 감자 캐기, 조 심기, 팥과 콩 심기, 토마토 오이 가지 참외 따기, 풀 뽑기, 지지대 세우기, • 가을: 배추 묶기, 고구마 캐기, 박 따기, 호박 따기, 김장 농사 채비, 배추, 무, 갓, 쪽파심기, 김장하기, 보리와 밀 심기, 조, 수수베기와 털기, 콩타작, 돼지감자 캐기 • 겨울: 마늘, 양파, 밀, 보리 심기 　- 토종씨앗농사, 잡곡 농사, 거름넣고 밭 만들기, 풀 뽑 　　기, 거름 만들기, 농사도구-삽, 낫, 쇠스랑 　- 음식수업
	음식	• 봄: 냉이, 꽃지짐, 쑥튀김, 쑥설기, 쑥인절미, 쑥지짐, 아 카시아꽃튀김, 콩나물 기르기, 아욱국, 호박잎찜, 쌈장, 죽순으로 죽피차, 당근잎차, 호떡, 꽃차, 고추장 • 여름: 마늘쫑, 감자지짐, 감자튀김, 감자샐러드, 찐감자, 토마토퓨레, 토마토케첩 • 가을: 솔떡, 고구마순, 식혜, 보리단술, 수정과, 고구마 (튀김, 샐러드, 맛탕) 찐고구미. 양갱(고구마, 밤, 팥), 말 린 고구마, 감 튀김, 사과잼, 가지탕수육, 곶감 • 겨울: 김장김치, 도토리묵, 호박양갱, 밤양갱, 팥죽, 호박 죽, 호박범벅, 두부, 청국장, 무초절임, 짠무, 무말랭이무 침, 배추지짐, 귤차, 귤잼, 호박잼, 보쌈, 돼지감자지짐, 군고구마, 쥐이빨 옥수수팝콘, 은행 굽기, 팥죽, 콩 볶기, 수정과, 아몬드우유, 호박씨, 토란국, 된장, 간장 / 김치 지짐, 떡볶이, 피자, 닭튀김, 샌드위치, 스파게티, 빙수, 또띠아, 떡, 쌀과자 • 제철과일: 앵두, 자두, 살구, 산딸기, 보리수, 감, 밤

일놀이 교육	영역	내 용 교과통합(책, 글쓰기, 그림, 인지교과, 표현교과)
밥살림	발효	• 누룩, 발효빵-누룩빵, 술빵, 찐빵, 보리단술, 식혜, 액종 키우기, 막걸리, 매실(오매, 백매), 흑마늘 / 청과 효소(아카시아, 매실, 오이, 산딸기, 감, 레몬, 돼지감자, 청귤, 유자, 보리수, 쑥, 울금 • 장아찌-취나물, 머위, 고추, 양파, 마늘, 죽순, 깻잎, 시금치, 콩잎, / 고추장, 된장, 간장, 곶감, 김치(물김치, 배추김치, 갓김치, 총각김치, 열무김치, 동치미), 메주
	흙 빚기	그릇, 잔, 동물과 식물, 접시, 촛대
	동물 기르기	닭, 개 기르기, 곤충 관찰
옷살림	바느질	홈질과 박음질, 시침질, 감침질, 꿰매기(양말, 옷), 수놓기, 코바늘 뜨기 • 만들기-콩주머니, 천 필통, 인형, 방석, 깃발, 펼침막, 생리대, 피리주머니, 숟가락주머니, 카드지갑, 양파그물주머니 헤엄가방, 생일 편지가방, 앞치마, 수저집, 손수건, 햇빛가리개, 옷 짓기
	뜨개질	• 뜨기-목도리, 장갑, 모자
	직조 (편물, 직물)	양말목, 장명루, 사진틀, 실, 원형직조, 장식, 목도리, 직조틀, 베틀, 래그러그
	물들이기 (염색)	• 자연재료: 봄, 여름, 가을, 겨울철마다 자연재료, 양파, 쑥, 쪽, 밤잎, 대나무잎, 포도껍질 / 매염제(삭산동, 명반, 황산철, 탄산칼륨)
집살림	목 공	평상, 도마, 나무 목걸이, 책꽂이. 나무연필, 시계, 대나무자, 게시판, 나무상자, 축구골대, 포장마차, 떡메 놀잇감-자치기, 나무망치와 나무못, 조각 나무, 10의 보수 놀이, 나무와 못, 놀잇감(나무, 대나무, 철사, 실, 줄),나무 곤충, / 직조 틀, 외나무다리, 시소, 놀이터, 이름판, 보물상자, 마을공원 의자, 전각도장, 분리수거함, 찻잔받침대, 숟가락, 젓가락, 밥그릇, 나무의자, 나무연필, 나무목걸이, 사물함, 책상, 수납함, 책장

일놀이 교육	영역	내 용 교과통합(책, 글쓰기, 그림, 인지교과, 표현교과)
집살림	집짓기	움집, 닭장, 나무위 작은집, 나무집(숲속작은집), 장작패기, 모닥불 피우기, 이엉 얹기, 새끼줄 꼬기, 로켓화덕
	상호지지 구조	삼각형, 스타돔, 다빈치다리, 그물침대, 밧줄놀이와 그물, 지오다노
	손끝 활동	• 빗자루(수숫대, 볏짚, 달뿌리풀, 호밀대, 대나무, 싸리나무) • 바구니(지끈, 자연물-칡넝쿨.) • 대나무(자, 젓가락, 숟가락, 울림통, 과일꼬지, 물총.) • 볏짚 공예(복조리개, 인형, 이엉 얹기, 새끼줄, 메주달기) • 한지공예(한지조각보) • 궁채와 열채, 종이접기, 드림캐쳐, 종이 만들기, 공책 만들기, 천연비누, 천연염색, 압화, 북아트, 그림책 만들기, 나무곤충, 타일공예, 종이자, 도감, 입체큐브, 부채, 탈, 소이캔들, 판화, 가방 글씨 써넣기, 빨래비누 • 활동수학 (시에르핀스키 사각형, 프랙탈, 칠교, 마술상자, 하노이탑, 쪽매맞춤, 기하학(꼴, 모양, 도형), 카프라, 고누, 선그리기, 만다라 그리기, 시계 만들기, 전개도, 소포상자 만들기 따위)
	도 구	망치, 낫, 도끼, 대패, 톱, 직소, 원형톱, 전동드릴, 절삭기
숲 속	밧줄 놀이	매듭짓기, 그물침대, 햇님밧줄놀이, 버마다리, 도르레 줄타기, 그네달기, 꼬리잡기, 줄잡고팽팽
	자연 (생태) 놀이	놀이활동, 과제활동, 해설활동, 토론활동, 탐구활동, 역할놀이활동, 예시활동 관찰, 기록, 실험, 그리기, 글쓰기, 종이접기, 만들기 • 봄: 봄나물, 들나물-들나무 이름 맞히기, 봄나물 음식, 들꽃 꽃밭 만들기/꽃놀이-개나리 헬리콥터, 민들레꽃 놀이, 개나리꽃 목걸이, 진달래 화채, 진달레/꽃술 놀이, 버들피리, 조릿대 잎 피리, 보리피리, 풀 리, 식물 표본/봄의 곤충-돌멩이로 벌레 만들기, 나무곤충, 곤충지도, 튀는 벌레 만들기

일놀이교육	영역	내용 교과통합(책, 글쓰기, 그림, 인지교과, 표현교과)
숲속	자연 (생태) 놀이	• 여름: 나무의 여름살이-광합성 놀이, 잎 찾기 놀이, 나뭇잎 물감 찍기, 나뭇잎 탁본 뜨기, 나뭇잎 무늬 종이 만들기, 나뭇잎 도감 만들기, 나뭇잎 가면 만들기/냇물에 사는 벌레-돌맹이, 돌탑, 잎사귀, 조릿대 잎 배, 밤나무 잎 배, 나뭇잎 배, 나무판자 배, 종이배/머위줄기 물레방아 만들기, 갈대잎 물레방아/민물고기 • 가을: 가을 곤충/흙속에 사는 벌레-두꺼비집, 흙그림, 숨은글자 맞히기, 흙 덜어내기 놀이/열매야 놀자(가을열매) • 겨울: 산새 들새 겨울나기/나무의 겨울나기-나무껍질 무늬 탁본 뜨기, 나무껍질 수집함 만들기, 자치기, 활 만들기, 불 피우기, 솔잎놀이, 나무친구기록장 만들기/겨울철새 보내기-숯대 만들기, 오리 만들기 ＊참고: 《사계절 생태놀이》, 붉나무 글/그림, 길벗어린이
과학	과학 실험	고무동력기, 열기구, 에어로켓, 모래자석놀이, 식초달걀 실험-삼투압(식초, 소금물, 콜라), 군고구마통과 가마솥-연소, 나뭇잎 탁본, 철마다 별자리와 신화, 돋보기로 불 피우기, 측우기 설계, 김장, 실을 이은 종이잔 전화기 만들어 놀며 소리와 파동 이야기, 보리수 효소 담그며 액체 기체 고체 섞기, 콩나물 기르기와 습기·햇빛, 전자현미경 관찰, 태양광발전기 발전량 기록과 그래프 변화, 항아리기체실험, 에너지-햇볕건조기, 로켓화덕. 빗물저금통, 퇴적암 만들기(지층과 암석), 천연비누, 천연염색과 화학, 발효-효소, 막걸리와 액체 기체 고체, 두부와 단백질응고. 빛의 굴절, 무지개와 빛의 성질 이야기, 날씨와 구름 이야기, 대나무자 사포질과 마찰 이야기, 식물 잎 관찰하기(어긋나기, 마주나기, 돌려나기, 무리지어나기), 풀과 나무 도감, 식물 그림, 조개도감, 달걀껍질과 쌀 뜬 물, 떡살 무늬 만다라, 지도그리기와 축척, 배(뗏목)와 부력, 요구르트 병의 변화, 공기의 힘에서 바람개비와 풍선 만들어 보기

일놀이 교육	영역	내 용 교과통합(책, 글쓰기, 그림, 인지교과, 표현교과)
과 학	과학관, 박물관	기후학교(기후변화, 음식물 쓰레기, 물, 일회용품, 하수처리장, 양재천, 과천의 식물, 과천의 새, 재활용하기, 녹색실천) 과천과학관, 지리산생태과학관, 섬진강 어류생태관, 국립중앙박물관, 강릉참소리박물관, 대관령 신재생에너지전시관, 부안시민발전소, 부안신재생에너지관
에너지	교사 연수	에너지자립학교를 위한 실천 • 2009년 녹색연합 지원 태양, 바람, 자전거 발전기 설치 • 삶을위한교사대학 생활기술연수 1회부터 줄곧 교사파견(철든사람들, 흙미장, 직조, 바구니와 빗자루, 티피와 스타돔, 발효-누룩, 빵, 태양광, 자전거)
	고물상	쓰레기 분류, 고물상 가기, 우유곽 모으기, 병 모으기
	자연속 학교	에너지 자립 교육을 위한 자연속학교(자연 속 여행기숙학교: 5~9일)
	기관 방문	• 2009~2013 대관령 신재생에너지 전시관 • 2012~2013 지리산초록배움터(태양, 바람) • 2013~2014 에너지 자립섬 연대도/부안시민발전소(신재생에너지)
	신재생 에너지	• 2012년부터 후쿠시마 핵사고 뒤 에너지 자립교육 강화 • 태양열 조리기, 로켓화덕 만들기, 가마솥 설치 • 2015년 고물상 가기로 태양광발전기 설치 • 2017년 고물상 가기로 빗물통 설치
마 을		마을 청소, 마을 신문, 마을 아나바다 벼룩장터, 마을방범대, 마을 공동 냉장고, 때마다 열리는 마을 잔치, 마을 기타교실, 마을 책 동아리, 마을 축구단, 마을 김장, 마을 놀이터 조성, 마을 교육 프로그램, 마을 숲 속 놀이터, 마을여행계, 마을영화제, 마을 숲속 작은음악회, 마을카페와 사랑방, 마을 자치회, 시골공동체와 도시공동체 넘나들기, 마을생활기술학교, 마을경로당 노인복지관, 소방서, 장애인복지관 교류

사람이 살아가는 데 필요한 식의주와 주인으로 함께 살기는 일하기 교육의 정신이자 갈래이다. 그래서 선생들이 일하는 과정을 잘 알 수 있는 배움이 많아야 한다. 일머리를 기르려고 애를 써야 한다. 텃밭농사도 그렇고, 아이들에게 보여주는 일하기가 아이들에게 그대로 영향을 주어 선생을 따라 배우기에 그렇다. 목공, 음식, 농사, 많은 손끝활동을 배우고 나누는데 정성을 들여 할 까닭이 여기에 있고, 교사 연수의 핵심으로 잡아야 하고 거기에 필요한 재정을 마련해야 한다.

사람은 누구나 일을 하고 일을 하지 않으면 살아갈 수 없다. 또한 지금 일과 놀이, 학습이 나뉘어 있는 게 큰 문제다. 동양과 서양 모두 일하기 교육에 대한 중요성을 강조한 교육학자, 철학자가 많이 있다.

'머리와 가슴과 손의 조화로운 발달'을 말한 페스탈로치(Johann H. Pestalozzi)가 있고, '노작', '일', '노동', '아르바이트' 개념을 제시하며 손으로 하는 일이 인간 형성과 교육 전반에 바탕이 되어야 함을 말한 케르셴슈타이너(Georg M. Kerschensteiner)도 있다. 일하는 학교를 말하며 아이들에게서 놀이 욕구보다 작업 욕구가 더 크다고 본 20세기 초 프랑의 개혁 교육자 프레네(Célestin Freinet)도 있다. 또한 노작 교육의 개념을 종교와 결합시킨 에버하르트(Otto

E. Rössler)와, 헤겔(Georg W. F. Hegel)의 '노동이 자유롭게 한다'는 생각에 주목하면서도 다른 한편 이것을 노동에 대한 마르크스(Karl H. Marx) 생각과 대비시키며 근대 산업 노동에서 자본주의적 강요로 인해 발생하는 인간 소외 문제를 지적한 슈프랑어(Eduard Spranger)도 있다. 그리고 노동과 지식을 구별하여 지식 교육에 치중하는 현대 교육을 비판하며 '일하면서 하는 공부의 원리'로 노작 교육론을 강조한 바베(Vinoba N. Bhave)도 있다.

고병헌 외,
《교사, 대안의 길을 묻다: 대안교육을 위한 아홉 가지 성찰》, 이매진, 2009.

마을 학교(대안교육과 마을교육공동체)

마을의 주민자치와 교육자치가 만나는 마을교육자치회는 말 그대로 마을의 교육주체들이 참여해 학생들이 행복한 마을 교육을 뒷받침하며 마을 교육력을 높이는 모임이자 만남이며 소통의 장이다. 학교와 마을이 연결되는 지점, 교육행정과 교육실천이 만나는 창구로 작동되려면 그만한 마을교육 주체들이 참여해야 가능한 일이다. 교육주체인 학생, 학부모, 교사, 자치단체 교육담당 공무원, 교육지원청 담당 장학사, 동장, 학교장, 마을학교 교사, 교육시민단체, 마을에서 교육을 펼치는 주체들이 함께 지역사회

교육의 품을 만드는 건 쉬운 일은 아니다. 그런데 교육자치 시대에 맞는 지역사회 교육정책과 예산으로 교육도시를 일궈가는 곳에서 서서히 좋은 보기가 나오고 있다.

아주 오래 전부터 마을은 교육의 오래된 미래로 이야기 되어왔지만, 본격으로 우리나라에서 마을, 마을교육공동체를 이야기하고 실천해온 곳은 대안교육현장이었다. 성미산마을, 무지개교육마을, 삼각산재미난마을이 널리 이름을 알린 곳이었고, 마을 속 작은 학교로 자리를 잡아갔더랬다. 교육과정의 자율성, 유연함이 있었기에 가능한 이야기였고, 학부모들과 마을주민이 함께 교육 속에 지역을 담고 지역의 교육을 위해 애써온 역사이다.

공교육에서는 12년 전쯤 마을과 마을교육공동체에 주목했던 것으로 기억난다. 그런데 지금은 공교육에서 마을교육공동체 정책 담당 부서와 사업이 혁신교육지구와 함께 본격으로 제기하고 있고 꿈의학교, 몽실학교, 혁신교육지구 모두 마을교육공동체를 이야기 하고 있다. 세계 교육의 흐름에서도 마을과 학교는 연결된 흐름이고, 학생들의 배움을 확장하는 마을교육생태계를 미래교육이라 말하고 있다. 코로나19와 기후위기 시대, 마을은 미래교육에서 그 중요성이 더 크게 다가오고 있기도 하다.

우리 학교 또한 양지마을에 터전을 마련하며 '터전을 지은 우리는 이제 무엇을 해야 하는가'란 주제로 마을과 마을 속 교육과정을 본격으로 꺼냈고, 많은 어려움 속에서도 마을 속 작은 학교로 자리매김하기 위해 마을을 위해 일하고 마을 속 교육과정으로 배움을 마을로 확장해갔다. 마을 장터, 마을자율방범대, 마을음악회, 마을청소, 마을신문, 마을적정기술, 마을잔치, 마을학교와 마을 강좌들을 꾸준히 제안하고 자리매김 되도록 애써왔다. 부족하지만 마을 속 작은 학교가 마을을 가꾸는 주체로 인정받게 되었다. 물론 언제나 부족하고 다양한 마을 주민들과 맺어야 할 관계의 과제는 여전하다. 마을은 언제나 이사로 인한 들고남이 빈번한 곳이고, 마을의 문화가 형성되기에는 그만한 세월이 걸리기 때문이다.

학교가 있는 양지마을과 과천에서 교육과 마을을 연결하는 활동을 꾸준히 한 결과 지역의 대안교육 역량과 꿈의 학교 학습공동체가 만나고, 혁신교육지구와 만나 마을교육 공동체를 가꾸는 새로운 교육흐름을 상상하고 있다. 마을 속 작은학교 맑은샘이 우리 동네에서 소중한 교육기관으로 자리매김되고, 우리 어린이들을 품어주는 마을을 가꾸는데 교육자치와 주민자치가 있기에 마을교육공동체와 마을교육자치회를 앞장 서 제안하고 있다. 우리 아이들이 마을과 도시에서 충분한 교육기본권이 보장되도록 하려면 마을사람들과 함께 교육을 이야기해야 한다. 온 마을이 학교이고, 한 아이를 키우기 위해서 마을이 필요하다는 걸 실천하기 위해 우리가 할 일을 꾸준히 찾아가야 할 때다.

한편, 대안교육기관과 마찬가지로 경기도교육청 꿈의학교(2023년부터 경기이룸학교로 이름이 바뀌었다.)는 민관학이 함께 만들어가는 한국사회 새로운 교육운동 흐름이다. 맑은샘학교에서 꿈의학교를 적극 열어내고 지역에서 마을교육공동체를 제안하고 지역학습공동체와 함께 국제교육포럼과 마을교육공동체포럼, 지역축제와 결합을 꾸준히 제기하는 까닭이기도 하다.

나는 대안교육운동만큼 마을교육공동체를 꿈꾸는 이룸학교(꿈의학교)는 새로운 형태의 대안교육 흐름이라고 말해왔다. 재원만 보더라도 공적 재원이 100%이지만 교육과정 자율성과 운영이 철저하게 보장되는 형태다.(190억 넘는 예산) 학교 밖에서 학생들이 행복한 교육현장을 일궈가는 것은 대안교육 정신과 같고, 이룸학교(꿈의학교) 정신은 맑은샘학교 교육철학과 많은 대안학교 철학과 같다. 물론 맑은샘학교 교육과정으로 구성한 일놀이이룸학교(꿈의학교)는 제도권 어린이들을 위한 주말학교다. 바쁜 틈에도 일부러 맑은샘 선생들이 꿈의학교 정책을 처음부터 받아 꾸준히 지역에서 활성화시킨 까닭은 교육 운동의 뜻이 크다. 물론 학교 홍보란 도움도 있다.

이룸학교(꿈의학교) 참여 9년이란 역사를 만들어가며 처음 마음을 잊지 않았고, 지금도 그 열정으로 이룸학교(꿈의학교)와 대안교육의 결합을 마을교육공동체 속에서 담아보려고 도전하고 있다. 혁신교육지구, 이룸학교(꿈의학교), 대안교육이 마을교육공동체 속에서 어우러져 교육자치를 꿈꾸는 도전이야말로 대안교육의 외연을 넓히고, 대안교육이 지역을 위해 기여한다고 여기며 우리의 또 하나의 출구전략이란 생각도 있었다.

9년째 참여하다 보니 경기꿈의학교 관련 정책자문단과 지역학습공동체에 참여하며 앞날을 생각할 기회가 많았다. 2천개가 넘는 경기꿈의학교의 양적 성장과 질적 성장은 동시에 가고 있지만, 여전히 양적 성장이 필요함을 느낀다. 지금 경기도 학생의 2.5% 4만여명이 참여하는 것보다 5배 많은 20만명이 참여하는 1만개의 꿈의학교가 이루어질 때 질적 성장은 이루어질 것이라는 생각 속에 꿈의학교 지속가능성을 가늠해보곤 했다.

덕분에 2022년에는 새로운 시도로 일 년 반의 노력 끝에 대안교육형 꿈의학교(다함께꿈의학교)가 출발했었다. 경기도 대안교육기관 50개가 교육지원청과 협약을 맺고 꿈의학교를 열었다. 한국 교육에서 입시와 경쟁 중심의 학교교육 밖에서 학습자 중심, 마을교육공동체, 교육자치, 미래교육을 실천해온 경기도 대안교육과 경기꿈의학교 철학은 같다. 학생들의 꿈과 끼를 살려가는 다양한 교육과정이 있음도 같다. 교육의 공공성을 실천함도 같다.

그런데 8년 동안 참여해온 꿈의학교는 새로운 교육감 교육 정책에 따라 2023년에는 새롭게 바뀌었다. 아주 없어지지는 않고 경기도교육청 마을교육공동체정책과가 방과후교육과로 바뀌어 담당자와 예산이 크게 줄었다. 이름도 경기꿈의학교가 경기이룸학교로 바뀌어 재구조화 되고 있다. 아쉽지만 민관학 협치의 산물이던 경기꿈의학교와 몽실학교는 이름이 모두 사라졌다. 그러나 지역사회와 학교의 협력, 마을교육공동체, 교육자치와 주민자치, 민관학 협치는 모두 학생들이 행복한 교육을 위해서다. 마을이 학교가 되기 위해서 할 게 많다. 이미 물꼬를 튼 마을교육공동체 흐름은 막을 수 없다. 대안교육 현장과 지역사회 마을의 교육 역량이 다시 한 번 마을학교 같은 지역사회 학생들을 위한 행복한 교육 현장을 만들어낼 필요가 있는 때다.

20년 넘게 행복한 교육을 일궈온 경기도 대안교육 역량과 경기꿈의학교(이룸학교) 9년의 교육 실천이 만들어낼 가치는 분명하다.

"학교는 학생들을 위해 있고, 교육은 행복해야 한다."

전환마을 과천을 꿈꾸다

나라 곳곳에서 마을공동체를 가꾸는 바람이 불고 있

다. 자본사회 도시, 소비사회에서 살아가는 도시인들에게 "마을과 공동체"는 따듯한 우정과 환대가 살아있는 공동체, 사람 냄새나는 마을에 대한 그리움이자 고향이다. 피크오일과 기후변화의 시대, 세계 곳곳에서 일어나는 전환마을운동은 과천과 양지마을에서 실현되고 있었다. 2017년 1월, 전환마을운동을 널리 확산시키고 있는 영국 토트네스 전환마을을 다녀왔다. 탐방을 다녀온 뒤, 행복한 마을, 행복한 마을공동체를 가꾸어 가려는 마을 주민들과 함께 살고 있어서 행복했다.

전환마을(Transition Town)운동

전환마을(Transition Town)운동은 아일랜드 킨세일이라는 작은 마을에서 시작됐는데 킨세일의 퍼머컬쳐(농적 가치) 성과를 바탕으로 펼친 2006년 토트네스 전환마을프로젝트가 전 세계로 퍼져나가는데 큰 공헌을 했다. 전환마을운동이 일어난 시대 배경은 알다시피 피크오일과 기후변화가 있다. 한마디로 기후변화 시대에 직면한 인류의 생존을 위한 선택으로 국가 시스템을 마냥 기다리지 않고 공동체의 대안을 함께 만들자는 삶의 전환 운동이 전환마을운동이다. 또한 마을공동체 회복운동이다. 물론 토트네스는 일찍부터 산업혁명 시대를 거치며 자연과 지역의 파괴를 경험했고, 1989년 광우병 파동, 석유가격의 상승 충격, 기후변화와 피크오일까지 자연스레 로컬푸드와 유기농, 식량과 에너지 자립에 대한 관심이 높아진 조건과 처지가 있었다. 토트네스 사람들은 그것을 일찍부터 고민해서 탈출구를 찾은 계기가 있고 그걸 준비한 사람들이 있었던 거다. 유기농과 공동체에 대한 갈망, 외부의 충격에도 살아낼 수 있는 방법을 찾아내며 전환마을 운동을 체계 있게 전개했다.

이웃과의 관계 회복과 마을공동체의 복원

토트네스 전환마을은 로컬푸드, 유기농, 먹을거리와 에너지 자립, 토트네스 파운드라는 지역을 중심으로 한 화폐와 지역경제, 지역 풀뿌리정치를 특징으로 한다. 우리 과천 품앗이 〈아리〉처럼 지역화폐인 토트네스 파운드는 지역경제 활성과 지속가능하고 스스로 회복력을 갖는 대안 경제 실천, 지역화폐를 통한 공동체 회복면에서 의미가 있다. 살고 싶은 마을에 대한 갈망은 여러 가지겠지만 공동체와 유기농, 에너지 자립들을 실천하는 사람들의 행복한 모습과 공동체살이, 기후변화와 피크오일 시대에 새로운 삶을 방식을 실천하기에는 혼자 하기 어려운 개인과 국가가 방법을 찾아주는 걸 기다리지 않고 먼저 느낀 사람들이 공동체와 마을단위에서 실천을 조직한다는 것이 토트네스를 유명하게 했다. 다시 말해 이웃과의 관계의 회복과 마을공동체의 복원이 에너지 위기와 지구환경 위기를 이겨낼 지속가능한 재생에너지라고 말하는 것이 전환마을운동이다.

> 전환이란 점진적, 의도적 변화이고 급진적 혁명이 아닌 자연스러운 변화다. 전환을 세 단어로 요약하면 공동체(community), 회복력(resilience), 지역화(localization)이다.
>
> - Totnes Transition Town

피크오일과 기후변화, 후쿠시마 핵사고 이후 세상을 살아가는 도시인들에게 따뜻한 마을공동체는 미래를 준비하는 희망이고 꿈이다. 마을 사람들의 관계를 회복하고 따뜻한 마을공동체야말로 앞날을 준비하는 신재생에너지이자 전환의 시작이다. 도시에서 에너지와 식의주 자립을 꿈꾸는 마을공동체를 위해 시민들과 가족들이 참여하는 생활기술 다시 말해 수공예 손기술로 함께 땀 흘려 일하고 배움을 나누며 서로를 연결했다. 나눔국민운동본부의 지원을 받아 〈전환마을 과천을 꿈꾸는 사람들〉과 〈과천풀뿌리〉가 연 〈전환마을 과천을 꿈꾸는 적정기술 생활학교〉와 경기도 따복공동체 주민제안 공모사업으로 〈맑은샘교육연구회〉가 '마을, 손으로 춤추다'는 이름으로 진행한 〈양지마을 적정기술학교〉는 생활에서 아주 가깝고 누구나 쉽게 할 수 있는 삶의 기술을 배우며 행복한 마을

살이를 가꾸는 전환도시를 꿈꿨다. 60여개 나라에서 수천 개의 프로젝트로 스스로 대안을 만들어가는 전환마을운동의 가치를 생각해보고, LED 실내등을 만들며 에너지 전환을 꿈꾸며, 날실을 거는 직조로 생필품을 생산하고, 바구니 짜는 기술을 배워 생산하는 즐거움을 맛보았다. 함께 마을 놀이 공간을 재구성해보는 밧줄 놀이 경험을 하며, 함께 협력하며 정답이 아닌 해답을 찾아가며 소통과 협업을 했다. 마을 사람들이 마을에 필요한 마을게시판과 포장마차를 연결한 마을포장게시판을 목공으로 만들고, 발효 수업으로 누룩과 전통주를 빚었다. 함께 땀 흘려 일하고 잊혀져가는 손의 감각을 깨워 자신과 마을을 가꾸는 시간은 따듯하고 정겨웠다. 서로를 격려하고 지지하며 전환마을 과천, 따듯한 녹색도시 과천을 만들어가는 멋진 상상을 했다.

Q. 〈전환마을 과천을 꿈꾸는 사람들〉은 어떤 단체인가요?

A. 〈전환마을 과천을 꿈꾸는 사람들〉은 마을공동체 모임입니다. 2015년 첫 활동을 시작한 이래 마을에서 꾸준히 마을공동체 사업을 벌여왔어요. 마을기술로 적정기술을 소개하는 마을학교와 적정기술실천모임으로 마을을 가꾸었고, 마을 벼룩장터와 자율방범대, 마을신문, 다양한 마을 활동에 참여해 마을을 따듯한 우정과 환대가 있

는 공동체로 가꾸고자 애쓰고 있습니다. 양지마을의 실천을 우리시 과천으로 넓혀보자는 뜻으로 전환마을 과천이란 표현을 넣었어요. 양지마을과 용마골을 사람냄새 나는 마을공동체로 만들며, 과천에 전환의 가치를 널리 알리고 싶기도 합니다. 물론 누구나 함께 할 수 있답니다.

Q.〈전환마을〉이 무엇인가요?

A. 지금 코로나19로 세상이 떠들썩하잖아요. 그런데 코로나19같은 바이러스는 사람들이 자연생태계를 파괴하고 경제성장만을 추구하는 탐욕 때문에 생긴 기후위기로 인해 더 자주 일어날 거라고 합니다. 기후위기 시대에서는 가난한 사람들은 더 어려움을 겪을 거라고 해요. 마을 속에서 서로의 관계를 회복해 마을공동체가 살아있다면 서로를 돌볼 수 있지 않을까요. 전환마을은 이러한 마을공동체를 만들고 가꾸어 서로를 돌보는 자생력과 회복력이 있는 마을을 뜻합니다. 마을 벼룩장터나 마을 밥상 같은 소박한 일상을 나누는 것부터 공유경제를 구축하고 미니태양광 같은 에너지 전환을 꿈꾸는 것까지 우리가 누리는 자본 소비사회의 삶을 방식을 바꾸려고 애쓰는 마을을 전환마을이라 생각합니다.

Q. 〈마을살이 다 있다〉란 공모사업은 어떤 것인가요?

A. 2020년 과천시 마을공동체 주민제안 공모사업 이름인데요. 그동안 마을에서 펼쳤던 다양한 활동을 모두 모았어요. 마을신문, 마을장터, 발효기술과 다양한 마을기술(목공, 직조)이 다 들어있습니다. 함께 땀 흘려 일하고 수다를 떨며 마을을 가꾸자는 사업이에요. 웹자보를 참조해주세요. 고맙습니다.

2016. 11. 21. 달날. 날씨: 흐리고 포근하다.

[전환마을운동]

학교 마치고 시청에 들려 방범대 서류처리하고, 참여예산제 준비모임에 참여했다. 내년부터 시행되는 참여예산위원회를 준비하는 모임인데 우리 처지에서는 과천시민들과 함께할 수 있는 뜻있는 모임이다. 공부할 게 제법 많겠다. 저녁, 학교로 돌아와 교육연구모임 준비로 전환교육 소개 자료를 정리하는데 시간이 금세 가버린다. 기후변화와 석유문명의 종말, 핵 위험 시대에 새로운 삶의 방식, 삶의 전환을 위해 자연주의(생태주의)를 교육의 바탕으로 잡고 에너지 자립과 행복한 공동체를 만들어가는 전환마을운동과 전환교육운동이 우리 학교와 교육공동체의 진화에

영감을 주고 내용을 살찌울 수 있겠다 싶다. 뜻이 있는 여러 대안학교 선생들과 전환교육준비모임에 세 차례 참여한 내용을 소개하는 건데 겨울 전환마을로 알려진 영국 토트네스를 방문하는 연수 사전 공부 내용이기도 하다. 사실 가까운 성대골마을과 멀리는 홍동마을이 전환마을의 훌륭한 보기들이다. 학교 설립때부터 우리 학교 교육 정신과 내용, 교육 과정에는 이오덕 교육 사상과 함께 자연주의(생태주의) 사상이 바탕이 되어 일과 놀이교육으로, 자연 속 학교로, 삶을 가꾸는 글쓰기 교육 과정이 굴러가고 있어 교육과정에서 특별한 내용은 아니지만, 지역과 사회의 전환을 위해서는 생각하고 실천할 게 많겠다. 일과 놀이 교육과정에서 담고 있는 농사, 에너지 자립, 적정기술(생활기술) 교과(직조, 목공, 생산하는 수공예 활동)들이 더욱 풍성해져 교육과정을 살찌우고 있다. 움집, 나무집을 짓고, 평상을 만들고, 빗자루와 바구니를 만들고, 직조와 스타돔, 텃밭 채소로 음식하기부터 발효와 효소 만들기, 빵 굽기를 일상으로 펼치고 손끝활동으로 집, 밥, 옷 살림 영역에서 자립의 방향을 세우고 있는 셈이다. 그런데 학교를 넘어 마을, 고장으로 전환을 말하기에는 갈 길이 멀다. 우정과 환대가 살아있는 공동체 마을, 호혜의 경제가 살아있는 마을을 위해 마을가꾸기를 부지런히 하고 있지만 전환마을운동 차원으로 끌어올리려면 더 많은 사람들이 따뜻한 모닥불 둘레로

모여들 수 있는 즐거운 자립 거리가 많아야겠다. 우리가
꿈꾸는 마을이야기는 줄곧 되는 셈이다. 교육과 자연(생태)
이 자연스러운 양지마을에서 과천으로, 전환마을 전환도
시 울림을 위해 내가 우리가 바꾸어야 할 삶의 방식은 무
엇일까.

 ## 셋. 마을가꾸기와 마을 속 교육과정

학교의 삶이 마을 속 교육과정을 통해 아이들이 사는 마을로 확대되고, 계절마다 다양한 지역으로 떠나는 자연 속 학교 교육과정을 통해 더 확장되며 줄곧 이어지도록 돕는 곳이 학교이자 교육이다. 학교라는 공간은 세상과 떨어져 있는 곳이 되어서는 안 된다. 학교에서 배운 걸 마을에서 그대로 실천할 수 있도록 하고, 학생들의 삶과 교육과정뿐만 아니라 어른들의 삶도 생태전환의 삶으로 바뀔 수 있도록 노력하는 것이 중요하다. 그러려면 교사는 마을활동가와 비슷한 노릇을 해야 한다. 물론 모든 교사가 그럴 수 없고, 사는 곳이 다르면 어렵다는 것도 잘 안다. 그러나 학교 교육과 마을을 연결하는 노력을 꾸준히 하려면 누군가는 그 노릇을 할 수 밖에 없다. 나는 어린이들과 마을 속 교육과정으로 마을을 가꾸는 교육 활동으로 학교와 마을을 연결했다. 마을 주민 장터, 마을 방범대, 마을 신문, 마을 포장마차, 마을 음악회, 마을 밥상, 마을 부엌처럼 학교와 마을이 연계해 할 수 있는 다양한 노력과 그 성과들이 다시 마을공동체로 이어지고 마을 속 작은 학교를 품는 마을교육공동체를 꿈꿨다. 맑은샘학교도 처음에는 교사들이 이러한 마을과의 연계 활동들을 어려워했다. 교육활동도 벅찬데 마을 일은 마을 어른들이 알아서 하고 교사들은 교육활동만 하면 좋겠다는 교사들도 있었다. 같이 공부하면서 마을로 넓어지는 순간 우리 교육과정이 얼마나 풍요롭고 또 교육과정 자체가 상상의 나래를 더 많이 펼칠 수 있음에 대해 많은 이야기를 나누며 마을과 함께하는 교육과정들을 늘려 왔다.

현재 마을 장터의 경우는 마을로 완전히 이관이 되었고, 생태전환의 삶과 대안사회의 가치에 대한 희망을 가지고 학교에서 시작한 여러 일들이 마을을 가꾸고, 마을 사람들이 직접 확장해 가는 일도 있다. 마을 주민들 중 맑은샘학교 학부모들의 비율이 높아지면서 생태전환의 삶에 관한 학교의 철학에 이미 공감하는 사람들이 늘어 참여가 활발해 진 측면도 있고, 마을 사람들과 공모사업에도 함께 참여하고 마을공동체 지원을 끌어와서 주민들과 가족단위로 참여할 수 있는 기후 관련된 마을기술이나 적정기술 활동들을 줄곧 펼쳐왔다. 기후위기 문제와 관련해서 아이들이 학교에서 하는 재활용품 모아 고물상에 다녀와 대안화폐로 어린이장터를 열고, 마을에서는 쓰레기 없는 아나바다 마을장터를 실천했다. 마을 공원과 마을 화단 만들기, 마을 청소, 마을기술 활동이 마을공동체 사업과 학교 교육 활동에 모두 들어있다. 학교에서 자전거를 고치고 타는 교육을 하면, 뒤이어 마을에서도 자전거 교육을 한다. 마을과 학교의 연결 지점은 모든 교육 활동 속에 들어있다.

마을에서 이러한 활동들이 늘어간다는 것은 아이들의 시점에서 보면, 학교에서 배우고 실천한 가치의 삶을 학교를 벗어난 자신의 지역에서도 일관되게 살아갈 수 있게 된다는 의미다. 생태전환교육의 가장 큰 한계가 여전히 자본주의 소비문화 속에서 굴러가는 학교 밖 세상이라 할 때 학교가 위치한 마을의 범위에까지 생태전환 문화가 자리잡는 것은 아이들이 학교 안팎의 일상에서 좀 더 일관되게 생태전환의 삶을 가꿀 수 있는 환경에서 자랄 수 있다는 점에서 중요한 의미가 있다.

코로나 19와 마을 속 교육공동체학교!

코로나19 시대 좀 더 빨리 일상을 회복해서 행복한 교육을 펼친 학교가 있다. 대안교육기관 맑은샘학교는 어느 교육 현장보다 일찍 일상을 회복해 살았다. 일상을 회복해 살았다는 것은 학교 교육과정과 교육활동이 안정되게 운영되어 학습 격차 없이 코로나 2년을 살았다는 뜻이다. 물론 코로나19 방역수칙과 거리두기 방침을 잘 지켜가며 때로는 분반수업과 오전오후 수업으로, 긴급돌봄교실로 살 때도 있었지만, 교육부와 교육청의 등교 지침을 탄력 있게 적용해 자연 속 현장체험학습(1년에 4차례)과 일상 수업을 안정되게 펼칠 수 있었다. 비법이 무엇일까?

첫째, 작은 학교라서 일상을 빨리 회복해 살았다. 코로나19 거리두기는 다중이용시설의 폐쇄와 등교 중단을 불러왔고, 원격수업을 강제 받았고, 그 결과는 학습 격차라는 문제를 던져주었다. 그러나 코로나19 방역 조치를 지켜가며 학교생활을 할 수 있는 규모의 학교는 작은 학교였다. 작은 학교의 장점을 살려 긴급한 지침에도 탄력있게 학생 수에 걸맞은 분반을 조직하고, 알맞은 교육활동을 배치할 수 있었다. 사실 우리나라 시골학교는 학령인구 감소와 대도시 인구집중으로 이미 작은 학교가 되었지만, 대도시는 여전히 큰 학교가 많다. 규모가 큰 학교는 코로나19 시대 방역수칙을 탄력 있게 적용하기 힘들었다. 따라서 나라 전체로 작은 학교 만들기 정책을 세워 재정계획을 세우는 것이 기후위기와 감염병 시대를 대비하는 교육정책일 것이다.

둘째, 서로를 믿는 교육공동체의 힘이다. 많은 교육 현장에서 교육공동체를 가꾸고 있다. 교육공동체는 교육 주체인 학생, 교사, 학부모가 함께 교육을 중심으로 서로 삶을 가꾸는 공동체다. 행복한 교육 현장을 가꾸기 위해 교육과 학교의 주체들이 학교를 민주스럽게 운영한 힘은 코로나19시대, 작은 학교의 교육활동을 안정되게 뒷받침했다. 학생들의 건강과 안전을 가장 먼저 생각하고, 탄력 있게 교육과정을 운영할 수 있도록 교육공동체가 함께 슬기를 모으고 결정해간 경험이 코로나19시대 빛을 발한 것이다. 방역 단계마다 교육활동마다 건강과 안전을 중심으로 활동 규칙을 세우고, 가정마다 조금씩 다를 수 있는 건강 관련 걱정을 함께 의논하고 살필 수 있었다. 이 힘을 바탕으로 현장체험학습과 다양한 교육활동이 이루어져 학습 격차 없는 코로나19시대 2년을 살았다.

셋째, 마을 속 교육과정과 마을교육공동체를 가꾸려

는 애씀 덕분이다. 마을 속 작은 학교는 당연히 마을에서 함께 살아가기 위한 교육을 중요하게 생각한다. 마을 사람들과 함께 코로나19시대를 살아내려는 다양한 교육 활동이 있었고, 코로나19 방역조치에 알맞은 교육활동을 만들어냈다. 주말과 방과후에 만나는 꿈의학교와 마을방과후학교, 마을 청소, 양지마을신문 어린이기자단, 과천동주민자치위원회와 함께 마을꽃밭 만들기, 마을교육공동체포럼과 이야기마당, 마을교육공동체신문 발간 같은 다양한 마을교육공동체 활동을 온오프로 열었다. 기후위기와 감염병 시대 더 소중하게 다가온 '마을'을 가꾸는 교육 현장이었기에 마을사람들의 배려와 넓은 품 속에서 일상을 회복해 살 수 있었다.

작은 학교, 교육공동체, 마을교육공동체가 가장 큰 힘이었다면, 코로나19가 우리의 삶에 끼친 영향과 교훈을 함께 살필 수 있도록 도와준 마을신문이 참 고맙다. 혼자서는 거대한 재난을 감당할 수 없는 도시 사람들에게 '마을'의 가치를 환기시켜주고, 우정과 환대의 마을공동체를 꿈꾸는 것은 참 기쁜 일이다. 코로나19시대 우리 참 힘들었지만 잘 이겨냈다. 모두 함께 해서 가능한 일이다.

마을 속 교육과정

마을이 교육에 들어온다는 것은 학교의 교육과정에 '마을'이란 교육이 존재해야 한다. '마을 속 교육과정'으로 학년마다 마을 활동이 있어야 한다. 학교가 마을을 위해서 의미 있는 활동을 하고, 아이들이 '아, 우리는 이 마을에 살고 있는 학생이구나.' 하는 마음이 자연스럽게 들어가는 게 뿌리이자 바탕이다. 그래야 사실 우리가 교육으로 담고자 하는 '전환마을' '전환교육'에 대한 이야기를 마을에서 펼칠 수 있다. 마을 신문을 발행해서 "우리 이런 마을을 가꾸고 싶어요."라고 이야기하는 활동이 중요한 까닭이다. 마을 사람들과 함께 마을에서 무언가를 생산하는 것도 사실 학교에서 하는 것들이 그대로 마을로 확장되는 것이다. 이것이 그 지역의 풀뿌리 민주주의 내용으로 자리 잡혀야 한다. 우리 지역의 마을 공동체 활동들에서 장터를 열고 수많은 강좌와 마을 학교를 만들어내는 것이 아주 중요하다는 것이다.

민관협치의 산물인 '경기꿈의학교'를 8년째 운영했고, 경기이룸학교로도 참여한 덕분에 과천시를 대표하는 주말 학교가 되었다. 거기에서 마을교육공동체를 제도권 학교로 끌어들이고 있는데, 우리는 일찍부터 그런 활동을 해왔다. 교육과정이 학교 현장에서 펼치는 생산, 협력, 자립들의 활동이 마을을 바꾸고 디자인하며 재구성하는 형태로 나아가야 교육이 그 지역에서 훨씬 더 의미를 갖게 되고 보호받고 인정받을 수 있다.

그러려면 교사들이 교실 안팎을 넘나들기 힘들겠지만 학교의 교실 안에 그런 내용들을 담아야 한다. 마을을 자꾸 교육과정에 끌어들여야 한다. 일반학교에서는 진도도 나가야 하고 어려운 일이지만 그것을 끊임없이 찾아내야 하는 일이 우리 교사들의 과제가 아닌가.

생활 자립은 우리가 살아가면서 먹고 입고 자고 쓰는 것부터 교육의 의미를 던져주는 활동을 줄기차게 끈질기게 하고 갈무리를 잘 해야 한다. 교육 현장에만 그치지 않고 마을로, 지역으로, 또는 풀뿌리 민주주의로 자리 잡았으면 한다.

맑은샘은 마을 속 작은 학교를 꿈꾸며 꾸준히 마을 속 교육과정으로 마을을 가꿔왔다. 어린이들과 교육활동으로 마을을 가꾸는 교육활동을 하고, 교사는 주민참여예산제도를 활용해 마을 소공원, 농구장, 북카페, 꽃심기, 햇빛가리개 설치 같은 마을을 위한 활동을 교육과정으로 실천했다. 특별한 소식으로 보자면 〈양지마을 소공원 만들기〉는 맑은샘학교 마을 속 교육과정으로 시작되어 주민참여

예산제 주민 제안사업으로 발전시켜 2016년 경기도 주민
자치대회에서 상을 받기도 했고, 몇 년 전 과천시블로그기
자단을 하며 쓴 기사 덕분에 2016년 양지마을 소공원을 만
들고 가꾼 장면이 우리나라 초등학교 교과서(천재교육)에 민
주주의 주민자치 사례로 실리기도 했다.

어린이들과 공부로 마을 속 교육활동으로 연결하기 위
해서는 교사가 마을 사람들과 어울리는 활동이 시작이지만
채비할 것도 많다. 내가 마을 속 교육과정을 실현하기 위해
가장 먼저 한 게 마을을 위해 일하는 것이었고, 교육공동체
식구들과 마을방범대활동부터 마을음악회, 마을자치회, 마
을장터부터 다양한 마을 활동을 벌여왔다. 교장으로 마을
활동가를 자처하며 마을신문을 만들고, 마을공동체 활동
을 위한 꾸준히 경기도와 과천시의 마을공동체 공모사업을
벌이고, 주민자치위원회, 주민참여예산위원회, 마을가꾸기
위원회 같은 자치단체 활동에 참여하며 마을과 교육을 연
결해 마을교육공동체를 꿈꾸는 활동을 활발하게 벌였다.
작은 학교를 지키는 방법이기도 했고, 우리 아이들이 살만
한 마을과 도시를 꿈꾸는 적극 실천이었다.

사실 맑은샘학교는 2014년 양지마을에 터전을 마련하
며 〈터전을 지은 우리는 이제 무엇을 해야 하는가〉란 주

제로 마을과 마을 속 교육과정을 본격으로 꺼냈고, 많은 어려움 속에서도 마을 속 작은 학교로 자리매김하기 위해 마을을 위해 일하고 마을 속 교육과정으로 배움을 마을로 확장해갔다. 마을장터, 마을자율방범대, 마을음악회, 마을 청소, 마을신문, 마을적정기술, 마을잔치, 마을학교와 마을강좌들을 꾸준히 제안하고 진행해왔다. 또한 과천동 주민자치위원으로 6년을 활동했다. 덕분에 부족하지만 마을 속 작은 학교가 마을을 가꾸는 주체로 인정받게 되었다. 물론 언제나 부족하고 다양한 마을 주민들과 맺어야 할 관계의 과제는 여전하다. 마을은 언제나 이사로 인한 들고남이 빈번한 곳이고, 마을의 문화가 형성되기에는 그만한 세월이 걸리기 때문이다.

민주시민교육 가운데 주민자치 영역을 가장 쉽게 접근하는 방법은 우리 맑은샘 어린이들이 마을을 가꾸고, 교사가 마을활동가가 되어 마을에서 펼쳐온 이야기를 들려주는 것만으로도 큰 공부다. 어린이들은 때마다 마을 청소를 하고, 마을에 꽃을 심고, 마을 가게를 소개하고 마을 사람들을 만나 마을 사람들과 함께 마을 신문을 만들고 있다. 어린이청소년이 참여하는 주민자치는 맑은샘학교에서 일상으로 구현되고 있는 셈이다.

마을 속 교육 과정 밑그림(마을이 학교다)

교육 주제	마을이 학교다!	담당 교사	맑은샘학교 교사
교육 목표	• 마을 속 교육과정으로 마을을 가꾸며 교과통합 하기 • 우리가 사는 고장과 마을을 가꾸며 주인으로 더불어 살기 • 마을사람들 넉넉한 품 속에 마을 속 작은 학교로 자리잡기		
자료	• 책 〈일과 놀이로 자란다〉, 〈맑은샘아이들〉(맑은샘학교 글모음) • 책 〈일과 놀이로 여는 국어수업〉		
학습일/ 학습기간	해마다 달마다 주마다 (1년)		

차례		학습 내용	학습 도구/재료
학년	마을 청소	**학습목표** 마을을 위해 일하는 즐거움 **내용/방법** 1. 때마다 마을 청소하기 2. 주운 쓰레기를 분류하며 쓰레기 처리 공부하기 3. 마을 곳곳에 담배꽁초 안내판 설치하기 4. 마을 어른들에게 인사하기	• 장갑, 집게, 쓰레기 자루 • 쓰레기 분류표
	마을 꽃밭	**학습목표** 마을을 아름답게 가꾸는 보람 **내용/방법** 1. 마을의 공유지와 빈 공터, 마을 길 걸으며 지도 그리기 2. 마을꽃밭 위치 정하기 3. 다년초와 씨앗, 나무 찾기, 마을 화원 방문하기 4. 꽃 심기와 물 주기, 풀 뽑기	• 호미, 삽, 장갑 • 꽃씨와 다년초 식물 • 마을화원 • 식물도감

학 년	마을 신문	**학습목표** 마을신문 기자가 되어 마을 소식을 전하는 기쁨 **내용/방법** 1. 마을가게를 널리 알려내어 마을에 도움 주기 2. 마을 사람들을 찾아 진로 탐구하기 3. 마을 소식을 기록하며 마을 사람들 연결 하기 4. 생명을 살리는 교육, 마을에 알리기	• 마을 가게 찾기 • 마을 어른들 만나기 • 글 쓰기 • 글 다듬기 • 편집하기 • 배달하기
	마을 장터	**학습목표** 아나바다 실천을 마을로 넓히며 지구살리기 **내용/방법** 1. 마을 아나바다 장터를 열어 경제공부 2. 아껴 쓰고 나눠 쓰고 바꿔 쓰고 다시 쓰기 3. 공유경제 실천하기 4. 장터로 마을의 자연스런 이야기마당 열기 5. 장터 수익 기부하기 6. 마을기술 나누기, 마을음악회 열기	• 마을 장터 홍보물 만들기 • 저마다 장터에 내놓을 물품 찾기 • 쓰레기봉투 • 학교 포장마차 청소하기 • 마을기술 찾기 • 장터 속 나눔 마당(적정기술, 음악회)
	마을 축제	**학습목표** 마을 축제 기획과 참여로 소속감과 자부심 쌓기 **내용/방법** 1. 과천축제 참여 꼭지 찾기(과천축제 공연, 재미난 꼭지) 2. 양지마을 축제 참여 꼭지 찾기 (정월대보름잔치 참여) 3. 마을음악회로 마을예술가와 함께 하기 4. 학교에서 나누는 적정기술손끝활동 마을기술로 연결하기 5. 마을잔치, 마을축제 기획하기	• 축제 홍보물 만들기 • 과천축제 사무국 연락하기 • 과천동주민 자치위와 주민 문화센터 연락하기 • 다양한 손끝활동 마을에서 펼치기 • 마을 예술가 찾기

- 1년 교육과정으로 설계하기(학기 교육과정 연결해 꼭지마다 연결하기)
- 학년마다 마을 속 교육과정 배치하기
- 일상으로 마을과 교실 넘나들며 마을 속 즐거움 찾기
- 마을 어른을 교사로 모시기(마을의 장인, 전문가과 함께 하는 교육 활동 설계하기-마을 가게)
- 글쓰기로 마을신문에 참여해 마을 언론 만들어가기
- 어린이들의 필요를 마을주민자치와 주민참여예산 제도를 연결해 마을을 가꾸는 보람과 즐거움
- 지구를 살리는 자립과 생태 전환을 실천하는 교육활동으로 마을 가꾸며 앎과 행함을 통일하기
- 마을을 가꾸는 교육활동으로 마을 속 소중한 작은 학교로 자리잡기

마을 청소

마을 속 작은 학교는 마을을 가꾸는 교육과정을 지니고 있어야 한다. 마을을 가꾸는 교육과정은 마을을 위해 꼭 필요한 일을 찾아 공부로 삼아 마을을 만나는 것이 시작이다. 마을 청소는 가장 먼저 마을 어른들을 만나는 방법이다. 어린이들이 때마다 마을을 돌며 쓰레기를 줍고 마을을 깨끗하게 하는 활동을 싫어할 사람은 없다. 어린이들에게도 우리가 사는 마을을 깨끗하게 청소하며 마을을 위해 땀 흘리는 마음을 키워갈 수 있다. 내 고장을 사랑하는 구체 실천은 쉽게 할 수 있는 것부터 접근해야 한다. 또한 쓰레기를 모아서 다시 분류하는 공부로 이어진다. 그러니 마을 청소는 마을을 가꾸는 맑은샘학교 어린이들의 소중한 교육 활동이자 실천이다. 한 번 하고 그치는 게 아니라

줄곧 실천할 때 교육이 된다. 체험이 아닌 삶을 위한 교육이다. 마을 청소에 큰 뜻을 담고 다 함께 때로는 모둠마다 교육밑그림에 청소를 넣어야 한다.

2022. 9. 8. 나무날.

[마을 청소]

지난 번 비가 와서 못한 마을 청소를 했다. 마을을 가꾸는 마을 속 교육과정인 마을 청소는 때마다 하는 활동이다. 물론 가장 많이 줍는 쓰레기는 담배꽁초와 플라스틱 비닐 쓰레기다. 두 모둠으로 나눠 동네를 한 바퀴 돌며 주운 쓰레기를 학교에서 다시 분류해 정리하는 것까지 마무리 짓는다. 쓰레기를 주울 때면 어린이들에게 무척 부끄럽다. 어른들이 버리는 쓰레기가 많아서다. 이오덕 선생님은 쓰레기 공부가 아주 중요하고 꼭 해야 하는 교육이라고 강조하셨다. 쓰레기에는 인류가 만들어낸 기후위기와 자본주의 민낯을 그대로 볼 수 있다. 우리가 만들어내는 쓰레기가 어디에서 오고 어디로 가는지 공부하는 것은 작은 실천부터 시작된다.

동네 길을 따라 걸으며 쓰레기를 줍는 활동을 하다보면 아주 열심히 하는 어린이들이 많다. 자주 하는 활동이라 열심히 하는 어린이들 곁에서 그냥 걷는 어린이들도 눈에 들어온다. 언제나 일을 할 때면 아이마다 특성이 그대로 보이기도 하고, 격려와 응원으로 더 부지런히 몸을 놀리는 어린이들도 많다. 선생이 할 일은 그저 먼저 열심히 줍고, 열심히 격려하고 알려주는 것뿐이다. 마을 속 작은 학교의 시작은 우리 마을을 사랑하고 우리 마을을 가꾸는 작은 실천이다.

2021. 3. 3. 물날. 날씨: 땅이 질퍽거리지만 낮에는 포근해서 봄 같다. 마을 곳곳에서 텃밭 일 하는 분들이 많다. 농사 채비를 할 때다.

[마을 청소와 새 학기 기운]

아침나절 마을 청소를 했다. 그런데 마을 청소를 하는 날이면 참 부끄럽다. 어린이들이 줍는 쓰레기는 거의 다 어른들이 버린 것이기 때문이다. 그 가운데 담배꽁초, 비닐과 플라스틱이 가장 많다. 푸른샘 1학년 준희가 쓰레기를 가득 채운 큰 자루를 들고 오면서 그런다. "어른들은 왜 담배를 피우는 거야!"

세 모둠으로 마을을 한 바퀴 돌았는데, 1학년은 마을 소공원 쪽으로 한 바퀴 돌고, 2,3학년은 하리공원 쪽, 4,5학년은 남태령 옛길 쪽이다. 1학년을 따라 가서 같이 쓰레기를 줍는데 역시 우리 1학년은 하나라도 더 쓰레기를 찾아내려고 애를 쓴다. 쓰레기를 주우면 서로 자기 자루에 담아달라고 하기도 한다. 채아가 자루를 들고, 유하도 자루를 들고 있더니 도현이랑 준희랑 자루를 또 들고 있다. 지음이랑 이안이랑 은유는 쓰레기만 보이면 서로 달려들어 줍고 담는다. 이런 어린이 마음처럼 어른들도 그러면 좋을 텐데. 더욱이 코로나19로 뭐든지 배달을 하는 때라 더 많은 비닐과 플라스틱 쓰레기가 나온다는데 큰일이다. 썩지 않는 쓰레기를 만들어낸 후과는 고스란히 우리 미래세대 아이들에게 닥칠 것이라 하루빨리 문명의 전환, 삶의 전환을 꾀해야 한다.

마을 신문

2015년에는 마을신문을 창간했다. 학생들이 마을 곳곳을 걸어 다니며 마을 지도를 그리고, 많은 분들의 창간축사를 담아 6면의 신문을 발행했다. 일 년에 네 차례 계절마다 나오는 양지마을신문은 어린이기자단과 마을주민 기자들이 만들어가는 마을언론이다. 2015년 창간호부터 2023년 겨울 33호까지를 들쳐 보다보면 자연스레 마을의 역사를 읽을 수 있다. 기획기사로 과천동 작은 도서관의 필요성, 숲속놀이터 지키기, 마을이야기마당, 전환마을, 다목적사랑방 열린북카페, 덴마크 교육, 마을소모임과 동아리, 마을 휴가와 책, 코로나 거리두기와 함께 살기, 슬기로운 마을생활, 마을을 디자인하기, 먹을거리와 식생활, 에너지 전환, 슬기로운 소비생활, 국제교육포럼, 배움과 나눔, 코로나시기를 살아낸 우리들의 삶, 텃밭과 정원, 먹을거리와 살림살이, 디지털기술과 마을들을 다뤘고, 고정기사로 어린이기자단이 알리는 우리 동네 가게, 마을 사람을 만나다, 양지마을 교육기관 소식, 최재훈님의 IT이야기, 김경희님의 미술이야기, 우리 동네 과천 소식, 여행기, 동물전들이 있다. 13호부터는 마을주민들이 신문모임을 만들고 김은지 편집장님이 편집까지 도맡아서 한층 더 보기 편하고 풍부한 마을 소식이 담겼다. 마을공동체 사업에 꾸준히 참여한 〈전환마을과천을꿈꾸는사람들(대표 전정일)〉 덕분에 마을신문이 칼라로 나올 수 있게 되고, 어느새 33호 발행을 앞두고 있다.

2015. 6. 24. 수요일. 날씨: 저녁 때야 시원한 바람이 분다.
낮에는 더워서 줄곧 선풍기를 찾는다.

[양지마을신문 창간]

날마다 하는 아침 공부 마치고 글쓰기 시간에는 양지마을신문을 만든다. 저마다 맡은 꼭지 기사를 크기에 맞게 쓰고 그리는데 꽤 시간이 갔는데 정성을 들인 탓인지 한 꼭지씩만 완성했다. 양지마을 신문 제목부터 한 자씩 돌아가며 쓰고, 장원서 기자는 양지마을 장터를 제안하는 기사를 쓰고, 맑은샘학교 소개는 서민주 기자가 맡고, 만화는 박성범 기자가 그렸다. 이 속도로 해서 7월 둘째 주에 창간호를 발행하기로 했다. 저마다 맡은 꼭지 기사를 쓰려면 제법 정성을 들이고 조사를 해야 한다. 창간호는 되도록 아이들 손 글씨로 하고 선생이 힘을 적게 보태는 방향으로 잡았으니 소박하고 다른 신문이 될 것 같은데 마을 주민들은 어떻게 봐줄 지 설렌다. 봄학기 마을 지도와 여름학기 마을 신문 발행이 큰 모둠 교육 활동 밑그림인지라 정성을 들여야겠다. 신문을 배달하며 누릴 즐거움을 생각하면 아이들에게 큰 공부 꼭지이다.

"선생님 이렇게 쓰면 돼요?"

"와 정말 잘하고 있는 거야. 글씨를 더 정성스럽게 쓰면 되는 거지 뭐."

글쓰기 힘이 있는 아이들이라 크게 막힘도 없다. 부족하면 부족한 대로 첫 신문이 나오면 그만이고 2호, 3호는 또 다르리라.

2018. 5. 11. 쇠날. 날씨: 조금 덥다.

반팔 옷이 자연스럽다.

[마을신문]

아침 걷기 시간에 양지마을신문 10호를 배달했다. 집 집마다 신문을 꽂으며 마을을 한 바퀴 돈다. 모둠마다 양 지마을 곳곳에 신문을 배달하기로 했다. 양지마을신문은 맑은샘어린이 기자단과 선생이 애를 써서 펴내는 마을 속 교육과정과 글쓰기 교육으로 마을을 담는 신문이다. 마을 에서 일어나는 여러 활동과 행사를 소개하고, 마을 사람들 의 이야기가 실리고, 마을 속 작은 학교 맑은샘학교를 알리는 기사가 실리기도 한다. 2015년 7월에 창간호를 냈으니 3년째를 맞이하고, 첫 해 두 번만 내던 것이 일 년에 네 차례 철마다 나오고 있다. 12면을 가득 채운 호도 있었고 이번처럼 6면만 나오는 때도 있다. 어린이 기자단이 마을 곳곳을 찾아다니며 마을의 이야기를 글로 표현하는 과정이 그대로 마을신문에 담기기를, 마을주민들이 모두 기자가 되어 삶을 글로 전하는 마을신문이기를 늘 바란다. 모둠마다 한 꼭지씩 기사를 쓸 계획이었는데 모둠 사정이 있어 이번 호에는 실리지 못해 아쉽다. 4.16 세월호 참사 다큐 상영을 연 도깨비불 영화제 소식이 있어 그나마 위안을 얻는다. 여름호에는 더 마을 소식과 동정이 풍성한 마을신문을 담아야겠다. 마무리 편집 때마다 느끼지만 일찍부터 준비해야 되겠다.

사람을 만나다!

양지마을신문 어린이기자단이 양지마을신문 창간 5주년을 기념해, 양지마을신문을 창간하고 현재 발행인으로 참여하고 있는 전정일 기자와 함께 양지마을신문의 역사를 살펴보고, 양지마을신문에 바라는 이야기를 나누었습니다. 어린이기자단이 묻고 전정일 발행인이 대답했습니다.

양지마을 어린이기자단

양지마을신문 창간 5주년

Q. 양지마을신문은 언제 처음 만들었나요.

A. 양지마을신문은 2015년 7월 9일 창간됐습니다. 어느새 5년이 지났네요. 처음에는 과천맑은샘학교 5학년 어린이들이 기자단이 되고 제가 편집장을 맡아 양지마을신문 첫 호가 나왔어요.

Q. 양지마을신문은 왜 만들었나요?

A. 맑은샘학교 어린이들과 선생이 시작했지만 양지마을신문을 만든 까닭은 아주 많은 뜻이 있었습니다. 맑은샘학교 처지에서는 마을 속 교육과정으로 마을과 학교를 연결하고, 마을 속 작은 학교로 마을을 가꾸고 싶었습니다. 당연히 마을 속에서 함께 살아가니 마을 사람들과 마을 이야기를 하고 싶었어요. 누군가 시작하면 언젠가는 마을 주민들이 더 많이 참여하는 신문으로 발전할 거라는 믿음이 있기도 했습니다. 지난해부터는 마을 신문답게 양지마을주민자치회 신문편집부(편집장 김은지)에서 신문을 만들고 있어요.

Q. 양지마을신문은 주로 어떤 내용을 실어왔나요?

A. 창간호에 어린이 기자단이 발로 그린 마을 지도부터 우

리 마을 가게와 회사, 양지마을 교육기관, 양지마을 놀이터, 양지마을 자율방범대, 양지마을 주택 건설 현장, 양지마을 벼룩장터, 통장님과 동장님 인사, 주민자치위원장 인사, 과천동 주민자치위원회, 어린이 시와 그림, 양지마을 공원을 위한 목소리, 양지마을 교육과 행사 소개, 마을주민들과 과천시가 함께 만든 마을공원, 사람과 집이란 제목으로 공동주택 소개, 양지마을 사람 소개(인물전), 양지마을 작은 도서관을 원하는 주민 목소리, 양지마을 이야기마당과 양지마을주민자치회, 양지마을 여행계모임과 여행기 나눔, 마을 음악회, 마을공동체 공모사업 현장, 전환마을운동, 적정기술학교, 도깨비불 영화제, 선거와 시장 인터뷰, 양지마을주민자치회가 전하는 양지마을 소식통, 과천시 소식, 마을 밥상, 마을공동체를 가꾸는 양지마을 사람들-양지마을 소모임과 동아리, 과천시 무상급식, 과천꿈의학교, 양지마을 주정차 금지구역 안내, 여름 휴가 계획, 책 추천, 공유경제, 과천시 주민참여예산제, 취미의 발견, 양지마을 동물 소개, 숲속 놀이터, 생활IT정보, 운동 정보, 양지마을 청년 소식, 과천국제교육포럼, 미술 이야기, 코로나19와 기후위기 시대 거리두기와 함께 살기, 코로나 시대 몸과 마음의 건강, 과학실험기까지 다양한 마을 소식과 사람들 이야기가 실렸습니다.

Q. 양지마을신문을 보니 마을이 변화되어온 모습이 보이던데 양지마을이 어떻게 바뀌어왔나요.

A. 정말 양지마을신문을 보면 마을의 변화를 볼 수 있습니다. 무엇보다도 5년 전 마을 풍경과 지금 마을 모습은 정말 많이 바뀌었습니다. 공동주택이 정말 많이 들어섰어요. 그래서 양지마을 인구가 늘었기도 해요. 마을지도를 다시 만들어야 할 정도입니다. 집 짓는 공사 현장부터 마을을 가꾸는 모임과 사람들이 그대로 마을의 변화 모습입니다.

Q. 양지마을신문의 기자들은 누구인가요.

A. 마을신문 기자는 당연이 마을주민들입니다. 어린이기자단과 주민기자단으로 구성되어 있어요. 드물게 양지마을에 살지 않는 분들에게는 기사를 부탁하는 경우가 있긴 한데 거의 마을에 사는 분들이 기사를 씁니다.

Q. 양지마을신문을 만들며 재미난 추억이 있다면?

A. 첫 걸음이라 그런지 창간호 만들 때가 가장 기억에 납니다. 창간을 축하하며 보내준 많은 분들의 글을 모으고, 어린이기자단이 발로 걸으며 마을 지도를 그리는 과정이 참 재미났어요. 또 양지마을 작은 도서관을 바라는 주민 목소리를 기획 기사로 두 번에 걸쳐 집중 보도한

것도 기억이 나요. 숲속 놀이터를 지키기 위해 주민들이 서명하고 주민목소리를 전달할 것도 특별한 추억입니다. 줄곧 되는 꼭지로 잡은 마을 사람 소개, 우리 동네 가게를 취재할 때 응원해주고 신문 찍는데 보태라며 후원금을 주신 것도 즐거운 추억입니다.

Q. 양지마을신문의 미래는 어떻게 될까요.

A. 양지마을신문이 마을 사람들의 소식통이 되고, 삶이 가득한 마을 언론이기를 바라고 있습니다. 지금은 철마다 한 번씩 펴내고 있지만 언젠가는 더 발행 횟수를 늘리면 어떨까 싶기도 해요. 그러려면 물론 더 많은 마을 주민들이 기자가 되어야 하고, 편집 일도 나눠야 될 것 같아요. 제가 편집장 노릇을 조금 해봤는데 이게 일이 아주 많아요. 그래서 안정되게 하려면 뭔가 재정 계획 같은 게 필요할 것 같기도 합니다. 더욱이 올해는 〈전환마을과천을꿈꾸는사람들〉의 마을공동체 주민제안 공모사업으로 칼라인쇄로 평소 발행부수보다 더 많이 찍을 수 있어 더 좋았는데 겨울호부터는 예산이 없어 다시 흑백으로 돌아가야 되니 그것도 아쉽습니다. 인터넷 언론으로 방향도 갖고 있긴 했는데 그것도 또 다른 채비가 필요합니다. 재미나게 마을을 가꾸는 사람들이 늘어날수록 양지마을신문의 앞날을 밝을 거라 생각해요. 어린

이 기자단도 꾸준히 양지마을신문의 든든한 기자가 되어 마을을 가꾸며 마을 속에서 행복하면 좋겠습니다. 고맙습니다.

2019. 4. 23. 불날. 날씨: 반팔 옷을 입어도 된다.

[마을신문]

낮 공부는 양지마을신문 취재와 기사문 쓰기다. 올해 양지마을신문은 양지마을주민자치회에서 한 해 애쓰는 일로 잡아 펴내기로 해서 양지마을신문 모임이 생긴 터라 지금까지보다 편집 부담이 크게 줄겠다. 마을신문은 마을 속 교육과정에서 큰 노릇을 차지하며 학교와 마을을 연결하고, 교육 속에 마을을 담고, 마을 속 작은 학교를 생각하는 기회가 되어왔다. 더욱이 어린이들은 다양한 갈래의 글을 쓰는 기회가 되었고, 잘못 쓴 글자를 찾아내고 다듬는 글쓰기를 하고, 마을 어른들을 취재하거나 신문을 배달하며 마을을 알아가는 공부까지 할 수 있었다. 마을 주민들에게 어린이 마음을 전하는 통로이기도 했다. 2015년 7월 9일 창간호를 시작으로 2018년 12호까지 발행한 역사가 있는 마을신문인 셈이다. 그동안 마을 소식을 어린이들이 취재해 기사를 쓰고, 양지마을주민자치회 마을주민 기자들이 쓴 소식을 모아 내가 편집을 줄곧 해왔다. 지금까지 나온 신문만 다시 훑어봐도 양지마을의 변화 역사가 가득 담겨있다. 마을공동주택 소개가 꾸준히 실렸고, 마을가게를 알리는 소식도 줄곧 됐다. 마을이야기마당이 양지마을주민자치회로 발전하고, 마을장터, 마을방범대, 마을공원, 마을도서관, 마을적정기술학교, 마을과 교육을 연결한 일과 놀이가 기획기사와 마을살이에 도움되는 소식으로 다뤄졌다. 이제 마을 주민 기자와 어린이기자단이 만들어내는 양지마을신문 13호는 5월 10일 나올 예정이다. 5학년과는 두 꼭지를 준비하고 있는데 오늘은 마을을 한바퀴 돌며 새로 생긴 마을가게를 소개하는 꼭지를 취재하고, 저마다 다양한 내용으로 기사문을 썼다. 나머지 한 꼭지는 한주엽 선생이 어린이들과 준비한 이야기를 나눠 대안학교 급식비 감액과 원상복구를 주제로 시의원에게 어린이 기자들이 묻는 형식으로 질문지를 만들어 보내기로 했고, 시의원이 도와주기로 했다.

2016. 7. 22. 쇠날. 날씨: 무더운 날이 줄곧 된다.

[양지마을신문 구본준 기자]

점심 때 양지마을신문 4호 편집을 부지런히 마무리 짓느라 바쁘다. 어린이 기자들이 쓴 기사에 맞게 사진을 배치하는 일에 시간이 제법 걸린다. 철마다 마을신문을 내기로 한 계획대로 봄, 여름호를 내고 방학을 맞이하게 되어 좋다. 마을 소식과 학교 소식이 가득하다. 양지마을 속 작은 학교 소식을 마을에 알리는 것도 필요해서 줄곧 학교 교육활동을 소개하고 있다. 마을 소식으로는 주민들과 과천시가 함께 만든 마을 공원, 양지마을주민자치회와 과천시장 면담 결과, 양지마을 사람들과 집 이야기로 실린 공동주택과 마당과수원 소개, 마을가게, 마을공동체 공모사업 목공교실, 마을 벼룩장터 알림, 과천동 역사, 마을자율방범대 활동, 여름철 특별한 새참, 마을 작은 음악회 제안 소식들이 담겼다. 학교 소식으로는 어린이시, 여름학기 교육활동, 어린이 그림이 들어있다. 점점 더 마을 사람들과 마을 소식이 더 많은 신문이 되어 가면 좋겠다. 양지마을 신문 어린이기자단 활동을 같이 하고 싶어하던 5학년 본준이가 함께 해서 정말 좋아한다. 4학년과 공동주택 취재를 같이 나가고 어린이기자단에 이름이 올라서인지 학교 마치고 싱글벙글 웃으며 신문을 배달한다. 어린이기자단에는 누구나 함께 할 수 있으니 더 많은 어린이 기자들이 들어오겠다.

2015. 9. 24. 목요일. 날씨: 햇살이 따갑다.

[우리 동네 가게]

낮 공부 시간에는 마을신문에 넣을 글을 쓰고 신문에

넣을 우리 동네 가게를 찾으러 나간다. 네 군데 가게에서 아이들 수업에 도움을 주셨다. 이번에는 모두 먹을거리를 파는 가게들이다. 두 곳은 큰 반응이 없는데 작은 가게는 아이들 설명을 지켜봐주신다. 작은 것이 아름답다는 말이 떠올랐다. 기자 정신을 발휘하기에는 아직 쑥스럽고 부끄러운게 많은 누리샘 기자들이다. 한 군데씩 맡아서 설명을 하는데 애를 쓴다. 원서가 가장 자신있게 이야기를 건넨 것 같다. 수줍은 소녀기자 민주는 마음은 있는데 몸은 선생 뒤에 있곤 한다. 한가위 전에 펴내기에는 시간이 부족해 천천히 다음 주에 마무리 짓기로 했다. 저마다 맡은 글을 마무리 짓고 구성과 배치, 편집만 잘 하면 되겠다.

2015. 7. 7. 화요일. 날씨: 흐리고 무덥고 비가 오면 좋겠는데 비소식은 자꾸 뒤로 미뤄진다.

[마을교육공동체]

점심때는 노는 시간이 아쉽지만 기사를 맡은 책임감으로 기자 정신을 발휘하는 박성범 기자와 양지마을 통장을 찾아가 신문 창간호 축사를 부탁드리려는데 늘 그 시간에 있던 분이 하필 없다. 전화 통화를 하니 한 시간 뒤에 온다고 해서 둘다 아쉬워하며 학교로 돌아가는 길에 마을에 새

로 생긴 가게 아주머니에게 축사를 받았다. 해금 수업 시간에 잠깐 쉬는 틈에 얼른 자전거를 타고 양지수퍼에 갔더니 통장님이 있다. 축사도 받고 다음 주부터 시작하는 양지마을 방범활동 이야기를 나눴다. 자연스럽게 공원부지로 되어있는데 방치되어 있는 땅을 아이들 놀이터로 꾸미자는 이야기까지 하게 됐다. 시 예산이 없어 진행을 못하고 있으니 주민들이 필요한 놀이터를 만들도록 허용하면 좋겠다는 말을 동장에게 꼭 전해달라고 했다. 사실 아침 일찍 동장이 찾아와서 지난번 몇 차례 요청한 자전거공기주입기 설치 위치를 확인하고 갔는데 조만간에 학교 가까운 곳에 설치되도록 애써준다 했으니 기대가 된다. 양지마을 사람들에게 꼭 필요한 것들을 하나하나 찾아내 실현되도록 양지마을 가꾸기에 마을 사람들이 많이 나서도록 우리부터 애써야겠다. 아이들이 펴내는 신문에 이런 내용들이 모두 들어있으니 아이들이 마을 가꾸기에 나서는 셈이긴 하다. 우리 아이들을 품어주는 마을을 위해 할 일은 많다. 7월 18일 처음 열자 제안하는 마을 벼룩재능장터, 주민자치회, 마을 큰 놀이터, 마을 도서관, 마을 사랑방, 마을 음악회, 마을 냉장고, 마을 신문, 마을 방범대, 마을 가게, 마을 회사, 봉사와 취미 동아리, 마을 잔치(축제)… 마을교육공동체는 마을을 우정과 환대의 공동체로 가꾸려는 시작이다.

마을에서 배움과 나눔

배움은 나눌 때 뜻이 있다. 그래서 배워서 남 주자는 교육은 일상에서 실천되어야 한다. 동무들과 동생들, 형님들과 협력해서 공부를 할 때도 나눌 수 있다. 배움의 속도가 다르니 서로에게 배우는 태도와 버릇은 교육 문화로 자리 잡도록 할 필요가 있다. 더욱이 학교를 넘어 마을로 배움을 나누는 뜻은 자부심과 보람, 태도와 감성, 연결과 만남을 키워간다.

맑은샘 어린이들은 일상에서 "배워서 남 주자."를 실천하고 있다. 학교에서 배운 공부를 갈무리해 어린이 시화전을 열고, 배움잔치로 내보이고, 마을 노인복지관 할머니 할아버지를 찾아 간다. 텃밭에서 거둔 감자와 고구마로 음식을 만들어서 가기도 하고, 김장을 담아 가고, 갈 때마다 학교에서 배운 노래와 악기를 연주해드리고 있다. 줄곧 말하지만 교육은 한 번 하고 마는 체험에 그쳐서는 배움과 성장으로 이어지지 않는다. 때마다 과천시민들과 양지마을 주민들을 만나는 맑은샘의 교육은 마을 속 교육과정이자 배움을 나누는 적극 실천이다.

2023. 6. 15. 나무날. 날씨: 여름답게 덥다.

[마을주민과 과천시민을 만나는 맑은샘 어린이들]

아침나절에 마을가꾸기 공부로 마을소공원에 꽃을 심었다. 과천동 주민자치위원들과 함께 마을을 가꾸는 마을 속 작은 학교 어린이들은 해마다 꽃을 심는다. 이번에는 신계용 시장님도 함께 심었다.

마을소공원은 신계용 시장과 어린이들이 함께 만든 마을공원이다. 작은 축구장이 필요하다는 어린이들의 제안을 내가 주민참여예산 사업으로 제안을 해서 2천만원 예산을 확보해 과천동주민센터 분들과 협의해서 만들어낸 결과물로, 마을주민들과 어린이들이 함께 꽃을 심고 공원 의자를 만들고 나무를 심은 곳이다. 2016년에 경기도 주민자치대회에서 과천시 대표로 발표를 해서 상을 받기도 했고, 우리나라 초등학교 4학년 사회교과서 주민자치 민주주의 사례로 실린 마을소공원이다. 해마다 마을자율방범대원들과 어린이들이 소공원 풀을 뽑고 청소를 해왔다.

지난해는 맑은샘 어린이들만 꽃을 심느라 교사들이 땅을 고르느라 힘들었는데, 이번에는 과천동 주민자치위원들이 어제 미리 땅을 골라놓은 덕분에 꽃을 쉽게 심을 수 있었다. 과천동 주민자치위원들은 연세가 많으신 분들이 많다. 그래서 어린이와 함께 꽃을 심는 풍경은 마을을 가꾸는 보기같다. 내가 마을과 학교를 연결하려는 마음으로 참여한 주민자치위원회도 어느새 5년이 넘었다. 덕분에 마을 속 작은 학교를 기억하고 아이들을 품어주는 주민자치위원들이 많다.

낮에는 과천 중앙공원 뱀놀이터(경기과천교육도서관)에서 시와 그림 내보이기를 했다. 5학년과 먼저 학교차를 타고 가서 시와 그림 내보이기 채비를 했다, 김수정 선생님이 같이 갔다. 짐을 내리고 시와 그림을 거의 다 펼칠 때쯤 버스를 타고 동생들이 왔다. 모둠마다 돌아가며 시와 그림을 지키며 물어보는 시민들에게 답을 해주기도 한다.

시와 그림을 펼치는 중앙공원 뱀놀이터 길은 이맘때면 시와 그림과 참 잘 어울린다. 울창한 나무 아래 펼쳐진 어린이 시와 그림은 그대로 풍경이 된다. 해마다 시화전을 할 때면 시화전을 처음 열던 때부터 지금까지 역사가 떠오르곤 한다. 여름 장마가 시작되는 6월이라 비 때문에 시화전이 취소된 적도 있었고, 개구쟁이 어린이들 덕분에 재미난 일들이 많았다. 시화전 때마다 먹는 아이스크림 맛은 언제나 꿀맛이었다. 어린이 시를 읽으며 우리 교육을 되돌아보고 어린이 마음 속에서 교사의 삶을 성찰하는 기회가 참 고마웠고, 과천 시민들과 우리 교육의 성과를 나누는 것도 뜻깊었다. 덕분에 맑은샘 하면 시와 글을 잘 쓰는 어린이들이 많은 학교로 알려져 있기도 하다. 해마다 지역 정치인들과 많은 시민들이 어린이 시화전을 찾아주었고, 학부모님들도 어린이시를 함께 읽으며 감격스러워했다. 올해는 그만한 감동을 맛보았을까 궁금하다.

2023. 6. 28. 수(물날) 날씨: 날이 쨍, 진짜 덥다.

[배워서 나누는 마을 속 작은 학교]

낮에는 과천시 노인복지관에 갔습니다. 해마다 하지 감자를 캐면 가는데, 일 년에 한 번 잠깐하는게 아닌 마을 교육과정으로 농사공부로 농작물을 거둘 때마다 갑니다. 십 년 넘게 꾸준히 간 덕분에 감사장도 주신 곳입니다. 올해도 감자 음식을 갖다 드리고 어린이들이 공연을 했어요. 1학년이 노래, 2학년이 리코더, 3,4학년이 설장구, 5학년이 리코더를 불었어요. 학교에서 늘 노래를 부르고 악기를 연주해도 공연이 떨리는 어린이들이 있지요. 많은 분들 앞에서 공연을 선보이는 건 언제나 큰 배움이자 자극입니다. 5학년 누리샘이 리코더로 고향의 봄을 부르는데 할아버지 할머니가 노래를 부르시네요. 다함께 경기아리랑, 진도아리랑, 밀양아리랑도 불렀어요. 어깨를 100번씩 주물러드렸는데 할아버지가 지갑을 꺼내시더니 도현이에게 3천원을 건네셔요. 괜찮다 말해도 꼭 받으라고 해서 기쁘게 받아왔어요. 또 한 분은 이석이에게 1만원을 건네시는데 괜찮다고 받지 않기도 했어요.

텃밭농사로 거둔 작물로 음식을 해서 지역사회 어른들과 나누며, 날마다 배우는 공부를 멋진 공연으로 내보일 줄 아는 맑은샘 어린이들입니다. 배워서 남주자를 실천합니다. 마을의 품을 만들어가며 마을이 학교임을 실천합니다. 우리가 학교를 세운 까닭은 무엇일까요. 아이들은 학교에서 무엇을 배워야 할까요. 삶을 위한 교육은 교육의 본질입니다. 전인교육과 미래교육은 배움을 나누고, 삶의 주인으로 함께 살기를 실천하는데 달려있습니다. 프로그래밍과 스마트기기 활용이 전부가 아닌 학교 일상에서 마을로 학교를 넓혀 배움을 나누고 소통하는 삶을 위한 교육이 미래교육입니다. 생태전환, 마을교육공동체를 20년 가까이 그보다 더 오래 학교 설립 이후로 꾸준히 실천해온 대안교육연대 소속 교육현장이 우리가 꿈꾸는 미래학교 모습입니다.

2019. 6. 20. 나무날. 날씨: 흐리지만 해가 쨍쨍나지는 않지만 덥다. 바람이 불어 시원하기도 하다.

[바쁜 농사철과 시와 그림 내보이기]

시와 그림 내보이는 때는 늘 바쁘다. 한창 바쁜 농사철이기도 하고, 시를 한참 고르고 쓰고 다듬어 시와 그림 꾸미는 일까지 어린이들과 선생들이 할 일이 많다. 미리 웹자보로 초대장을 보냈지만 다시 어린이들이 초대장을 예쁜 글과 그림으로 썼다. 3,4학년이 양재천 마늘밭으로 가서 마늘을 반쯤 캐고, 밀을 잘라온 뒤, 1학년과 6학년이 나머지 마늘을 다 캐고 밀을 잘라왔다. 5학년은 낮에 가서 얼음과자의 힘으로 밀을 마무리했다. 어린이 농부들 덕분에 바쁜 6월 텃밭 공부를 갈무리할 수 있다. 마늘 농사는 괜찮은 편이고, 밀은 거둔 양이 얼마 안 될 듯하다. 모둠마다 바쁘게 공부하는 동안, 매실초 담는 일을 갈무리했다. 과천 어린이집과 시의회 의원들에게 보내는 초대장을 한비어머니가 도와주시고, 1학년 정우어머니와 선우가 매실초 일을 도와주어 큰 도움을 받는다. 지난해 담아놓은 매실초를 뜨고 새로 매실초를 담아야 해서, 항아리에 가득한 매실초를 건져내는 게 한참이 걸렸다. 매실식초가 꽤 많이 나왔는데 종초를 넣은 항아리와 그렇지 않은 항아리 차이가 있다. 매실식초 맛은 성공이다. 항염 효과가 있고, 피로 회복에 좋고, 위에도 좋다니 꾸준히 마시는 약으로 써도 좋겠다. 매실초처럼 발효된 감식초도 잘 갈무리해서 잘 먹는 게 중요하겠다. 매실초 담는 일까지 마치니 매실 담그는 일이 끝났다.

낮에는 시와 그림 내보이기 장소인 과천 중앙공원 뱀놀이터로 모두가 간다. 시와 그림 내보이기는 어린이들이 일 년 동안 쓴 글을 고르고 꾸며 과천 시민들에게 내보이는 공부이고, 어린이들이 글을 쓰는 계기가 되고 글쓰는 보람을 느낄 수도 있고, 어린이 마음으로 세상을 들여다보는 교사 연수 공부이기도 하다. 또한 오가는 많은 과천시민들에게 맑은샘학교를 알리는 기회가 되어 왔다. 시를 쓰고 꾸며 전시하는 것도 모두 어린이들 몫이 크다. 중앙공원에 보기 좋게 펼치고 지키고 거두는 일도 나눠 한다. 낮은 학년은 두 편, 높은 학년은 세 편에서 네 편의 시를 내보이는데 100편이 넘는 어린이시가 마음을 잡는다. 참 깨끗한 마음, 정직한 어린이 마음을 지키고 가꿔가는 교육의 힘을 믿는 기회가 되어 고맙다. 올해도 어김없이 많은 어린이들이 추천하는 시가 있고 감동을 주고 다시 뜻을 새겨보는 시가 많다. 모든 어린이들이 작품을 모두 읽고 그 가운데 기억나는 세 편을 골라 마침회에서 발표를 했다. 어린이들이 많이 꼽는 시와 선생들과 부모들이 많이 말하는 시는 언제나 조금 차이가 있다. 그래도 마음과 눈길이 처지에 따라 다르기는 하지만 함께 꼽는 시도 많다.

시와 그림을 펼쳐놓고 오가는 사람들을 보고 바람을 맞으며 가만히 있는 건 늘 평화롭다. 그런데 저쪽에서 익숙한 목소리가 들려온다.

"이건 맑은샘학교 시화전인데 내가 1, 2학년을 다녔던 학교야."

"와 현서다."

전학을 간 현서가 쑥 커서 동무들과 이야기를 나누며 가고 있어 모두 반갑게 인사를 나눴다.

조금 뒤에는 11기 졸업생 정우가 들려 동생들에게 환호를 받고, 새참을 나눠주고 갔다. 또 꿈의 학교에 오는 재경이가 지나가다 맛있는 과자를 나눠주며 인사를 하고 갔다.

뱀놀이터 잔디밭은 순식간에 야구단 연습장이 된 것처럼 남자 어린이들이 야구공 주고받기를 하고 있다. 도서관에 가서 실컷 만화책을 보는 즐거움을 누리는 어린이들에게도 시화전 공부는 즐거운 하루다.

아침 일찍 과천동 주민자치위원들과 양재천에 코스모스를 심는 일을 한 터라 그런지 하루가 긴 날이다. 어김없이 즐겁고 기쁜 날에 사람을 슬프게 하고 화를 돋우는 민원 일도 있지만 에이 욕설 한바가지 뿜어내며 마음을 닦는다. 기대가 크면 실망이 클 것이고, 자기감정을 다스리지 못하는 평생의 과제는 누가 어찌 할 수 없는 일이다. 함께 살기는 역시 행복해야 가능한 일이다.

마을을 가꾸는 마을 속 작은 학교

오랜 역사를 거슬러 올라가지 않더라도 사람은 함께 모여 사는 특성을 지녔다 해서 사회적동물이라 불려왔다 사람이 모여 마을이 된다. 그래서 마을은 사람들이 만들어 내는 역사이다. 원시시대 부족마을, 농촌시대 마을과 달리 도시의 마을은 과거의 정서와 참 다르다. 베드타운 노릇도 하지만 마을공동체 노릇도 하는 곳이 있다. 동네마다 지역 마다 마을의 성격은 마을사람들이 만들어가는 모습에 따라 참 다르다. 자본주의 경제체제에서 살아가며 도시의 소비 문명의 혜택을 누리고 사는 도시인들은 인간소외와 도시의 외로움을 과거의 마을에서 찾기도 하지만 과거는 과거일 뿐이다. 지금 우리가 살아가는 동네, 마을은 우리가 주인공 이다. 과천에서도 시내에서 벗어난 과천동의 작은 마을 양 지마을은 참 오래된 역사를 지닌 마을이다. 양지라는 말처 럼 햇볕이 잘 드는 마을에서 살아가는 사람들은 마을의 오 랜 역사만큼 양지마을만의 특별한 마을 분위기를 만들어내 고 있다. 양지마을의 현재는 여느 도시 마을처럼 드나듦이 많은 동네다운 주택가 마을의 모습을 띠고 있다. 지금의 마 을 모습과 분위기는 과거와 달랐고 또 그 이전 과거와 참 달 랐을 거다. 우리가 기억하는 마을의 역사만큼 우리는 마을 이야기를 꺼낼 수 있다. 그래서 아주 오랫동안 마을에 살았던 분, 20년 사신 분, 10년 사신 분, 일이 년 사신 분, 저마다 마을에 관한 추억과 마을에 관한 이야기는 사뭇 다르다.

작은 마을에 공존하는 아름다운 교육생태계와 마을공동체 가꾸기

도시에서 아이들이 떠들썩함과 와자지껄 웃음소리가 들리는 곳이 있다. 과거 햇살 가득한 조용한 전원마을에서 특별한 교육생태계를 이루며 마을공동체를 가꾸는 양지마을이 그 곳이다. 밤에 양지마을로 들어서는 양지마을 2로 길 한 가운데 바닥에서 환한 불빛과 이미지로 "우정과 환대의 공동체마을을 꿈꾸는 양지마을입니다."라고 쓰인 마

저녁이면 마을 들머리에 보이는 마을 알림

을알림 밤길바닥광고가 있는 양지마을에는 아이들의 웃음이 살아있고 마을공동체를 가꾸는 동네 사람들이 있다. 아침에 양지마을 2로 쪽을 보면 아주 많은 학생들이 오가는 걸 볼 수 있기도 하다. 이 작은 마을에 이렇게 많은 학생들이 오가는 통학로가 생기고, 어린이보호구역이 있는 걸 아는 순간 양지마을의 특별함을 이해할 수 있다.

양지마을에는 한국 사회에서 아주 특별한 교육기관이 넷이나 있다. 유아교육을 대표하는 공동육아 열리는 어린이집(과천시 양지마을 2로 8, 02-507-1798), 경기도교육청 등록대안교육기관 맑은샘학교(과천시 양지마을 3로 3-1 1동, 02-504-6465), 초중고 교육기관 헤이븐기독학교(과천시 양지마을 4로 32, 02-503-0527), 로뎀교회 드림뜰자연방과후(과천시 남태령옛길85-1,02-502-8276)가 모두 작은 마을에 둥지를 틀고 있다. 모두 입시위주 경쟁교육에서 벗어나 학습자 중심 교육을 하는 대안교육의 범주에 들어가는 공동체 교육 현장이다. 네 곳에 다니는 학생 수만 해도 약 400여명에 달한다. 학령인구 감소가 큰 사회문제인 지금, 오히려 학령인구가 늘고, 젊은층과 노년층이 공존하는 마을은 아름다운 교육생태계와 다양성이 살아있는 마을공동체라 부를 만하다.

그래서 양지마을의 역사를 교육 중심으로 크게 나누면 다양한 교육기관이 마을에 자리 잡기 전후로 갈린다. 조금 멀리 가서 조선시대 한양을 가기 위해 호랑이가 나오는 관악산 남태령 여우고개를 넘기 위해 잠시 머무른 농촌 산촌 마을이 아주 다양한 교육기관이 자리 잡은 특별한 교육마을로 바뀐 때는 지금부터 약 20년쯤으로 거슬러 올라간다. 2003년 열리는어린이집(1996년 양지마을에서 개원)이 양지마을에 지금의 터를 마련해 공동육아를 시작하고, 2007년 초등 대안교육기관 맑은샘학교(2005년 개교)가 양지마을에서 재 개교해 2014년 양지마을에 터전을 지으면서 마을은 새로운 버전의 마을로 변화하기 시작했다. 2008년에는 로뎀교회에서 운영하는 드림뜰 자연방과후가 생겼다. 헤이븐기독학교(2008년 개교)는 2015년 현재의 양지마을 터전으로 이사를 왔다.

작은 마을에 많은 교육기관이 자리를 잡았지만, 마을을 가꾸고 마을공동체를 꿈꾸는 활동은 2014년부터 맑은샘학교가 마을 속 교육과정을 실천하고 마을 속 작은 학교를 지향하며 본격으로 시작되었다. 마을을 위해 땀 흘려 일하고, 마을에 다양한 소모임과 마을공동체를 가꾸는 활동이 마중물이 되어 우정과 환대가 살아있는 마을공동체를 꿈꾸게 되었다. 맑은샘학교 마을 속 교육과정은 교육과정을 학교에 가두지 않고 마을로 넓혀 마을이 학교임을 실천하는 교육이다. 학생들과 교사들이 마을청소를 때마다 하고, 마을에 꽃을 심고, 마을장터를 시작하고, 마을신문을 창간했다.

마을 장터

마을장터 변천사도 비슷하다. 학생들과 함께 시작한 마을장터는 2015년 7월 18일에 맑은샘학교 앞 숲속놀이터에서 시작했다. 철마다 아나바다 장터를 꾸준히 열었고, 하리공원으로 장소를 옮겨 마을에 사는 많은 주민들이 참여하기 시작했다. 하리공원에서 쓰지 않는 많은 물건들을 서로 교환하는 벼룩장터는 마을사람들이 철마다 만나는 즐거운 시장 노릇을 톡톡히 했다. 그 뒤 마을장터모임이 꾸려지고 장터를 채비하는 마을 주민들이 더 크고 재미난 장터를 꾸리다, 쓰레기 없는 장터(줄여서 쓰없장)를 실천하고, 지금도 〈지구별살림모임〉에서 밴드 장터와 번개 장터로 쓰없장의 역사가 이어지고 있다. 코로나 삼 년 동안 하리공원에서 하지 못했던 아나바다 벼룩장터를 슬슬 채비할 때가 됐다.

2015. 7. 18. 흙날. 날씨: 낮에 흐리다 잠깐 가는 비가
오더니 그치고 저녁에 다시 가는 비가 오다 그친다.

[마을 벼룩장터]

낮에는 첫 양지마을 벼룩장터를 연다. 처음은 언제나 작지만 뜻이 있는 법이다. 아이들은 주로 살거리를 구경하러 나왔는데 본준이가 옥수수를 들고 좌판을 폈다. 할아버지가 밭에서 기른 참외와 채소, 텃밭 토마토를 갈아 만든 음료, 집에서 쓰는 생필품, 책, 장난감들이 장터에 나왔다. 학교 채소들도 내놓았는데 분위기를 띄워야 될 듯 싶어 솜사탕 기계를 꺼냈다. 순식간에 아이들이 줄을 선다. 처음에는 값을 치르고 두 번째부터는 공짜로 나눠주니 모두 좋아한다. 솜사탕 덕분에 시끌벅적한 작은 장터가 됐다. 어린이집 친구들도 달려와서 솜사탕을 받아간다. 모두 두 개씩은 먹은 듯 싶어 정리를 했는데 앗 낮잠을 자고 있던 세화가 뒤늦게 나와서 솜사탕을 안타깝게 바라본다.

첫 장터이고, 양지마을 신문만으로는 널리 알리기는 쉽지 않기에 작은 장터의 시작으로 첫 발을 내딛는다. 마을 사람들에게 즐거운 장터가 되도록 하려면 미리 미리 알리고 장터에 나올 먹을거리, 살거리, 팔거리, 볼거리가 충분하도록 준비하는 일이 남겠다. 아껴 쓰고 나눠 쓰고 바

꿔 쓰고 다시 쓰는 작은 마을 장터가 자리잡히도록 줄곧
애쓸 일이다. 마을 가꾸는데 아이들과 학교가 큰 노릇을
하면 좋겠다.

마을 포장마차

마을 포장마차는 마을에 이벤트처럼 마을 명물 노릇
을 했다. 마을포장마차는 2017년 맑은샘학교 학생들이 마
을 속 교육과정으로 마을 주민들과 함께 목공으로 게시판
이 달린 포장마차를 만들고, 독립형 태양광발전기를 달아
양지수퍼(지금의 GS수퍼) 앞에서 포장마차를 열었던 것이 시

작이다. 마을장터에도 나오고, 가을과 겨울에 군고구마, 떡볶이, 어묵, 꼬치구이가 펼쳐졌던 따듯한 풍경은 지금 생각해도 포근한 추억이다. 코로나 때문에 2020년부터 개점휴업 상태인 포장마차가 다시 마을의 밤을 밝히는 때가 기대된다.

2018. 3. 20. 불날. 날씨: 날이 좋은데 바람이 불어
차서 기온이 떨어졌다.

**[졸업여행을 응원하는 맑은샘 식구들과 마을
이웃들]**

어제 날이 안 좋아 걱정했던 탓인지 일어나지마자 날
씨를 본다. 다행히 파란 하늘에 햇볕이 좋다. 날을 차가워
도 맑은 하늘 햇볕을 만날 수 있으니 깊은샘 학교살이 밤
탐험 포장마차를 잘 할 수 있겠다. 포장마차 태양광발전기
충전을 해야 해서 해가 나오기를 몹시 기다렸다. 8시 50분,
아침 걷기를 하며 포장마차를 끌고 햇볕 잘 드는 쪽으로
옮겨 충전을 시작했다. 하늘이 도우니 이제 부지런히 채비
할 일만 남았다. 밧줄놀이터 쪽으로 가니 텃밭에 밀이 잘
올라오고 있다. 지난 주 단 해적다리를 한 번 씩 타보고 네
팔다리도 빨리 달자고 한다. 4학년은 날이 좋아서 관문체
육공원을 간다고 자랑하며 간다. 교실로 들어와 6학년은
포장마차에 붙일 가격표를 꾸미고, 선생은 떡볶이와 어묵
에 쓸 육수를 준비하고 술빵 반죽을 한다. 어제 반죽해 놓
아야 하는데 늦어서 발효가 어찌될 까 궁금하다.

점심 먹기 앞서 어린이들과 한살림과 가게에 가서 포
장마차 장을 봐서 들어왔다. 마당에서는 누리샘과 푸른샘

은 목공 공부로 바쁘다. 점심 때 급한 행정 일 처리하고 나서부터는 깊은샘 학교살이에서 나갈 포장마차 준비를 시작한다. 가장 많은 재료가 꼬치구이다. 아버지 들살이 뒤 남은 고기를 모두 주셔서 고기를 알맞게 자르고 양념장에 재서 꼬지에 끼우는 게 보통 일이 아니다. 칼을 잡고 고기를 썰 때는 정육점 아저씨 같다며 서로 웃는다. 파를 씻어서 썰고, 양파도 씻어서 썰어놓는다. 떡볶이, 꼬치구이, 어묵, 술빵이 포장마차에서 팔 음식이다. 아침부터 끓여 깊게 우러난 육수 맛이 좋다. 6학년 셋은 본격으로 꼬지에 고기와 파, 떡, 소세지를 꽂는다. 정말 양이 많다, 한참을 한 뒤 슬슬 힘들다 싶을 때 우리 채민이가 힘들다 소리를 꺼내서 힘들면 쉬면서 하라니 와 하고 쉬러 간다. 그러다 또 금세 와서 꼬지에 꽂고 진짜 애를 쓰는 모습을 보니 문득 아이들 어릴 적 세월이 떠올라 세월이 참 빠르다 싶다. 어른 몫만큼 제 몫을 다하니 선생도 힘이 난다. 떡을 뜨거운 물에 두 번 담그니 꼬지에 잘 꽂히고, 문어도 뜨거운 물에 푹 데쳐서 쫄깃하다. 더욱이 긴 대나무 꼬지를 칼로 다듬고 사포로 마무리한 것이니 꼬지에 정성을 많이 들인 게다. 부족한 꼬지는 선생이 집에서 가져오고도 부족해 민주가 집에서 더 가져오고, 김경미 선생이 더 가져다 줘서 다 꽂을 수 있다. 3시 30분까지 6학년은 쉴 새 없이 손을 놀린다.

4시 40분 교사회 마침회 시간에 6학년은 꼬치구이 채비를 더하고 쉬다 5시부터 본격으로 포장마차 음식 채비를 한다. 떡볶이는 선생이 맡고 어린이들은 달걀 껍질 벗겨 잘라넣은 걸로 마무리한다. 어묵을 긴 대나무에 끼우는 건 금세 끝이 난다. 끓여놓은 육수에 넣기만 하면 끝이다. 마지막으로 술빵은 시간이 부족하다. 중간이지만 그냥 들고 가서 해결하는 수밖에 없다. 한창 바쁠 때 민주 어머니가 오셨다. 일손이 부족한 걸 어찌 아셨는지 구세주가 따로 없다. 어린이들이 모두 꽂은 꼬치구이를 한 번 미리 반쯤 익혀가야 하는데 아무래도 시간이 걸리지 싶었는데 바로 해결이 된다. 학교에서 고기를 한 번 더 익혀야 하는 게 시간이 걸려서 집으로 가져가서 더 익혀온다 들고 가신다. 6시 40분 이제 포장마차를 끌고 갈 시간이다. 밖으로 준비된 재료를 빼서 차로 날라놓고 GS25시 앞에서 학교까지 걸어와 포장마차를 끌고 오려는 게다. 이번에는 민주아버지가 퇴근길에 들려 포장마차를 끌고 가는 걸 도와주셨다. 덕분에 학교에 놓고 온 술빵 찜솥과 알림글을 가져다주어 일찍 포장마차를 열 수 있게 된다. 세상에 열자마자 동생들이 어머니랑 같이 와서 포장마차 앞이 사람들로 가득이다. 동규는 학교 마치고 집에 가지 않고 줄곧 차에서 두 시간이나 기다렸단다. 정우랑 민주, 채민이가 어제부터 틈만 나면 동생들에게 포장마차 소식을 전하고 꼭 오라고 부탁하더니 동생들이 형들을 도우려 나왔다. 물론 부모님들이 모두 아이들 손을 잡고 와서 기꺼이 졸업여행비를 마련하려는 6학년 첫 포장마차를 응원한 힘이다. 날이 차고 준비한 음식 양이 꽤 많아 반쯤 팔리는 것으로 예상하고 나머지는 내일 학교 새참으로 같이 먹겠지 싶었는데 차례로 준비한 음식이 다 팔렸다. 날이 추워 어묵꼬지와 국물이 가장 먼저 마감되고, 떡볶이에 이어 술빵, 맨 마지막 꼬치구이까지 8시 넘어서자 거의 바닥이 보이고 8시 30분 포장마차를 닫을 수 있게 됐다. GS25시 사장님이 많이 도와주고, 마을에 사는 졸업생 지우랑 아버지가, 원서와 현서가 어머니랑 같이 오고, 지안이랑 전학 간 민혁이도 어머니랑 같이 오고, 본준 어머니가 6학년 포장마차를 찾아주었다. 정우랑 민주와 같이 살다 4학년 때 야구하러 전학을 간 강산이가 부모님과 같이 와서 후원금까지 전달해서 아이들 졸업여행을 응원해주어 아이들이 신이 났다. 회계를 맡은 민주, 떡볶이를 맡은 정우, 꼬치구이를 맡은 채민, 어묵을 맡은 선생 모두 눈코뜰새 바쁘다. 어린이들은 졸업생이 반가워 더 얹어주고 꼬치구이는 8시부터 반값으로 안기고, 아이들은 많은 분들이 와준 것에 감격하고 첫 포장마차 성공에 흥분한다. 뒤에서는 민주 부모님과 모둠살이 김경미 선생이 줄곧 이것저것 챙겨주고 술빵까지 팔아준다. 2학년 현서는 술빵이 익을 때까지 기다려주어 정말 미안하다. 다음 주에 맛있는 술빵을 만들어 새참으로 안겨야겠다. 집이 먼데도 도와주러 아이들 손잡고 나와 준 식구들 덕분에 깊은샘 6학년 포장마차가 9시로 예정된 것보다 일찍 마감을 하고 학교로 돌아갈 수 있다. 바빠서 고마운 인사도 제대로 못했다 싶다. 짐은 민주아버지 어머니, 김경미 선생이 차로 날라주고, 아이들과 현우아버지, 정우아버지, 5학년 지환이가 포장마차를 끌고 들어가는 걸 도와준다. 포장마차 게시판 때문에 정작 태양광발전기로 충전한 전등을 켜지 못하고 GS25에서 민주아버지가 빌려온 전등이 큰 노릇을 하고 만다. 포장마차 끌고 돌아갈 때 태양광발전기 힘으로 전등을 켜는 뒷 이야기가 남는다. 다음에 다시 손을 봐야겠다. 깊은샘 첫 포장마차는 재료부터 마무리까지 모두 도움을 받았다. 어린이들과 어른들이 함께 힘을 모아 만든 태양광발전으로 불을 켜는 포장마차로 졸업여행비를 마련하는 첫 음식 장터를 연 셈인데 큰 도움을 받아 어린이들이 자신감을 갖게 된다. 오후 줄곧 꼬치구이 준비하느라 힘들었다더니 모두 뿌듯하고 보람 있고 재미있었다는 평가를 한다. 수익이 큰데 모두 아버지 들살이에서 남은 고기와 문어가 있어 더 푸짐하고 도움 받은 재료 때문에 가능한 수익이다. 생협 재료값을 생각하면 식구들에게 좋은 음식 나누는 재미이기도 하고, 식구들은 어린이들에게 힘을 주려고 일부러 찾아준 고마움이다. 한주엽 선생은 일 마치고 들려 도울 일 없냐 물으며 아이들을 응원한다. 다들 바쁜 때로 도와 달라 말할 수 없는 때인데 먼저 물어주며 찾아주니 힘이 난다. 학교로 돌아와 뒷설거지 일이 많은데 어린이들과 선생을 챙기는 민주부모님과 김경미 선생이 설거지를 다 해줘서 어린이들이 신이 났다. 반찬 가져다주러 온 정우아버지가 음식물 쓰레기도 버려주고 종일 도움을 받는다.

　도와주신 분들이 모두 돌아가고 깊은샘만 학교에 남았다. 일기를 먼저 쓰고, 집에서 가져온 판놀이로 도란도란 이야기를 나눈다, 수가 작으니 오붓함이 절로 묻어나온다. 한 형제 식구들 같다. 밤참을 먹고 놀다 마침회에서 다시 이야기를 나눠보니 모두 즐거운 추억이 됐다고 하고, 다음엔 힘든 꼬치구이를 하지 말잔다. 이제 꼬치구이를 보면 또 그게 얼마나 힘과 정성이 들어가는지 알았으리라. 낮은 학년이 아니니 적당한 일놀이 시간과 일놀이 꺼리보다는 과정의 어려움과 결과의 고마움, 뿌듯함을 맛보는 일놀이 교육이 필요하다 여긴다. 첫 포장마차가 그 노릇을 잘해준 셈이다. 깊은샘에서는 민주가 자고, 누리샘 방에서 정우와 채민이가 자고 선생이 마루에서 자기로 했는데 채민이는 잠이 안 와서 책을 더 보고 자겠다 한다. 평소보다 늦게 잠을 자는 학교살이 재미를 누리는 6학년 첫 학교살이 밤이 깊어간다. 아이들이 잠이 드니 이제서야 부지런히 놀린 몸과 마음을 내려놓는다. 고마운 하루다.

2017. 11. 6. 달날. 날씨: 숲 속 놀이터에 나뭇잎이 쌓이고 관악산, 청계산, 우면산은 불타는 것처럼 곱다. 날이 풀려 조금 움직이면 덥다.

[태양광발전하는 마을포장마차게시판/ 감말랭이와 곶감을 깎다]

아침 걷기를 나서며 지난 토요일에 태양광발전기를 설치한 마을포장마차 게시판을 꺼낸다. 햇빛을 모아 저장하기 위해서다. 어린이들이 학교 이름판 옆에 세워 놓아 지나가는 마을 주민들이 마을게시판에 붙은 마을신문을 읽을 수 있도록 하고, 햇빛을 모은다. 목공 공부로 움직이는 마을탁자게시판을 만들었는데 우리는 마을포장마차 게시판으로 부른다. 마을 주민들과 어린이들이 톱질, 사포질, 전동드릴 나사박기로 만든 뒤 어린이장터와 마을 벼룩장터에서 먹을거리 판매대로 제 몫을 다했다. 다시 에너지 공부로 지난 토요일에 태양광전지판을 지붕에 올리고 콘트롤러에 축전지와 엘이디 전등을 달고, 스위치를 연결해 햇빛 에너지로 전기를 생산해 전등이 켜지게 했다. 나광욱 님, 김대현님, 지승훈님, 류준오님이 배선도에 따라 작업을 하고 어린이들이 나사를 박고 전지판 설치를 도왔다. 어린이들이 일을 마친 뒤 콘트롤러와 축전지 연결, 엘이디 연결은 어른들이 마무리했다. 스위치를 눌러 엘이디 전등에 불이 들어오는 순간은 처음으로 태양광발전기를 오롯이 우리 힘으로 설치한 기쁨이다. 고물상에 이 년을 다녀 번 돈으로 작은 태양광발전기를 설치하고, 다시 일 년 반을 다녀 빗물통을 설치, 그리고 마을 주민들과 움직이는 게시판에 독립형 태양광발전기를 달고 에너지 공부 영역을 넓혀가고 있어 좋다. 아침열기에서 최명희 선생이 포장마차에 태양광발전기를 단 것은 우리나라 최초가 아닐까라고 아이들에게 말했는데, 정말 어느 곳에 있겠지만 우리는 본적이 없으니 우리가 처음이라 생각할 뿐이다. 밧줄놀이터를 들려 밀 올라오는 걸 관찰하고, 텃밭에서 배추를 묶어주고 학교로 들어왔다. 다 함께 아침열기에서는 맑은샘학교 어린이가 된 승원이가 첫 등교를 하는 날이라 모두가 친절하게 돕자고 했다.

아침나절 책 읽기 시간에는 책을 읽고 연극은 강아지똥으로 줄곧 이어간다. 중간에 감 말랭이와 곶감을 깎았다. 아침에 선생이 깎은 단감은 잘라서 태양열건조기에 넣고, 다 함께 깎아서 자른 단감은 전기 건조기에 넣어서 비교를 해보기로 했다. 정말 많은 전기를 쓰는 건조기랑 태양열건조기 차이를 감말랭이로 풀어볼 수 있겠다. 저마다 다섯 개씩 깎아서 자르니 전기 건조기가 가득찬다. 전교생이 새참으로 나눠먹을 수 있겠다. 대봉감은 곶감으로 만들기 위해 깎는다. 지난해 까치가 다 먹어버려서 맛도 못 봤는데 올해는 그물도 치고 잘 간수를 해야겠다. 학교 마치고 감에 실을 달아 걸 채비를 하는데 한참이 걸린다. 꼭지가 없는 감은 대나무꼬치를 만들어 꽂아 걸 채비를 했다. 역시 대나무꼬치 만드는데도 한참 걸린다. 저장과 발효가 가을걷이에도 줄곧 된다.

과천축제와 별집(스타돔)

   맑은샘학교는 마을 속 교육과정으로 과천축제에 꾸준히 참여했다. 가깝게는 코로나가 오기 전 2019년, 3학년과 4학년이랑 과천의 온온사에 별집(스타돔)을 설치하고, 5.6학년은 〈시 한 잔〉 프로그램에서 사물놀이 공연을 하고, 당시 일놀이꿈의학교에서는 이틀 동안 직조 체험장을 열었다. 꾸준히 양지마을에서 과천시를 가꾸는 마을 속 교육과정이자 과천의 작은 학교로 나아가는 발걸음이었다. 체험장은 여러 차례 기획을 했는데, 2018년에는 피자화덕 워크숍, 2019년에는 문화예술체험프로그램으로 〈날아라 꿈꾸는 모험놀이터-밧줄놀이터와 직조놀이터〉로 과천시민들

에게 놀이 워크숍을 선물했다. 어린이들에게 인기가 많았고 가족단위 참여자가 많았다. 특별하게는 그동안 맑은샘학교 어린이들과 또는 과천의 여러 꿈의학교와 함께 과천축제에 참여한 경험은 마을교육공동체를 지향하는 과천의 다양한 교육 주체들과 함께 애를 쓴 보람으로 남았다. 아침저녁으로 전시 체험장을 열고 닫은 땀이 아깝지 않았다.

과천축제기획인학교 교육을 듣고 과천축제시민기획단에 참여해 과천축제사무국과 함께 과천축제를 여는 주체로서 경험도 있다. 당시 꾸준히 쓰레기 없는 과천축제를 위해 애쓰자는 제안을 했는데, 많은 과천시민들의 노력이 더해져 드디어 2022년 과천축제에서는 쓰레기를 분리수거하고, 쓰레기를 줄이려는 노력으로 이어졌다.

별집도 마찬가지다. 학교에서 만들고, 마을에서 만들고, 과천축제에서 만들었던 별집(스타돔)은 마을 속 교육과정을 펼치는 삶의 기술이자 교과통합 활동이었다. 별집은 스타돔 구조를 말하는 건데, 교사 연수에서 배운 뒤 꾸준히 교과통합 수업으로 잘 써먹는 건축놀이다. 그동안 주로 종이 활대, 대나무 활대를 써서 만들었는데 크기도 다양했다. 전교생이 들어갈 만한 크기로도 만들어보고, 아주 작은 모형으로도 만들었다. 별집(스타돔)은 수학, 과학, 예술이 어우러지는 미학을 수업에서 구현할 수 있는 재미난 건축놀이다. 낮은 학년과는 재미난 만들기 놀이로 접근할 수 있기도 하지만 분수를 배우는 2학년부터는 실제로 삶에서 필요한 건축물을 만들며 수학을 할 수 있다. 높은 학년은 활대 길이를 재고, 원주와 원의 면적을 구하고, 높이를 측정하는 기회이자 삶을 가꾸는 수학 도구로 한 몫을 단단히 했다. 맑은샘학교 교사들에게 꼭 연수를 시켜주려는 마음이 커서 모둠마다 교육밑그림에 계획이 있는 모둠은 내가 들어가 꾸준히 수업을 해주고 있다. 자연스레 후배 교사들에게 교과통합 연수가 되기도 한다. 과천국립현대미술관에서 4학년 어린이들과 3미터, 6미터 활대로 별집(스타돔) 두 개를 만들었던 기억이 떠오른다. 함께 힘을 합쳐 뭔가를 만드는 건 언제나 뿌듯하다.

학교 안에서 계획한 공부가 우연한 기회나 특별한 계획으로 학교 밖 공부로 확장되는 경험은 어린이들을 자라게 한다. 학교 안과 밖을 연결하는 마을 속 교육과정 공부 방식은 한 번 체험하고 그치고 말게 하니라 우리 삶과 연관된 주제로 줄곧 실천하고 익힐 때 배움이 있고 자람이 있다. 학생들은 다시 학교에서 별집을 만들어보며 수학을 하고, 마을의 다양한 축제에서 교과통합의 아름다운 작품을 과천시민들에게 선물했다. 양지마을 작은 학교 맑은샘학교는 과천의 작은 학교 맑은샘학교로 커가고 있는 셈이다.

 ### 넷. 교사와 마을활동가
(마을교육공동체와 마을살이)

마을 숲 속 놀이터 가꾸기와 지키기

마을 사람들과 어린이들이 함께 쉴 수 있는 마을 공간
을 찾고 만들어내는 활동은 마을 주민들과 함께 마을을 가
꾸는 일이다. 함께 가면 길이 되고, 함께 하면 어려운 일도
즐겁게 할 수 있다. 마을 숲 속 놀이터는 맑은샘학교 어린

이들에게, 마을 주민들에게 함께 지키고 가꿔야 할 공유지다. 공유지를 가꾸고 지켜가는 일을 몇 차례 겪었는데 마을신문에 자세히 과정을 알리는 기사 글을 쓴 적이 있다. 당시 마을을 가꾸는 과정을 이해할 수 있겠다 싶어 다시 읽어보았다.

양지마을 숲속놀이터를 가꾸는 양지마을 사람들

지난 9월 25일 양지마을과 용마골 주민 114명이 참여한 서명지〈과천동 양지마을 숲속놀이터를 지켜주세요〉가 과천시청에 접수됐습니다. 갑작스럽게 마을 주민들이 서명부를 돌렸던 까닭을 취재했습니다. 양지마을신문에서는 양지마을주민자치회와 함께 양지마을 숲속놀이터 관련 기사를 양지마을신문 제3호 (2016.5.13.) 기획 기사로 〈안전한 양지마을 2길, 자연과 사람을 생각하는 마을공원을 위한 목소리〉 란 제목으로 109명의 마을주민이 서명한 서명 내용을 보도한 적이 있습니다. 이어 양지마을신문 4호(2016. 7.22)에서는 양지마을 주민 109명 서명으로 이루어진 당시 신계용 과천시장 면담 결과(사람의 안전보다 중요한 것은 없고, 마을 주민들의 의견을 충분히 듣고 마을주민과 과천시가 함께 마을에 필요한 공원과 주차장 문제에 대한 해결책을 찾아가기로 한다.〉를 보도했습니다. 버려진 시 공유지를 마을 사람들이 쓸모있는 공간으

로 바꾸어낸 사례로 양지마을 숲속놀이터를 가꾸고 지키
려는 마을 주민들의 목소리를 그대로 싣습니다.

양지마을 용마골 주민서명 순식간에 100명 넘어!

(114명 마을주민 서명지 과천시청 접수)

2005년 5월 30일자(경기도 고시 2005-195호) 과천시 지구단
위계획에 의해 남태령지구 노외주차장 부지로 결정되어
있는 양지마을 2로 469-20번지에 대한 사건의 시작은 마
을에 사는 한 주민이 과천시청에 접수한 민원 때문입니다.
민원의 핵심은 과천맑은샘학교 어린이들이 과천시 공유지
를 숲속놀이터처럼 쓰며 소란스럽게 해서 불편하니 숲속
놀이터에 있는 놀이도구들을 모두 치워달라는 것입니다.
그런데 과천동 양지마을 2로 469-20부지에 있는 숲속놀이
터는 지난 5년 동안 양지마을의 소중한 쉼터로 많은 마을
주민들이 함께 쓰고 가꾸는 곳이라 민원인의 주장처럼 문
제를 해결해서는 안 된다는 마을주민 다수의 주장이 담긴
서명지가 전달된 상황입니다. 서명지를 모은 주민들을 만
났습니다. 숲속놀이터 바로 앞에 사는 마을 주민 김경희씨
는 서명에 참여했다며 절절한 마음을 담아 숲속놀이터에
대한 애정을 표현했습니다. "숲속놀이터에 놀이감들이 치
워져 속상하네요. 장기로 봐서 이곳은 공원화가 마을주민
들과 과천에 이롭습니다. 지금은 과천시 공유지를 주민들

이 잘 가꾸고 이용하도록 행정이 뒷받침 해 달라는 것입니다. 한 사람 민원으로 마을사람 전체가 피해를 보지 않도록 도와주세요. 숲속놀이터 때문에 불편한 분들은 양지마을주민자치회와 마을 사람들이 충분히 소통하고 함께 가꾸려하고 있습니다, 다만 한사람이 끈질기게 소통을 거부하고 있어 어려울 뿐입니다. 마을공동체 가꾸기가 시 정책사업으로 알고 있습니다. 한 사람의 민원도 소중하고, 마을공동체도 소중합니다. 마을에서 풀도록 시 행정이 알맞게 도와주시기를 부탁드립니다. 시 공유지를 마을 사람들이 가꿔갈 수 있도록 뒷받침해주기를 바랍니다."

양지마을 2로 469-20부지 숲속놀이터 옆에 사는 마을주민이자 맑은샘학교 교사로도 일하고 있는 최명희씨 역시 마을에서 소중한 공간으로 쓰이기를 부탁했습니다.

"민원을 넣은 분의 뜻대로 어린이들과 함께 만든 숲속놀이터 밧줄과 나무 놀이도구들을 해체했고 일부만 남아있는 상황입니다. 이곳은 과천공동육아사회적협동조합 열리는 어린이 집 바로 앞, 비인가대안학교 과천맑은샘학교 바로 옆, 부지를 빙 둘러싸고 새로 들어선 공동주택들을 감안해서 새롭게 공원부지로 조성되면 좋겠습니다. 2005년 지구단위계획 때와 달리 둘레 환경이 모두 바뀐 것을 감안해야 합니다. 무엇보다 350명이 넘는 유아, 초중고 어린이들이 지나다니는 길이고, 수많은 사람들이 양지마을에 들어서는 대표 길입니다. 사람의 안전보다 중요한 것은 없습니다. 마을 주민의 안전과 양지마을을 오가는 사람들의 안전에 관한 문제입니다. 지금 양지마을 2로 469-20번지는 사계절이 눈부시게 아름다운 작은 숲으로 마을 주민들과 아이들에게 숲속 쉼터이자 놀이터가 되어 오랫동안 쓰여지고 있습니다. 또한 2016년에는 2015년, 과천시 양지마을 2로 노외주차장부지(과천동 469-20)가 주민과 함께 만들어가는 놀이터 공원 부지를 위한 중장기 검토과제로 선정되었다는 소식을 전해 듣기도 했습니다. 이곳을 주차장이 아닌 주민들과 함께 만들어가는 공원과 놀이터로 조성하려고 검토한다는 소식에 마을 주민들의 의견을 반영해 시정에 참여하는 기쁨과 보람을 느끼게 되어 정말 고맙다는 말씀을 드리고 싶었는데 또 다시 이런 문제가 나와서 많이 안타깝습니다. 민원을 넣은 마을주민과 줄곧 소통하려고 해도 소통을 거부해서 많이 안타깝습니다. 어린이들이 즐겁게 뛰어노는 건 마을에도 참 좋은 일인데 둘레에 사는 분에게 시끄러울 수 있어 늘 죄송하기만 합니다. 혹시라도 신문을 보시게 되면 함께 키운 마을의 아이들을 너그러이 안아주십사 다시 한 번 부탁드립니다.”

양지마을 숲속놀이터는 이제 마을 주민들에게 마을공

원이자 쉼터로 자리잡았음을 확인하며 서명지에 쓰여 있는 글과 과천맑은샘학교 어린이들이 지켜가는 숲속놀이터 함께 쓰는 규칙을 그대로 싣습니다.

과천동 양지마을 숲속놀이터를 지켜주세요!

저희는 과천시 양지마을에 살고 있는 주민들입니다. 최근 과천동 양지마을 2로 469-20부지에 있는 숲속놀이터에 대해 과천시에 접수되어 있다는 민원과 관련하여 실제 양지마을에 거주하는 다수의 의견과 사실을 전달하고, 나아가 해당부지가 더 이상 이와 유사한 민원으로 더 논란이 되지 않도록 장기 계획으로는 해당 부지를 공원으로 만들어 양지마을 주민들의 쉼터와 소통의 장이 될 수 있는 공간이 되었으면 하는 바램을 모아 청원을 드립니다.

예로부터 교통의 요지인 남태령길 옆에 위치한 양지마을에는 과천시 어디에도 없는 명소가 있습니다. 그곳은 바로 수십 년 된 메타세콰이어 나무가 군락으로 숲을 이루고 있는 일명 "숲속놀이터"라 불리는 곳입니다. 이 숲속놀이터는 조용한 전원생활을 꿈꾸며 양지마을에 살아가고 있는 대부분의 마을 사람들에게는 쉼과 힐링의 장소가 되며 아이들에게는 사계절의 자연을 느끼고 고마움을 알 수 있는 스승이자 함께 호흡을 맞추어 가는 친구 같은 장소이기도 합니다.

또한 이곳 숲속놀이터에는 정부나 지자체에서 조성한 유

아 숲체험원 들에서 즐길 수 있는 다양한 밧줄 놀이 도구(밧줄그네, 밧줄다리...)가 설치되어 있어 흔히 설치되어 있는 놀이시설 따위에 몸을 맡기지 않고 온전히 밧줄을 이용하여 온몸을 활용하여 놀이를 할 수 있어 마을 아이들이나 숲속놀이터를 찾는 외부 방문객에게 더할 나위없는 자연 놀이감을 제공하고 있습니다. 또한 나무에게도 적당한 자극을 주어 괜찮다는 나무 전문가와 숲놀이 전문가들의 의견을 충분히 듣고, 때마다 밧줄 위치를 바꾸어 나무를 살피고 있는 곳이기도 합니다.

이렇게 양지마을 사람들에게 쉼터를 제공하고 명소가 된 숲속놀이터이지만 많은 사람들의 잠깐씩 방문과 아이들의 놀이가 길어지는 경우에는 둘레에 사는 주민들에게는 소음을 주는 일이 있을 수도 있습니다. 다함께 살아가는 양지마을을 위해서 숲속놀이터에서 발생되는 소음으로 인한 불편함은 숲속놀이터를 이용하는 사람들의 인근 주민을 위한 자발적 노력과 주변에서 살고 있는 사람들의 이해가 어우러질 때 숲속놀이터는 더 소중한 공간이 될 것이라 생각합니다.

다만, 다함께 살아가는 마을공동체를 무시하고 침묵하고 있는 선량한 다수의 의견이 아닌 왜곡된 시선으로 제도와 상대방의 허점을 이용하여 스스로의 사익을 추구하고자 하는 민원은 분류해 살펴줄 것을 부탁드립니다. 과거 집단 취락지구로 몇 가구가 조용하게 살던 양지마을은 현재 2곳의 대안학교와, 공동육아어린이집, 방과후학교까지 자리하고 있어, 낮에는 약 350여명의 아이들이 배움의 꿈을 찾아가는 터라 마을 전체가 아이들의 생기 넘치는 웃음과 활동적인 몸놀이로 들썩이는 곳이기도 합니다. 삭막한 도시에서 아이들 웃음소리가 들리는 마을이 되어가고 서로 교류하고 소통하는 마을이 되어가고 있는 셈입니다.

우리 양지마을에 살고 있는 많은 주민들은 해당부지가 과천시 도시계획상 주차장부지에서 공원으로 변경되어 숲속놀이터 존치여부에 대한 근본적인 민원이 해소되기를 바라지만, 당장은 마을 사람들과 어떤 소통도 거부하고 있는 한사람의 민원으로 숲속놀이터를 마을 주민들과 아이들이 쓸 수 없게 되는 일이 없도록, 현재의 나무와 숲을 잘 보존하고 주변 환경을 더욱 가꾸어 숲속놀이터가 양지마을 사람들의 자랑이나 포근한 보금자리로 자리 잡을 수 있도록 과천시의 적극적인 행정이 지원되기를 청원합니다.

양지마을주민자치회

> **숲속놀이터에서 함께 마을공동체를 꿈꾸는 사람들**
> **양지마을 숲속놀이터를 함께 가꿔가요!**

이곳은 양지마을 숲 속 놀이터입니다. 양지마을 숲 속 놀이터는 메타세콰이어 숲이 만들어주는 소중한 마을 쉼터입니다. 다 함께 쓰는 곳이니 함께 지켜야 예절이 있답니다.

① 양지마을 숲속놀이터는 양지마을 사람들이 함께 쓰는 곳입니다, 소중하게 쓰도록 해요.

② 숲속놀이터 둘레에 사는 분들의 너그러운 이해로 가꿔가는 숲이랍니다. 고마운 마음으로 함께 이용해요.

③ 둘레 사는 분들을 위해 지나치게 소리를 지르지 않아요.

④ 둘레 사는 분들을 위해 저녁부터는 쓰지 않습니다. 주말에는 둘레 분들을 위해 더 예절을 지켜주세요.

⑤ 많은 어린이들과 둘레 사는 분들을 위해 담배를 피울 수 없고 술을 마실 수 없어요.

⑥ 많은 어린이들과 둘레 사는 분들을 위해 알맞은 옷차림 예절을 지켜주세요.

⑦ 마을 사람들이 함께 쓰는 곳이니 놀이 뒤에는 뒷정리를 해서 깨끗하게 쓰면 좋겠어요.

⑧ 숲속놀이터에 사는 벌레나 꽃이나 풀들은 그곳에 그대로 살

도록 도와주세요.

⑨ 숲속놀이터 청소를 꾸준히 하는 맑은샘학교 어린이들과 양지
마을 사람들을 위해 쓰레기를 버리지 않아요.

⑩ 숲속놀이터를 함께 사랑하고 함께 가꿔가는 양지마을 주민들
과 어린이들이 앞장서서 예절을 지켜가요.

마을 작은 도서관이 필요해

사람과 책이 만나 마을 문화가 살아나고 마을공동체
를 가꾸는 작은 도서관은 어느 마을이나 중요하다. 2016년
어린이들과 마을 신문을 만들며 마을 주민들과 어린이들
에게 꼭 필요한 작은 도서관이 필요하다는 이야기를 줄곧
했다. 다른 마을에 있는 작은 도서관을 찾아보고 우리 마
을에 실현 가능한 공간을 알아봤다. 그리고 2019년 과천시
주민참여예산제도를 이용해 열린 북카페〈여우고개〉를
만들어냈다. 좋은 책 한 권이 사람들의 인생을 바꿀 수 있
고, 좋은 삶을 만들 수 있고, 좋은 세상을 만드는 힘이 되기
도 한다. 양지마을신문과 함께 책 읽는 마을을 꿈꾸며 우
리 마을 도서관을 둘러본 뒤 마을신문에 쓴 글이다.

과천에는 큰 도서관으로 별양동에 있는 경기도립과
천도서관(311,548권 소장), 갈현동에 있는 과천시정보과학도

서관(339,066권 소장), 문원동에 문원도서관(49,059권 소장)이 있고, 작은 도서관으로 9개의 도서관이 있습니다. 인구 천만의 도시 경기도는 1,370개의 작은 도서관이 운영 중인데, 과천은 9개의 작은 도서관(갈현동꿈나무문고, 새마을중앙동문고, 삼포새마을문고, 주암작은도서관, 새마을부림동문고, 별양4단지 새마을문고, 별양6단지새마을문고, 문원동새마을문고, 사과나무도서관)이 운영되고 있습니다. (2016년 기준, 작은도서관통합홈페이지) 전국 17개 시도의 총 6,041개의 작은 도서관 가운데 공공도서관 분관과 특수도서관을 제외한 80% 넘는 도서관이 일반 시민들을 대상으로 하고 있는 사립 작은 도서관입니다. 주민들이 지식과 정보를 쉽게 접하고, 생활과 가까운 도서관 문화를 위해 자치 단체, 법인, 단체, 개인 들이 운영하는 작은 도서관이 많은 시민들의 호응과 참여 속에 크게 늘어나고 있는 때, 작은 도서관은 크게는 책을 즐겨 읽는 운동을 지역 사회로 퍼뜨리고, '책과 가까이' 운동으로 평생 학습의 능력을 높이며, 지역 주민들의 생활 가까운 곳에 평생 학습의 장을 제공하고, 평생 교육의 노릇과 평생 교육 활성화에 기여하고 있습니다. 더욱이 많은 작은 도서관들이 자원 봉사를 중심으로 운영되고 있고, 작은 도서관은 책만 보는 곳이 아니라 고장과 마을 주민 모두가 소통하고 화합할 수 있는 문화 사랑방으로 자리 잡아 가고 있습니다. 도서관마다 특별한 서가와 독특한 프로그램이 넘치고, 오가는 사람들의 따뜻한 마음이 가득합니다. 동네 아이들과 어른들에게 꿈과 희망을 주고 즐거운 관계를 엮어가는 작은 도서관이 우리 마을에는 있을까요?

과천동주민센터 2층 작은 도서관을 진짜 마을 도서관답게 만들어야!

과천동주민센터 2층에 가면 작은 도서관이 있습니다. 언제 가더라도 텅 비어 있는 이곳은 그럴만한 까닭이 충분합니다. 오래되고 낡은 책들, 회의실 같은 분위기, 적은 책권 수이다 보니 찾는 책이 없는 때도 많습니다. 작은 도서관 이용 시간을 보면 열람은 평일 09: 00 ~ 18:00, 대출은 평일 14: 00 ~ 17:00이고, 보유한 책은 3,040권(아동 1,883권, 일반 1,157권)입니다. 중앙동 주민센터에 있는 작은 도서관이 도서 5천권을 소장하고 있는 것에 비하면 정말 적습니다. 과천동 장군마을에는 2007년 개장한 주암작은도서관(약 7천권 소장)이 있습니다. 1만 명에 가까운 시민들이 넓은 지역에 퍼져 사는 과천동에서는 더 많은 작은 도서관이 필요한 현실입니다. 더욱이 최근 많은 다가구 주택들이 신축되어 학령기 자녀를 둔 세대 수가 크게 늘고 있는 양지마을과 용마골, 옛골, 안골 주민들에게는 도서관이 더욱 절실합니다. 가깝게 2012년에 개장한 문원도서관(과천시 문원로 104(문원동))에는 2016년 9월 30일 현재 49,059권의 책이 소장되어 있고, 도서관 규모는 대지 1,255㎡, 연면적 2,538㎡, 지하1층 지상3층으로 좌석수가 370석입니다. 주요 시설로 시청각실, 강의실, 세미나실, 동아리실, 사무실, 쉼터(북카페), 일반자료실, 나눔실, VOD코너, 청소년코코, 안내데스크, 어린이자료실, 주차장(11대 주차가능), 문서고, 기계실, 전기실이 있습니다. 과천시정보과학도서관, 경기도립과천도서관에 이어 세 번째로 큰 규모의 도서관입니다. 과천동에도 문원도서관 크기의 도서관이 들어서길 바라지만 먼저는 지금 있는 과천동주민센터 2층 작은도서관을 진짜 마을도서관답게 만드는 것부터 시작하길 바랍니다. 많은 작은 도서관들처럼 아늑하고 편안한 공간, 사람과 책이 만나 새로운 마을문화를 만들어내고 마을공동체를 가꾸는 작은도서관을 꿈꿉니다. 지난 8월 31일 주민참여예산제에 〈과천동 마을주민이 사랑하는 도서관 만들기 사업안(4천만원 예산)〉을 제출했으니 그 결과를 기다리고 있습니다. (2016. 10. 29)

삶의 기술, 마을 기술
적정기술=마을기술=삶의기술

기후변화와 피크오일 시대, 전환은 지구의 앞날과 지속가능성, 인류 생존을 위해 꼭 필요한 말이 되고 있다. 마을과 교육에서도 전환을 담기 시작하고 있다. 국가와 큰 조직이 에너지 자립과 지역 먹을거리, 지속가능성을 열어주기를 기다리는데 그치지 않고, 먼저 깨닫고 도시 안의 사람들의 관계회복과 공동체성 회복이 지속가능한 에너지라는 것을 널리 알리고 실천하는 전환마을운동, 전환을 교육으로 끌어들여 교육의 생태적 전환을 말하는 전환교육운동은 인류의 지속가능성을 묻는 절실한 삶의 전환을 말한다. 그렇기에 곳곳에서 마을공동체를 말하고 마을교육공동체를 꿈꾼다. 그 가운데 적정기술이 대두되고 있다.

적정기술은 지역과 상황에 알맞은 기술을 사용하는 것이고, 주변의 자원을 잘 활용해서 해결하는 것이 중요하며 정보와 기술을 공개하는 것을 특징으로 말하기도 한다. 교육에서 적정기술은 삶의 기술이다. 삶이 교육이기에 모든 교과가 삶에서 출발하도록 돕는데 적정기술이 쓰이고 있다. 식의주 영역에서 삶의 기술로 학생들의 삶을 가꾸고 있으니 적정기술이야말로 앞날을 여는 교육과정의 축이라 할 수 있다. 역시 마을에서 적정기술은 마을기술이다. 마을 사람들이 함께 땀 흘려 일하고 서로 관계를 맺는 소통의 기술이다.

삶의 위한 마을 기술은 마을 사람들을 연결하며, 마을 사람들의 관계를 회복하고 따듯한 마을공동체를 가꾸고 앞날을 준비하는 신재생에너지다. 도시에서 식의주 자립을 꿈꾸는 마을공동체를 위해 마을주민들과 가족들이 참여하는 생활기술 다시 말해 수공예 손기술은 함께 땀 흘려 일하고 배움을 나누며 서로를 연결한다. 손기술은 봄, 여름, 가을, 겨울, 철마다 자연의 이치에 따라 마을과 삶에 필요한 손끝활동이고, 도시에 사는 사람들이 자연에서 얻은 재료로 자연의 순환 흐름을 느껴가며 함께 일하는 마을공동체 기술이다. 생활에서 아주 가깝고 누구나 쉽게 할 수 있는 기술을 배우며 행복한 마을살이를 꾸려가는 것이다.

'한 아이를 키우기 위해 마을이 필요하다'는 말은 교육과 마을이 따로 떨어져 있는 게 아니라는 걸 말한다. 교육 속에 마을을 담고, 마을 속에 교육과정이 있다고 할 때 삶의 기술은 교육을 살찌우고, 마을 사람들을 연결한다.

씨실과 날실을 거는 직조로 생필품을 생산하고, 바구니 짜는 기술을 배워 생산하는 즐거움을 맛보며, 나무를 다듬어 마을에 필요한 평상과 게시판을 만드는 목공 일 모두가 마을 기술이다. 마을 사람들이 참여해 마을 놀이 공간을 재구성해보는 경험을 하며, 함께 협력하며 정답이 아닌 해답을 찾아가며 소통과 협업을 한다. 발효 기술로 누룩을 만들어 마을사람들이 누룩 빵과 전통 방식의 천연발효 막걸리를 함께 만든다. 또한 텃밭 농사를 함께 지어 모두가 나누는 마을김장을 하며. 함께 땀 흘려 일하고 잊혀져가는 손의 감각을 깨워 자신과 마을을 가꾸는 상상, 김치를 담고 막걸리 익어가는 마을, 누룩꽃 피는 날 빵을 굽는 마을은 생각만 해도 따뜻하고 정겹다.

적정기술은 점점 사라져가는 손 기술을 찾아 마을 공동체성을 살리고, 자립하는 손 기술로 삶에 필요한 물건을 만드는 기쁨을 맛 볼 수 있다. 마을 가족단위 수공예와 발효기술 생활기술로 행복한 마을공동체를 꿈꾼다. 더욱이 마을청소년들이 가족과 함께 스마트폰과 인터넷 게임에서 벗어나 손 기술로 생산하는 기쁨을 누릴 수 있는 마을공동체 적정기술학교는 마을살이 재미다.

양지마을에서 해마다 펼쳐온 적정기술학교 풍경과 추억은 고스란히 마을교육공동체를 가꾸는 아름다운 역사다. 해마다 적정기술, 삶의 기술, 마을기술학교는 줄곧 된다.

2016년 적정기술학교 - 생활기술교실과 마을김장

2017년 적정기술학교 - 마을, 손으로 춤추다

2018 적정기술학교 - 음식과 자전거

2019 적정기술학교 - 생명과 평화를 노래하는 자전거

2020년 적정기술학교 - 마을기술편: 찹쌀고추장발효교실

2021년 마을 속 장인이 되자

2022년 일과 놀이로 가꾸는 마을공동체

2023년 마을언론과 마을기술로 살아나는 마을공동체

마을 가꾸기와 마을공동체 주민제안 공모 사업

토요일 오전에 열린 마을공동체 마을기술 편 첫 번째 발효 편은 제철채소피클과 오이지로 시작했다. 좋은 재료가 들어가면 값이 쌀 수 없다는 걸, 작은 음식 하나에도 얼마나 많은 땀과 정성이 들어갔는지를, 사먹는 버릇이 익숙하면 만드는 수고로움을 피할 수 있다는 걸, 마을기술로 오순도순 손을 놀리며 이야기 나누는 재미다.

마을공동체를 가꾸는 활동을 보고 얼마 전 어느 마을 활동가가 정말 끈질기게 마을공동체를 부여잡고 일을 한다며 격려해준 적이 있다. 그이는 마을공동체 활동을 하며 보람도 많았지만 마음 고생을 많이 한 줄 알고 있기에, 걱정과 격려를 같이 보내는 뜻으로 잘 새겨들었다.

마을공동체 사업은 과천시와 경기도 공모 지원사업으로 꾸준히 벌이고 있다. 적정기술과 교육을 주제로 마을 사람들이 함께 모이는 장을 마련하는 게 거의 다이지만 마을 곳곳에 마을게시판을 달고, 마을에 발효를 비롯한 적정기술을 널리 보급시킨 큰 공로가 있다. 또한 마을신문과 마을장터, 마을축제 같은 다양한 마을살이 재미를 만들어 내왔다. 작은 태양광패널을 설치한 집들도 나왔고, 생태전환을 축으로 하는 소모임 활동들이 확산되는 계기가 되기도 했다.

마을 속 작은 학교 교사가 교육과정을 시작한 것들이 마을공동체 사업의 주요 내용으로 자리 잡게 되었고, 과정에서 나는 마을활동가를 자처하게 되었다. 마을 속 교육과정으로 마을 속 작은 학교로 자리 잡는데 꼭 필요한 마을 가꾸기요, 우정과 환대의 공동체 마을의 품을 만들어내는 활동이었다. 굳이 조직으로 연결하고 튼튼한 결속력을 도모하지 않는 까닭은 스스로 좋아서 해야 오래할 수 있다는 믿음 때문이다. 전환마을 과천을 꿈꾸는 사람들이 그렇다. 누구나 참여할 수 있고 누구나 언젠가 마을을 위해 생태전환을 위해 저마다 일상에서 소중한 실천을 하고 있다는 믿음이 있기에 한두 사람의 수고로움도 마중물이라 여기며 기쁘게 한다.

해마다 마을공동체를 가꾸는 행사와 사업이 꾸준했다. 맑은샘학교 학부모와 교사, 열리는 어린이집 학부모들이 마을을 위해 일하려는 활동들이었다. 맑은샘교육연구회, 전환마을과천을꿈꾸는사람들이 과천시 마을공동체 주민제안 사업이나 경기도 따복공동체 지원사업(지금은 경기도 마을공동체지원 사업)에 참여해 마을에 다양한 적정기술과 손끝활동을 소개하고, 함께 땀 흘리며 전환마을을 꿈꾸는 일을 줄곧 해왔다. 전환마을은 기후위기 시대 마을 사람들의 관계로부터 우정과 환대의 공동체마을을 가꾸자는 뜻으로 전 세계에서 실천하는 운동으로 에너지 자립 활동부터 다양한 생산 공유경제를 마을에서 만들어나가는 노력이다. 양지마을에도 정부와 과천시 사업이었던 미니태양광을 설치해 소량이나마 전기를 생산하는 집들이 생겨났고, 마을공동체를 가꾸는 다양한 활동이 모두 전환마을 활동이다.

2016년 과천시 마을공동체 주민제안사업(교육으로 맺은 인연, 마을을 꿈꾸다. 〈마을학교 생활기술교실과 마을김장으로 마을을 살리다〉), 2017년 경기도 따복공동체 주민제안 공모사업 (마을, 손으로 춤추다! 양지마을 적정기술학교(생활기술학교) 직조와 바구니, 발효(빵, 누룩, 막걸리), 목공, 마을김장 교실), 2018년 과천시 마을공동체 공모사업(마을, 음식과 자전거로 공동체를 살찌우다! 과천 발효음식과 적정기술학교-로컬푸드와 발효 음식, 자전거 교실과 적정기술 인문학), 2019년 과천시 마을공동체 주민제안 공모 사업(생명과 평화를 노래하는 자전거), 2020년 과천시 마을공동체 주민제안 공모사업(마을살이 다 있다!(마을신문, 마을기술, 마을장터), 2021년 토리아리 마을학교(마을 속 장인이 되자!), 2022년 과천시 마을공동체 주민제안 공모사업(일과 놀이로 가꾸는 마을공동체), 2023년 과천시 마을공동체 주민제안 공모사업(마을언론과 마을기술로 살아나는 마을공동체), 이처럼 마을공동체를 가꾸는 공모와 지원 사업 참여는 2016년부터 지금까지 계속 되고 있다.

공모사업의 성격상 해마다 마을에서 힘께 나누고 싶은 주제를 잡아왔는데, 공모사업 제목처럼 주로 함께 모여 땀 흘리며 이야기를 나누는 삶의 기술 같은 먹을거리,

손을 놀리는 기술 영역이 많았다. 마을 사람들이 함께 모일 수 있는 장터, 같이 머리를 맞대고 힘을 모아 만들어가는 마을신문, 일과 놀이로 마을살이 재미를 누릴 수 있는 꼭지들이었다. 이러한 공모사업은 마을공동체를 가꾸는데 필요한 예산을 확보하는 장점이 있지만 그만한 서류 처리와 실무가 뒷받침되어야 할 수 있는 일이지만, 칼라로 마을신문을 찍어낼 수 있게 된 것처럼 마을공동체를 가꾸는데 하나라도 도움 되는 측면으로 이루어지고 있다. 물론 주민들이 회비를 내거나 십시일반 돈을 모아 마을공동체를 가꾸는 활동이 바탕이지만 모두를 위한 마을을 가꾸기는 공적 영역에 속하는 일이다. 내가 살고 싶은 마을, 서로가 가꾸고 싶은 마을을 위해 마을 사람들 스스로 시간과 품을 내고 봉사를 하는 자발성과 열정은 사실 주민자치, 직접민주주의의 씨앗이다. 처음에는 내가 좋아 시작한 일이라도 모두에게 도움 되는 활동은 이미 공적 영역이다. 그런 의미에서 마을공동체 사업 참여는 양지마을을 가꾸는데 충분히 잘 쓰이고 있다. 마을공동체 사업도 있지만 다양한 소모임들도 모두를 이롭게 하는 활동이 많았다. 지구를 살리는 실천동아리, 손끝활동 동아리 꼼지락, 페미니즘 동아리, 마을방범대 활동이 그 보기들이다.

2018. 2. 13. 불날. 날씨: 해가 나는데 겨울 외투가 아직은 따듯한 겨울 맞다.

[마을 속 작은 학교와 공모사업]

아침 걷기로 어린이들은 마을을 한 바퀴 돌며 마을이 달라지고 있음을 다시 확인한다. 많은 건물이 새로 올라가고, 지금도 새롭게 건물 두 채를 짓고 있는 게 눈에 보인다. 과천 재건축 때문에 과천 인구는 5만7천명쯤 된다. 다른 동은 모두 인구가 줄었는데 과천동 인구만 늘어난 것도 이해가 된다. 더욱이 양지마을은 열리는 어린이집과 맑은샘 학교가 있어 삼십대와 사십대 학부모가 많이 이사를 온 곳이라 과천동 4통 인구 증가는 늘어난 건물 수만큼 한 눈에 보인다. 새로 지은 건물은 비어있는 곳도 사십군데 쯤 된다하니 양지마을 인구는 꾸준히 늘겠다. 햇살이 좋아 걸으며 요즘 아침열기에서 읽고 있는 과학 이야기를 꺼내는데 아이들은 크게 관심이 없다. 교실로 들어오니 9시 5분이다. 15분 아침걷기는 몸과 마음을 깨운다. 이야기와 노래와 시, 피리에 이어 시를 쓰는데 반은 쓰기 싫단다.

아침나절 수학 시간은 무게와 들이를 공부한다. 생활에서 많이 재고 셈한 걸 다시 수학문제로 익히는 셈이다. 훌쩍 한 시간이 금세 간다. 연필로 쓰는 셈에 이어 실제로 재는 활동을 이어간다. 사흘 동안 이슬 맞혀 햇볕에 말린 누룩의 무게를 재고 방앗간에 갔다. 방앗간 할머니와 사장님이 아이들을 반갑게 맞아준다. 줄곧 가니 우리 아이들을 반겨주고 학교에 대해 이것저것 물어준다. 그런데 대안학교란 걸 알겠는데 교육비가 얼마인지 학교가 어디에 있는지 평소보다 더 자세히 묻는다. 사실 마을 속 작은 학교는 가는 곳마다 질문을 받는다. 학교를 교실, 책, 공책으로 떠올리는 사람들이 많다보니 평일에 산에 가고, 마을 길을 걷고, 방앗간에 오고, 양재천에 가고, 목공을 하고, 텃밭에서 일하고, 쓰레기를 주워 고물상에 가고, 마을에서 쓰레기를 줍는 것이 모두 교과통합으로 이어지는 걸 모르는 분들이 많다. 교육과정과 교육활동의 상이 다르니 그럴 수밖에. 그러니 우리는 늘 한참을 말해야 하고, 이해시키기 쉽지 않지만 소수자 처지를 말하는 걸 반복하고 있다. 학교로 돌아와 다시 무게를 쟀다. 무게와 들이를 다시 생활에서 확인하니 좋다. 잠깐 틈에 어제에 이어 아이들과 깡통술래잡기를 했다. 재빠른 아이들이라 선생이 또 술래를 줄곧 했다. 교실과 교실 밖을 알찬샘답게 알차게 오고 간다.

낮에는 본디 헤엄시간인데 헤엄을 가지 않으니 자연스레 모둠마다 자유시간이다. 설맞이 몸놀이를 함께 하는 모둠끼리 하기로 했으니 설날을 맞아 흥겨운 마당이 되겠다. 낮에 과천시에서 마을공동체 발표심사가 있어 예준이

준어머니와 인웅어머니랑 함께 과천시청에 다녀왔다. 17개 단체가 낸 마을공동체 가꾸는 사업을 한 시간 반쯤 발표하고 서로 심사를 했다. 본디 마을공동체 만들기 위원이라 심사를 하기도 했지만 이번에는 심사위원으로 참여하지 않고 발표를 하게 되는데 올해는 좋은 결과가 나와 적정기술이 마을과 교육 속에서 좋은 삶의 기술과 공동체 기술로 확산되기를 바랄 뿐이다. 성평등기금 공모사업에 맑은샘교육연구회가 낸 "여성의 눈으로 세상을 보자."가 선정된 결과가 나와 바깥 공모사업 출발이 좋다. 공모사업은 교육을 살찌우고 마을 속에 우리 교육을 알려내는 효과가 있어 꾸준히 참여하고 있는데, 그에 따른 실무가 따른다. 서류처리와 진행하는 일을 알맞게 나눌 수 있도록 애를 써야 한다. 공모사업은 교육을 살찌우기 위해 필요한 것일 뿐 교육활동에 쏟을 힘이 빠져나가는 서류일로 전락해서는 안 되고, 그만한 헌신이 일구어 낼 값진 성과는 오롯이 스스로와 우리를 세우는 몫으로 가야 한다. 서류 일도 보람 있게, 일 나누기도 역량을 키우는 방향을 놓지 않도록 하자. 재미있어야 줄곧 하지 의무와 사람이 지치는 일로 가면 아주 안 하는 게 낫다. 그러니 재정 지원이 안정되게 들어오는 게 바탕이고, 공모사업이 사람과 마을을 연결하고 가꾸는 힘이 되려면 자치단체와 정부가 마을활동가들을 위해 애쓸 게 많다. 다가오는 지방 선거가 그 몫을 다하는 기회가 되면 좋으련만.

학부모와 교사, 어린이 마을자율방범대

나는 마을자율방범대 대장이다. 마을 방범대는 양지 마을에 사는 마을주민들이면 누구나 함께 참여할 수 있는 모임인데, 사실 맑은샘학교 학부모들과 교사가 주축이 되어 활동을 했다. 과천경찰서와 행안부에서 주는 표창장도 받았고, 과천시로부터 방범 물품과 간식비를 2022년까지 받았다. 양지마을은 크게 범죄가 있거나 하는 곳이 아닌 조용한 마을이지만 밤에 마을 곳곳을 돌며 위험한 게 있는지, 마을 가로등은 잘 켜지는지, 마을 길가 나무들 가지치기는 잘 되었는지, 공용주차장은 잘 관리되고 있는지를 살피는 일은 마을사람들에게 크게 도움이 되는 활동이었다. 고장 난 마을가로등을 발견해 과천시에 알리고, 마을에 드나드는 차량들이 안전 속도를 지켜 운전하도록 팻말과 구조물을 설치하도록 교통과에 알리는 일들을 마을 자율방범대에서 해왔다. 술에 취해 집을 찾지 못하는 분을 안내해드리고, 한밤중에 술 취한 분이 뒤따라온다는 소식에 긴급하게 출동하기도 했고, 코로나 마스크를 파는 분들이 마을 입구에 밤마다 장사진을 이룰 때에도 마을 분들을 위해 다른 곳으로 옮겨달라고 하고 경찰서에 연락한 것도 모두 기억나는 방범대 활동이다. 여름에 마을소공원에 가득한 풀을 뽑고 청소하며 흘린 구슬땀이 모두 마을에 소중한 봉사였다.

마을 어른들이 마을을 가꾸는 활동은 학교 교육 활동으로 연결되었다. 학년마다 학교에서 하루 자는 학교살이 활동을 할 때마다 마을을 골목길을 돌며 마을을 가꾸는 즐거움을 어린이방범대도 느꼈다. 어른들이 나서고, 어린이 교육활동으로 연결되는 마을 가꾸기의 보기다.

마을공원과 주민참여예산제도

마을을 가꾸기 위해 과천시 주민참여예산제도를 활용
했다. 주민참여예산제는 지방자치단체가 행사해 왔던 예
산 편성권을 지역 주민들이 함께 행사하는 것을 말하는데,
예산 편성 과정에 시민들이 스스로 참여하여 의견을 제시
하고 그 의견을 반영하여 재정 운영의 투명성과 효율성을
높이고자 하는 제도로, 자치 단체가 예산 과정에 주민 참
여를 법과 제도로 보장함으로써 민관협력으로 대의민주
주의의 한계를 극복하고 참여, 재정, 심의에서 민주주의를
구현할 수 있는 대안의 한 형태이다. 과천시 주민참여예산
제에 양지마을을 가꾸는 사업제안을 꾸준히 한 결과 마을
곳곳이 바뀌었다. 마을소공원 조성, 마을 농구장 개선, 마
을북카페 여우고개쉼터, 건널목 햇빛가리개, 제세동기 설
치, 하리공원 햇빛가리개 설치, 자전거 공기주입기 설치,
과천동 주민자치위원회와 함께 해마다 마을에 꽃 심기와
같은 주민 제안 사업들이 반영되었다.

특별하게는 마을소공원 조성은 맑은샘학교 마을 속
교육과정으로 시작되어 주민참여예산제 주민 제안사업으
로 발전시켜 2016년 경기도 주민자치대회에서 장려상을
받기도 했고, 내가 몇 년 전 과천시블로그기자단 활동을
하며 쓴 기사 덕분에 2016년 양지마을 소공원을 만들고 가

꾼 장면이 우리나라 초등학교 4학년 교과서(천재교육)에 민주주의 주민자치 사례로 실리기도 했다.

공동주택과 태양광발전기

양지마을 2로를 걷다보면 작은 태양광 판넬이 달려있는 주택을 볼 수 있다. 2018년 과천시 주민참여예산 공모 사업인 에너지 전환을 위한 미니태양광 지원 사업으로 세 집에서 설치한 것이다. 가정에서 베란다에 달 수 있는 태양광 발전기는 생산해낸 전기를 먼저 쓴 뒤 부족한 걸 한전 전기를 쓰도록 되어 있다. 태양광발전기가 설치된 뒤 한 달에 전기세가 줄어 경제성도 있고 전기를 생산하는 뜻도 있다. 작은 태양광 발전기는 배터리가 필요 없는 계통연계형 방식으로 콘센트에 꽂기만 하면 된다. 설치도 간단하고 유지 관리도 편하다. 양지마을에서 작은 태양광 발전기를 곳곳에서 볼 수 있는 날을 꿈꾸고 있다.

양지마을에는 함께 집을 짓고 한 식구들처럼 도란도란 살아가는 공동주택들이 여러 채 있다. 공동주택은 뜻이 맞는 사람들이 집을 짓고 함께 사는 다세대 주택이다. 2008년 양지마을에 가장 일찍 자리를 잡은 〈너른마당〉, 2014년 〈너나들이〉, 2015년 〈느티나무와 작은나무〉, 2017년 〈공동주택 사이〉 까지는 집을 함께 설계하고 직

접 시공사를 선정해 지은 공동주택이라면, 〈상상헌〉부터는 분양을 받아 시작된 공동주택이다. 2014년 하반기부터 양지마을 건축 규제가 한 동에 다섯 가구가 살 수 있도록 바뀌면서 마을에는 집을 짓는 회사가 마을 땅을 사서 분양하는 바람이 불기 시작했다. 그때부터 조용한 단독주택가였던 양지마을이 본격으로 공동주택과 빌라촌 모습으로 바뀐 셈이다. 이제 마을에는 단독주택이 얼마 남지 않았다. 단독주택에 사시던 오랜 토박이들이 많이 떠나고, 양지마을 교육기관을 다니기 위해 학

령기 아동을 둔 젊은 세대가 많이 들어왔다. 공동주택들이 만들어내는 마을의 풍경, 마을의 분위기는 또 해마다 다르지만, 함께 집을 짓고 마을을 공동체마을로 가꾸려는 열정과 기운은 마을살이에 여러 영향을 주었다.

마을 여행계와 마을 음악회, 마을 세배

마을공동체를 가꾸려는 양지마을주민자치회 모임과 마을 여행계모임도 특별한 마을살이 재미다. 양지마을주민자치회는 지금은 마을신문 펴내는 일을 하는 것 말고는 달마다 모이는 활동은 하지 않는 상태이고, 마을여행계모임 〈여행나눔모임〉도 지금은 멈춰있다. 코로나시기(2020년-2022년)에 여행을 가기 어려운 여건에도 여행나눔모임은 꾸준히 이어졌다. 1기 24집이 참여(2017년-2018년), 2기 시즌투 23명(2019년-2021년), 3기 8명(2022년)이 마을여행계모임 덕

분에 가족이나 부부가 즐거운 여행을 다녀와 마을에서 여행을 나누는 자리를 마련해 마을살이 재미를 누렸다.

2016년 10월, 맑은샘학교 앞 숲속놀이터 앞에서 첫 마을음악회가 열렸다. 어린이들과 마을 어른들이 함께 기타를 치고, 노래를 부르며 즐거운 한 때를 보냈던 기억이 새록새록 다시 난다. 마을음악회는 2017년 제 1회 방바닥음악회, 2019년 제 2회 방바닥음악회, 2022년, 2023년 제 3, 4회 방바닥음악회로 이어지고 있다.

2016년부터 2020년까지 했던 새해 1월 1일 마을 세배하기 행사도 특별한 추억이다. 코로나 전까지 꾸준히 했던 마을 세배하기는 동네 어린이들이 마을을 돌며 집마다 세배하는 골목 풍경을 꿈꾸며 시작했다. 복돈은 참여하는 어른들이 부담없도록 유치원 오백원, 초등학생 천원, 중학생 2천원, 고등학생 3천원, 대학생 4천원으로 정했는데 아이들도 좋아하고 어른들도 어릴 적 추억을 떠올리며 신이 났던 행사였다.

　맑은샘학교 교사와 학부모들이 차린 마을밥상, 마을 사랑방을 꿈꾸며 생긴 카페 마실, 책 동아리, 영화제도 모두 마을살이의 즐거움으로 함께 했던 마을가꾸기였다.

　2023년 9월 8일과 9일에 열린 과천시 평생학습축제에는 마을 왕초보기타동아리, 지구별살림모임, 손끝활동 동아리 꼼지락, 모두를 위한 페미니즘 동아리가 참여했다. 양지마을에서 활동하는 동아리가 4개의 공간에서 활동을 하는 풍경이 참 반가웠다. 마을 소모임과 동아리, 마을공동체사업, 주민참여예산제, 마을장터, 마을방범대, 마을음악회, 마을 꽃 심기, 마을 세배, 마을여행계모임, 마을청소, 마을신문, 마을포장마차, 마을북카페여우고개쉼터 들처럼 다양한 마을의 활동과 행사는 저마다 뜻을 담고 실천하는 마을가꾸기이자 마을공동체 만들어가기다. 물론 널리 마을을 이롭게 하려는 뜻도 있지만 내가 좋아하는 취미와 가치에 따라 좋아하는 사람들과 즐겁게 하는 활동이라는 걸 더 크게 생각할 수도 있다. 그러나 한 동네마을에서 일어나는 관계와 만남의 장들이 마을에 사는 우리들의 삶의 모습이고 그 모습이 마을의 문화와 풍경이라는 생각은 지나치지 않다. 우리들의 만들어가는 우리 마을의 미래는 아무도 모른다. 또 우리가 그동안 가꾸고 활동한 것들이 마을을 더 살만하게 하고, 더 마을을 우정과 환대의 공동체 마을을 꿈꾸게 하는지는 저마다 평가가 다르겠지만, 적어도 마을에서 마을을 위한 활동이 있고, 마을 속에서 나와 누군가를 연결하고, 우리 마을 우리 동네에서 함께 만들고 참여했던 기억은 모두의 소중한 역사다. 조직이 없지만 관계망이 살아있는 마을, 마을 곳곳에서 의미 있는 활동으로 마을을 살찌우는 소중한 사람들이 있는 한 마을살이는 줄곧 되리라 믿는다.

교육 자치와 주민 자치

교장 노릇 가운데 마을과 교육을 연결하는 일을 종일 하는 날이 올 때가 있다. 아침나절에는 수원에서 경기도교육청 꿈의학교 정책자문단 회의에 다녀왔고, 오후에는 과천동 주민자치위원회 분과회의와 전체회의에 참여했다. 다른 활동처럼 보이지만 사실은 마을 속 작은학교로 자리 잡는 일이고, 마을교육공동체를 가꾸는 꿈의학교 학습공동체와 교육정책을 잡아내는 논의에 참여하며 교육 자치와 마을자치가 하나로 연결되는 상상을 구체 정책과 실천으로 바꾸어내는 애씀이다. 또한 경기도 교육정책과 과천의 주민자치 속에 경기도 비인가 대안교육기관의 실천을 담는 활동이다.

경기도교육청 꿈의학교는 맑은샘교육연구회가 8년째 참여한 터라 애정도 많고 마을교육공동체를 가꾸는 구체 실천으로 그 노릇을 더 늘려가고 있다. 사회적협동조합 유형으로 신청을 해서 법인이 꿈의학교를 진행한 적도 있다. 2021년 꿈의학교의 눈부신 성장과 과제를 찾는 유투브 토론회와 ebs미래교육플러스 방송에 참여하며, 마을교육공동체를 가꾸는데 지역사회 교육 역량이 어떻게 협력해야 할지 많은 생각을 했었다. 지역의 대안교육 역량과 꿈의학교 학습공동체가 만나고, 혁신교육지구와 만나 마을교육공동체를 가꾸는 새로운 교육흐름을 상상했다.

경기꿈의학교 학습공동체와 네트워크 운영 방향을 살피며 경기꿈의학교의 힘을 다시 되돌아봤다. 해마다 4만여 명이 참여하고, 2천여 개 꿈의학교가 만들어낸 교육 흐름은 놀라웠다. 8년간의 양적 성장도 눈부시지만 여전히 경기도 학생의 2.5프로에 그치는 현실을 알기에 10프로 수준까지 올리기 위해 더 많은 예산과 제도의 뒷받침이 필요함을 참 많이도 이야기했다. 성과는 참 많다. 학교 밖 학교, 주말학교 전형을 만들어냈고, 마을교육공동체 정책을 구체 형태인 마을교육으로 드러냈다. 꿈의학교를 계기로 지역교육생태계를 형성하려는 흐름이 일어나고, 마을 교육주체들의 교육역량이 모이는 꿈틀거림을 확인하기도 했다. 학습공동체와 네트워크는 그 보기이며, 학교 밖에서 학습자중심 교육을 가능함을 보여준 곳이 정말 많다. 공교육의 혁신교육과 꿈의학교가 마을교육공동체로 연결되는 상상을 하며, 또한 대안교육 역량과 연결해 마을교육공동체의 정신을 새기며 품을 넓히려는 꿈을 꾸게 되었다.

교육감이 바뀌면 바뀌는 교육정책이 아니라 학교 밖 학교에서 놀라운 배움이 일어나는 교육의 성과를 줄곧 이어나가기 위한 지속가능성을 사회적협동조합으로 담아내려는 정책과 실천이 눈부셨다. 꼽는 과제로는 무엇보다 꿈의학교에 참여하는 교육주체들의 열정을 제도로 뒷받침하고, 마을교육공동체 중간거점(교육청과 지자체, 교육주체의 협의체)과 교육자치 협력(거버넌스) 보기 만들기, 기후위기 교육과정을 바탕으로 삼기들을 든 것도 기억난다. 물론 민원과 운영자 관리, 운영실무와 회계, 역량 강화들은 꾸준한 과제다.

이제 더 뚜렷하게 기후위기와 감염병시대 교육체제와 교육과정을 꿈의학교같은 주말학교에서도 담아야 할 때다. 미래교육의 축으로 잡고 있는 마을교육공동체, 4차산업혁명의 과학통신기술을 반영한 교육도 이야기해야 한다. 제도로 조례, 민관학 협의체(교육자치회), 혁신교육포럼을 말하고 양적 질적 성장을 뒷받침할 예산 확보도 중요하다.

지속가능성은 끝내 꿈, 제도, 사람이다. 사회적협동조합, 교육주체들의 열정, 학습공동체 역량 강화, 교육 전망은 같은 맥락으로 세워가야 한다. 지속가능성을 이끌 핵심 짜임새로 꿈의학교 학습공동체(네트워크)의 방향, 정책은 그래서 중요하다. 지역마다 학습공동체 목표, 학습공동체 운영(신규(도전), 성장, 사협형.)과 연수, 역량 강화를 위한 계획이 필요하고, 행복하고 즐겁게 교육주체들의 열정을 불러일으키는데 힘을 쏟아야 한다, 새로 참여하는 분들에게는 교육자로 정체성을 느끼고, 미래교육현장을 가꾼다는 자부심이 일어나도록 그에 걸맞는 도움을 줘야 할 것이고, 마을교육공동체와 교육자치회 전망을 위해 교사 교육과 학부모 참여를 뒷받침해야 한다.

혁신교육지구는 일반행정과 교육행정이 만난 형태인데 물리적 결합 특징이 크다. 이는 교육에서 보편 복지의 성격을 지닌 정책이라고 볼 수 있다. 경기도교육청이 크게 확산시키고 있는 몽실학교는 학생자치배움터다. 물론 몽실학교의 첫 성공은 대안교육과 학교 밖에서 배움터를 열어가는 새로운 상상의 힘이었다. 그만큼 입시와 경쟁으로 대표되는 공교육의 변화는 쉽지 않다. 마을교육공동체 꿈의학교는 학습자 중심 철학이 뚜렷하고, 화학적 결합의 성격이 크다. 혁신교육지구와 꿈의학교, 몽실학교가 말하는 마을교육공동체는 함께 가야 하는 건 분명해보인다. 당장은 어렵겠지만 예산과 조직을 살펴 함께 가는 것이 필요하다. 미래교육의 가치를 실천하는 방식으로 가장 앞장서고 있는 게 꿈의학교다. 마을교육과 마을교육의 성장에 대한 이해가 학교 현장에서는 아직이기에 더 가까워지려면 무엇이 필요할까. 꿈의학교같은 마을교육공동체를 지향하는 학교의 성장이 이를 가능하게 하지 않을까.

대안교육현장에서 일하는 사람이지만 교육운동의 흐름 속에 공교육의 현재와 미래를 그려볼 수 있는 기회가 자주 있다. 경기꿈의학교가 그 매개체가 되고 있는 것이다. 마을 자치는 과천마을공동체와 경기도마을공동체 영역의 공모사업과 정책회의 참여들이 그 기회가 된다. 하루 쉬는 날에도 과천시 마을 행사 두 곳에 참여한 것처럼 주민자치와 교육자치가 만나는 지점은 정말 많다. 양지마을에서야 일상인데 아직 과천시와 과천동에서는 주민참여예산제와 마을학교, 마을가꾸기로 시작을 하는 셈이다. 지난해 주민참여예산 주민제안 사업으로 마을주민들의 의견을 모아 7개 신청서를 냈다. 오늘 주민자치위에서는 내가 신청서를 내서 주민참여예산 공모사업으로 선정된 〈마을꽃길과 화단 조성〉을 주민자치위에서 어떻게 할지 방향을 잡고, 과천동 마을마다 꽃을 심을 곳을 모으고 찾아냈다. 과천동 곳곳과 양지마을 두 곳에 꽃길을 만들 수 있어 좋고, 마을을 위해 어린이들이 함께 꽃을 심을 있는 기회가 열리게 되어 반갑기도 하다. 마을공원을 만들고, 마을 농구장을 새로 단장하고, 마을신문과 마을장터, 마을방범대에 참여하고 때마다 마을에 나무와 꽃을 심는 교육활동은 그대로 마을을 가꾸는 교육과정이다. 더 많은 영역에서 주민자치와 교육자치가 만나는 지점이 있을 거다. 마을 속 작은학교 맑은샘이 우리 동네에서 소중한 교육기관으로 자리매김 되고, 우리 어린이들을 품어주는 마을을 가꾸는데 교육 자치와 주민자치가 있다. (2021. 3. 25)

마을교육공동체포럼과 국제교육포럼

마을교육공동체를 가꾸는 애씀은 지역사회의 다양한 주체들과 함께 마을교육공동체를 이야기하는 자리로 이어졌다. 한 자리에서 만나기 어려운 지역사회 다양한 교육주체들이 함께 "아이들의 자유와 행복", "민주시민교육", "마을교육공동체"를 말하는 연결망을 구성하고, 우리 아이들이 마음껏 일하고 놀며, 주인으로, 함께 살아가며 앞날을 꿈꾸는 교육을 꿈꿨다.

저마다 오랫동안 지역사회에서 펼쳐온 눈부신 교육실천을 함께 나누고 배우자는 겸손하면서도 자랑스러운 자리에는 묵묵히 공동육아, 혁신교육, 대안교육, 시민사회

교육, 방과후학교, 식생활교육, 꿈의학교 들에서 아이들을 사랑하는 마음 하나로 온 몸과 마음을 다해 살아오신 소중한 분들의 귀한 말씀을 들을 수 있었다. 그 매개자 노릇을 하며 지역사회 교육력을 드높이고, 교육네트워크를 형성해가는 실천은 마을교육공동체로 행복한 교육을 일궈가려는 제안이고 모색이다.

경기도교육청 학교 밖 학교인 경기꿈의학교 학습공동체 활동을 바탕으로 마을교육공동체 이야기마당을 줄곧 열고, 4개국 교육자가 참여하는 국제교육포럼을 기획했다. 또한 삶을 위한 교사대학과 함께 과천을 방문한 덴마크 교사들과 국제교육포럼을 열어 지역사회에 미래교육과 교육의 본뜻을 상기시켰다. 마을교육공동체신문을 창간해 두 해 동안 다양한 교육주체들을 연결하려는 것도 모두 마을교육공동체를 가꾸려는 애씀이었다.

[과천마을교육공동체포럼]

낮에는 2020경기꿈의학교 과천학습공동체 세 번째 만남인 '과천마을교육공동체포럼' 행사에 참여했다. 지난해 과천국제교육포럼에 이어 많은 분들과 함께 미래교육을 상상하고, 마을교육공동체를 실천하는 분들의 귀한 말씀을 들었다. 끝까지 자리를 함께 한 김종천 과천시장, 제갈임주 과천시의회의장, 배수문 경기도의원, 안양과천교육지원청 교수학습국 김석제국장, 이수자 교육청소년과장, 그리고 많은 과천시 관계자분들에게 꿈의학교과 대안교육의 실천이 미래교육임을 말했다.

무엇보다 귀한 실천사례를 들려주신 다섯 분이 있었다. 과천혁신교육지구 안양과천교육지원청 정효미 장학사, 과천두근두근공동체교육사회적협동조합 방극조선생, 과천교육희망네트워크 이주연대표, 과천공동육아사회적협동조합 박영혜선생, 식생활교육과천네트워크사회적협동조합 윤성혜 이사장의 귀한 말씀이 과천 꿈의학교 꿈지기들에게 큰 배움의 시간이었다.

김종천시장 말씀처럼 더 많은 교육주체들이 함께 과천마을교육공동체를 가꾸는 자리를 다시 만들도록 과천혁신교육지구에서 경기꿈의학교 과천학습공동체가 함께 마

을교육공동체를 가꾸기를 바란다. 과천의 더 많은 교육주
체들이 함께 마을교육공동체를 꿈꾸는 마중물이 되길~

과천마을교육공동체로 행복한 미래교육을 꿈꿉니다.

과천마을교육공동체포럼에 함께 한 우리 모두를 진심
으로 환영합니다. 저는 경기꿈의학교 과천학습공동체 운
영진으로 활동하고 있습니다. 경기꿈의학교는 혁신교육지
구와 함께 마을교육공동체를 가꾸려는 뚜렷한 지향이 있
습니다.

경기꿈의학교 과천학습공동체 10월 공부는 과천마을
교육공동체포럼으로 채비했습니다. 과천마을교육공동체
포럼은 우리 어린이와 청소년, 학생들이 행복한 교육 이야
기 마당입니다. 우리는 교육에 관심 있는 사람들입니다.
아이들의 자유와 행복을 돕는 사람들입니다. 지난해부터
과천에 알찬 교육포럼이 꾸준히 열리고 있습니다. 2019년
10월에는 2019과천꿈의학교협의회가 과천의 여러 교육주
체와 함께 덴마크 교사단의 과천 방문을 맞아 과천국제교
육포럼을 열었습니다. 과천국제교육포럼으로 우리는 행복
한 덴마크 사회의 비결이 덴마크 교육에 있음을, 한국 교
육이 배워야 할 덴마크 교육의 힘은 바로 풀뿌리 민주주
의와 민주시민 교육이자, 공동체 의식의 함양임을, 한국의
자유학기제와 자유학년제, 혁신교육과 꿈의학교는 덴마크

교육 정신과 닮았음을, 스스로 삶을 선택할 수 있는 시간을 충분히 보장하고, 개성과 끼를 마음껏 내보이며 앞날을 열어가는 학생들을 덴마크 프리스콜레, 에프터스콜레, 폴케회어스콜레와 과천의 꿈의학교와 대안학교에서 만날 수 있음을 함께 배웠습니다.

일 년이 지난 지금, 코로나의 해라 불릴만한 2020년 10월, 다시 우리는 과천마을교육공동체포럼으로 서로를 성장시키고자 합니다. 우리는 교육의 바탕을 생각하는 사람들입니다. 코로나와 함께 살아가며 우리는 학교와 교육의 정체를, 우리 문명과 우리 삶의 정체를 알아버렸습니다. 교육의 목적이 입시와 경쟁에 있지 않음을 다시 확인하고, 우리 아이들에게 돌봄과 배움이 공존하는 공간이 아주 소중함을 깨달으며, 원격수업으로 담을 수 없는 만남과 관계를 생각하게 됐습니다.

과천마을교육공동체포럼을 채비하며 과천의 다양한 주체들과 함께 마을교육공동체를 이야기하고 싶습니다. 정말 한 자리에서 만나기 어려운 과천의 다양한 교육주체들이 함께 "아이들의 자유와 행복", "민주시민교육", "마을교육공동체"를 말하는 이 자리에서 함께 꿈을 꾸고 싶습니다. 우리 과천의 아이들이 마음껏 일하고 놀며, 주인으로, 함께 살아가며 앞날을 꿈꾸는 교육을 말입니다.

누군가에는 갑작스러운 제안일 수도 있는 과천마을교

육공동체포럼은 과천의 눈부신 교육 실천을 함께 나누고 배우자는 겸손하면서도 자랑스러운 자리입니다. 묵묵히 공동육아, 혁신교육, 대안교육, 시민사회교육, 방과후학교, 식생활교육, 꿈의학교 들에서 아이들을 사랑하는 마음 하나로 온 몸과 마음을 다해 살아오신 소중한 분들의 귀한 말씀을 우리 꿈지기들과 과천시민들과 나눌 수 있어 기쁘기만 합니다.

이번 자리가 마중물이 되어 앞으로 꾸준히 우리 과천의 아이들이 행복한 교육을 위한 자리가 많이 만들어지고 연결되기를 기대합니다.

다시 한 번 과천마을교육공동체 포럼에 함께 한 우리 모두에게 손뼉을 칩니다.

고맙습니다. (2020. 10. 29)

양지마을, 덴마크 교육을 만나다!

-과천국제교육포럼, 양지마을 환영 만찬과 가정 방문-

시민의 손으로 열어 낸 국제 교류

지난 10월 26일 과천시의회 열린강좌실에서 '2019과천국제교육포럼'이 열렸다. 덴마크 교사단의 과천시 방문을 환영하며 과천의 많은 교육단체가 힘을 모아 마련한 자리다. 맑은샘학교, 삶을 위한 교사대학과 대안교육연대가 주최하고, 경기꿈의학교 과천꿈넷(과천시꿈의학교협의회), 과천교육희망네트워크, 과천시대안교육협의회가 주관했다. 국제교육포럼과 더불어 맑은샘학교 방문과 한국 가정방문도 기획했다.

이번 행사는 각기 다른 단체의 사람들이 함께 준비하며 경험과 추억을 쌓을 수 있어 더욱 특별했다. 과천시의회에서 교사단을 맞이하는 환영 펼침막을 걸어 주었고, 윤미현 의장은 시의회 열린강좌실을 채비하고 김종천 과천시장과 함께 덴마크 교사단을 반갑게 맞이하는 환영사를 해 주었다. 또한 양지마을주민자치회 왕영민님이 축하 공연으로 색소폰 연주를, 과천교육희망네트워크와 과천꿈넷에서 사회, 행사 펼침막 디자인, 사진, 새참과 자료집을 맡아 주었다. 안양과천교육청에서는 꿈의학교를 뒷받침해준 장서영 팀장이 포럼 전체 흐름 잡기, 일 나누기와 연락, 자료집 구성과 편집, 발표, 여러 실무를 담당해 주었다.

오롯이 시민의 힘으로 열어 낸 과천 교육의 국제 교류 한 장, 교육에 관심이 있는 과천 시민 모두에게 새로운 꿈과 경험을 선사한 뜻깊던 행사 속으로 들어가 보자.

교육에 새로운 상상력을!

이번 포럼의 주제는 〈마을교육공동체 과천꿈넷, 덴마크 교육과 대안교육을 만나다〉이다. 덴마크 교육과 한국 대안교육, 과천의 대안교육 현장을 소개해 교육에 대한 상상력을 불어넣고자 했다.

첫 번째 발표자로 맑은샘학교, 과천꿈넷 전정일 대표가 덴마크 교육의 행복한 실천 사례와 경기꿈의학교와 과천꿈넷의 교육철학과 교육활동, 대안교육과 맑은샘학교를 소개했다. 한국의 공교육현실과 공교육 밖에서 일궈 가고 있는 마을교육공동체를 아울러 설명함으로써 과천 교육의 여러 모습을 보여 주었다.

덴마크 자유학교 정신과 민주 시민 교육, 공동체 의식을 키우는 교육이 과천의 마을교육공동체, 대안학교의 철학과 어떻게 통하는지를 밝히고 서울시 교육청에서도 접목한 덴마크의 '에프터스콜레'와 '폴케호이스콜레' 교육 제도를 소개했다. 이는 학생들에게 두 차례(중3-고1, 고3-대1) 안

식년을 주어 진정한 진로교육과 자아 탐색 과정을 거치게 하고 기숙학교에서 함께 살아가며 공동체 의식을 키우고 서로를 존중하고 연대하는 법을 익히는 제도이다.

많은 정치인들과 교육자들이 덴마크를 찾지만 덴마크 교사들이 놀라워하는 한국의 대안교육 현장은 찾지 않는 현실을 짚으며 한국 대안학교의 프로그램과 성과가 온 나라 학생들이 행복한 교육을 구현하는 데 쓰이기를, 대안교육이 필요하지 않는 공교육 제도를 만드는 데, 다양한 교육 생태계 조성의 마중물처럼 쓰이기를 바라는 마음도 내비쳤다.

두 번째 발표는 덴마크 프리스콜레와 에프터스콜레를 주제로 덴마크 교사 Mr. Peter Bendix Pedersen(Chairperson Free school Association)과 Mrs. Lone Greve Petersen(Vice chair person Efterskole Association)이 맡았다.

두 발표자는 먼저 덴마크 교육의 특징에 대해서 소개했다. 덴마크는 교육은 의무이지만 입학 의무는 없다. 전통적으로 '프리스콜레'라는 200명 이하 학교가 많았지만 최근에는 1,000명이 넘어가는 학교도 생겼다는 사실과, 개인의 발달을 주의 깊게 보고 친밀감이 높은 작은 학교와 효율성 높은 큰 학교의 장점을 설명했다. 가족이 중요한 덴마크에서 다양한 가정 형태가 출현하며 학교의 형태도 달라졌음을 알려 주었다.

이밖에도 덴마크는 교육을 중요하게 여기기에 GDP 8% 이상을 교육에 투자하고 있는 현실과 함께 국가가 노동시장에 개입하지 않는 점과 일, 여가, 가족의 균형을 중요시하는 특징도 소개했다. 덴마크 시민들은 여가 시간에 시민사회 활동 참여, 자원봉사, 지역 풀뿌리 활동에 참여하는데 학교가 지역 사회를 연결하는 노릇을 한다는 점도 인상적이었다. 학교의 체육시설을 지역사회, 노동단체에 개방하고 시설 유지 보수 문제는 학교에서 처리한다는 사례는 흥미로웠다.

'프리스콜레'는 공립기초학교인 '폴케스콜레'에 대응하는 자유학교로 초등과 중등교육을 한다. 9, 10학년까지 있다. 1852년 크리스텐 콜이 "아이들은 부모의 것이지 국가의 것이 아니다. 국가로부터 아이들을 되찾자."고 주장하며 국가로부터 자유롭고 시험과 규칙에 얽매이지 않는 프리스콜레를 세웠다.

에프터스콜레는 우리나라로 치면 중2에서 고1단계 학생들을 대상으로 하는 기숙형 자유학교다. 공립기초학교나 프리스콜레를 졸업하거나 졸업하기 전에 8학년에서 10학년 학생들이 선택해서 1년 혹은 추가로 1년을 더 다닐 수 있는 자유중등학교이다. 시험이 없고 자유로운 교과 과정, 살아 있는 말과 대화, 학생과 교사 간 위계가 없고 가족 같은 공동체가 특징이다. 학생들이 부모 곁을 떠나 많은 동무들과 기숙 생활을 하면서 자유와 즐거움을 누리며 삶의 뜻을 발견하도록 돕고, 공동체성과 사회성을 배울 수 있는 학교이다.

폴케호이스콜레는 시민대학쯤 되는 곳인데 고등학교를 졸업한 학생이나 성인들이 4개월에서 1년 과정을 선택할 수 있는 단기 기숙학교로 삶의 계몽과 민주 사회를 위한 깨어 있는 농민, 시민 교육을 말한 그룬트비 사상을 실천한 덴마크 교육의 중심이다. 주로 18세에서 23세 젊은이들이 다니지만 덴마크 성인 인구 2% 정도가 다니는 평생교육기관이기도 하다. 과목, 교수 방법, 반 형태를 선택할 수 있는 자유가 있고, 학교마다 철학과 신념에 따라 배움 과정이 다르다는 특징이 있다.

덴마크 교육제도를 우리와 견주어 보면 공립기초학교(폴케스콜레)가 1학년부터 10학년까지 있고, 3년 과정 김나지움과 실업학교, 대학교가 있는데, 사립학교인 자유학교 계열도 자유학교(프리스콜레)(1-9학년), 자유중등학교(에프터스콜레)(9, 10학년들이 선택)-시민대학(폴케호이스콜레)(18세 이상)과 대학이 있다. 두 교사는 청소년기에 에프터스콜레와 폴케호이스콜레와 같은 학교에서 두 번에 걸쳐 진지하게 삶을 탐구하고 길 찾기를 할 수 있는 특별한 교육 체제에서 행복한 교육을 하고 있음을 밝혔다.

과천국제교육포럼을 마치고 덴마크 교사단은 맑은샘

학교와 양지마을주민자치회 주민들이 준비한 저녁 만찬에 참석했다. 한국 가정 방문과 뒤풀이까지 마친 후 숙소로 돌아갔다.

이번 포럼과 방문 행사를 기획한 전정일 교사는 "덴마크 교사단이 한국의 초등 대안학교인 맑은샘학교를 방문하는 기회를 살려 과천 사람들에게 덴마크의 행복한 교육을 소개하고 싶었고, 과천꿈넷 꿈지기들과 함께 덴마크교육과 한국대안교육의 교육 정신과 실천 방향이 연결되어 있음을 배우고 싶었다. 또한 맑은샘학교 식구들과 양지마을 사람들이 함께 손님을 맞이하며 교육공동체, 마을공동체, 교육마을공동체의 꿈과 상상, 아름다운 추억을 만들고도 싶었다. 많은 분들의 우정과 환대, 정성 덕분에 뜻깊은 교육 이야기 마당을 치를 수 있었다. 덴마크 교육에 대해 정성껏 소개해 준 덴마크 교사단에게 정말 고맙고, 곳곳에서 함께 일을 하고 마음을 낸 분들에게 정말 고맙다. 앞으로도 줄곧 덴마크와 과천시, 덴마크와 한국 교육 현장의 교류가 이어지면 좋겠다."고 전했다.

마을교육공동체 활동가 양성과정과 마을교육공동체신문

2021년 과천마을교육공동체신문을 창간했다. 코로나19와 함께 살아가는 방역조치로 곳곳에서 많은 마을 행사가 열리고 축제가 살아나는 때였다. 거리두기로 잃어버린 관계의 회복과 함께 사는 즐거움을 누리는 일상에 새삼 고마워하는 삶이기에 교육은 만남에 있다는 중요한 사실을 확인하며, 3년에 걸친 코로나19, 그리고 인류 생존을 걱정하게 하는 기후위기가 우리에게 던져준 교훈을 떠올렸다. "학교 안과 밖 어느 곳이든 배움은 일어난다, 교육의 본질은 입시와 경쟁에 있지 않다, 돌봄과 교육은 같이 가야 한

다, 마을교육공동체와 마을공동체가 미래교육에서 중요한 열쇠다, 삶 교육 문명의 전환이 필요하다, 작은 학교와 교육공동체가 탄력있게 대응할 수 있다, 기후위기 비상행동이 필요하다."

과천마을교육공동체신문은 창간호에 밝힌 것처럼 코로나19와 기후위기가 우리에게 준 교육을 되새기며 과천의 마을교육과 마을교육공동체를 가꿔가려는 뜻을 담아 경기꿈의학교 재원으로 시작했다. 마을 곳곳에서 행복한 교육을 실천해온 여러 교육 현장과 마을학교 소식을 담았다. 마을의 놀랍고 아름다운 교육 실천이 널리 퍼져 우리 삶과 문명의 전환을 떠올리는 마을교육공동체와 교육자치를 꿈꾸며, 꿈의학교, 대안학교, 방과후학교, 공동육아, 교육관련 기관과 단체 활동을 가득 담은 소식을 실었다. 과정에서 맺은 교육네트워크는 마을교육공동체의 든든한 힘이 되었다.

마을교육공동체 활동가(지도자) 양성 과정은 학교 밖에서 마을교육공동체로 학생들이 행복한 교육을 열어가려는 마을교육공동체 활동가들을 위한 배움과 나눔의 과정으로 시작했다. 학교 밖에서 한국 대안교육, 전환교육 흐름과 함께 또 하나의 새로운 대안교육을 열어가는 꿈의학교를 가꾸며 마을교육공동체로 교육자치를 꿈꾸는 분들이 모여 총 10강, 또는 5강으로 구성된 마을교육공동체 활동가 양성과정에 참여했다. 미래교육, 기후위기와 생태교육, 협동조합과 사회적경제, 마을작업장과 미래교육 공간의 혁신, 마을교육공동체와 마을교육자치회, 활동가와 교사의 삶, 대안교육, 민주시민교육, 꿈의학교, 몸짓표현놀이와 온라인영상기술을 주제로 함께 공부했다. 해마다 15명-20명의 활동가들이 마을교육공동체를 가꾸는데 필요한 꼭지들을 연결하고 상상했다.

마을교육공동체로 아이들을 품는 교육생태계를 조성하려면 그만한 제도, 재정, 사람, 조직이 뒷받침 되어야 한다. 무엇보다도 마을교육공동체에 대한 확신, 열정이 살아 있어야 한다. 그것의 시작은 많은 마을교육공동체 활동가들의 마음처럼 아이들에 대한 사랑이다. 이를 뒷받침해야 지속가능성이 있다. 마을학교에 참여하는 많은 교육주체들이 열정이 살아나도록 뒷받침하는 제도의 정비, 교육과 연수, 전망이 필요하다.

마을교육생태계는 다양성에 있다. 마을이 학교가 되려면 마을 사람들이 교육이야기를 할 수 있는 연결망이 안정되게 구축되어야 한다. 혁신교육(미래교육)과 미래학교 방향이 마을교육공동체라면 이를 뒷받침하는 구조를 짜고 정책을 세워야 한다. 학교 안팎의 협력, 학교와 마을교육공동체 네트워크를 끌어낼 주체로 지역마다 마을학교네트워크가 그 몫을 다하도록 교육 역량을 키워나갈 교육과 연수를 뒷받침하고, 마을 속 교육네트워크를 조직하도록 지원해야 한다. 교육자치로 가는 길에 든든한 민간의 동반자로 마을학교 네트워크를 세울 필요가 있다. 지역의 모든 교육 역량을 모을 수 있는 주체 형성의 과제이다. 혁신교육지구가 미래교육지구로 바뀌고, 경기꿈의학교가 경기이룸학교로 바뀌더라도 마을은 교육의 중심에 들어가야 한다.

마을교육공동체를 가꾸는 교육의 열정을 뒷받침할 제도가 필요하다. 공모사업의 한계는 명확하다. 일 년짜리 공모사업 형태로는 마을교육공동체를 가꿀 수 없다. 교육은 사람이 하는 일이고, 공동체는 끝내 사람들이 연결되어야 만들 수 있다. 마을교육공동체를 가꾸는 교육 주체들의 교육의 열정을 뒷받침할 제도로 바꿀 때가 됐다. 학교밖학교로 꿈과 끼를 찾도록 돕는 마을학교의 지속가능성을 담보하기 위해 교육청의 공모사업 제도를 손질해야 한다. 마을교육공동체 주체들의 역량이 쌓여가도록 보장하고, 새로운 마을학교 주체들이 등장하도록 돕는 구조가 같이 가도록 해야 한다. 오랫동안 마을학교를 운영해온 운영주체들이 마을교육공동체 지향을 뚜렷하게 펼치도록 돕고, 이들이 지역사회 교육담론을 만들어내고 학교와 마을을 연결하도록 도와야 한다.

경기꿈의학교 같은 마을학교는 혁신교육과 함께 마을

공동체를 숨어있는 교육과정으로 전면화시키고, 학교 밖 학교로 교육과 학교의 주체들이 민주주의를 구현하고, 교육 현장을 행복한 교육공동체로 만들어왔다. 마을학교 도입과 성장기에 나타나는 한두 가지 문제로 마을학교 정책을 바꾸거나 축소하자는 의견은 오랜 시간이 걸려야 교육의 힘이 드러난다는 것을 이해하는 방향으로 바뀌어야 한다. 공적 재원이 들어가는 사업에서 공정성, 투명성, 알맞은 평가가 필요하다는 걸 부정하는 사람은 없다. 다만 교육주체들의 열정을 뒷받침하고 지원하려는 방향이 확고하다는 믿음이 흔들리게 해서는 안 되니 충분한 소통과 꿈의 학교 자정능력을 방향으로 세워야 한다. 이를 바탕으로 마을교육공동체를 실현할 안정된 거점과 네트워크, 제도를 활용하도록 도우면 좋겠다.

지역마다 마을교육학습공동체와 마을교육공동체 거점(공간), 안정된 운영과 회계처리 투명성을 확보하도록 찾아가는 행정인력서비스를 구축할 필요가 있다. 교육 자치로 가는 길에 마을교육활동가들이 쉴 새 없이 드나들며 의논하고 꿈을 꾸는 공간을 자치단체와 지역교육지원청이 찾아서 만들어내고, 마을교육공동체를 가꿀 전담 인력을 배치하는 것에 과감하게 예산을 배치하고, 마을교육활동가를 양성해야 한다. 경기도 사회적경제와 마을공동체지원센터의 본보기가 있다. 중간지원조직을 교육청, 자치단체, 마을교육공동체 민간이 함께 꾸려가려는 방향을 세우고, 과도기에는 이를 준비하는 사람을 배치해야 한다.

또한 학교 밖 학교로 성장해온 꿈의학교 같은 마을학교와 뚜렷하게 마을교육공동체 활동을 20년 넘게 해온 지역사회 대안교육의 협력을 도모할 필요가 있다. 일 년 넘게 의논하고 채비한 끝에 2022년 처음으로 시작된 다함께 꿈의학교 유형으로 대안교육형 꿈의학교가 그 보기이다. 학교 밖 학교로 마을교육공동체를 지향하는 꿈의학교(이룸학교)와 대안교육의 협력 흐름은 마을교육공동체 역량을 고양시키는 새로운 흐름이 될 것이다. 물론 여기엔 지역에 존재하는 다양한 교육생태계 주체들의 협력과 소통을 함께 하자는 방향이 같이 들어있다.

주민자치 활동과 기자단

과천동 주민센터가 경기도 도움으로 마련한 〈청소년과 함께 하는 주민자치 교실〉 강의로 민주주의와 지방자치, 주민자치와 주민참여예산제, 청소년이 제안하는 주민자치 이야기를 수업으로 한 적이 있다. 어려운 정치 낱말이 나오지만 당연히 배워야 하는 민주주의 공부다. 과천동 주민센터와 함께 좋은 공부를 할 수 있는 것 또한 맑은샘이 그동안 지역사회에서 실천해온 주민자치의 성과이다.

어느새 마을 주민자치위원으로 활동한지 6년이라 졸업을 앞두고 있다. 주민자치위원으로 활동하며 마을을 가꾸는 좋은 분들을 많이 만났고, 학교와 마을의 연결고리로도 뜻이 컸다. 일부러 품을 내고 시간을 내서 마을을 아름답게 가꾸는 분들과 꽃을 심고 과천축제와 많은 마을 행사에 참여해 봉사를 했다. 함께 주민자치 교육을 듣고, 다른 지역 주민자치위원회와의 교류 워크숍에도 참여했다.

주민자치위원회는 「지방자치법」제8조 및 같은 법 시행령 제3조에 따라 주민편의 및 복리증진을 도모하고 주민자치기능을 강화하여 지역공동체 형성에 기여하도록 하기 위하여 동에 두는 문화교육센터를 운영하는 단위다. 주민을 대표하는 성격보다는 봉사로 문화교육센터를 운영하는 주민자치위원회는 주민자치회로 발전 중이다. 지역마다 주민 자치 조직과 운영이 아직은 차이가 많지만 주민 자치를 일상에서 실현하려는 조직 요구는 주민자치회로 모아지고 있다. 과천은 한창 주민자치회 교육과 연수를 하다가 현재는 중단되어 있다. 주민자치회는 2013년 행정안전부 시범사업 뒤 2019년 말 기준 전국 408개 읍면동에 설치됐고, 주민센터와 협의를 통해 위탁사무를 수행한다. 기존의 문화센터 운영을 주축으로 활동한 주민자치위원회와는 달리 주민들의 참여가 더 넓어지고 책임성이 강화된 조직으로 가려면 시민 홍보와 안내가 먼저다.

그런데 주민자치위원회를 발전시켜 일찍 주민자치회를 시작한 서울과 다른 도시들의 사례를 들으며 과천시 주민자치회는 어떤 모습일까를 상상한 적이 있다. 주민자치로 민주주의를 실현하는 주민자치회 하면 떠오르는 스위스 란츠게마인데 (주민총회)처럼 우리 과천의 란츠게마인데는 어떻게 가능할까. 코로나 시대 마을총회는 어떤 모습으로 실현될까. 주민자치회에 참여할 과천시민들은 주민자치회를 얼마나 알고 있을까? 풀뿌리 민주주의의 새로운 장인 주민자치회가 과천시민들에게 주민자치의 학습장이자 재미난 민주주의의 실천마당이 좋겠다는 생각을 했었다. 그러려면 더 많은 주민자치회 조례에 대한 알림과 교육이 필요할 것이다. 주민자치회가 풀뿌리 민주주의 제도라는 큰 무게로 다가서려면 지금 주민자치위원회가 그냥 주민자치회가 된다는 생각보다는 대표성, 민주성, 책임성을 담보하는 주민자치조직으로 가기 위해 민관이 함께 머리를 맞대고 의논하는 풍경을 상상했다. 이름만 주민자치회가 아니라 과천시가 많은 곳에서 시민기획단을 운영해 시민참여를 보장하는 것처럼 주민자치회를 위한 시민기획단을 구성한다거나, 온라인 주민총회들을 활용한다거나, 동마다 주민자치회를 알리고 홍보하는 방법을 찾아내면 좋겠다.

특별하게는 2020년과 2021년 2년간의 과천시 블로그

기자단 활동은 교육공동체와 내가 애쓰는 영역의 주제를 기사로 담아 과천시민들에게 알릴 수 있었다. 마을공동체, 주민자치위원회, 주민참여예산위원회, 마을가꾸기 위원회 같은 자치단체 활동 행사, 사회적 경제, 마을교육, 마을과 교육을 연결해 마을교육공동체를 꿈꾸는 활동들을 활발하게 취재해 기사를 썼다. 작은 학교를 지키는 방법이기도 했고, 우리 아이들이 살만한 마을과 도시를 꿈꾸는 적극 실천이었다. 약 68건의 기사 주제를 꼽아보면 다음과 같다. 마을공동체 심사, 일구데이 취업지원, 꿈의학교, 사회적경제 토론회, 과천동 주민자치위원회, 마을카페 마실, 사회적 경제 랜선을 타고, 마을공동체 전환마을 과천을 꿈꾸는 사람들, 민관 협치 퍼실리테이터 양성과정, 주민참여예산제, 꿈의학교 학습공동체, 자율방범대, 예산학교, 주민자치회 주민설명회, 터무늬학교, 민간방역, 주민참여예산위원회 심의 현장, 사회적 경제 창업 교육 개교식과 수료식, 민간극장 별별극장, 주민자치위원회 손바닥정원 가꾸기, 자전거 인문학 교실, 가을맞이 대청소, 주민자치위 교류, 마을교육공동체포럼, 어린이 시화전, 통장 선거 현장, 어울림 남성 합창단 공연, 사회적경제 기업세무회계 교육, 마을공방 소개, 비대면 소통간담회, 과천아카데미 감정 코칭, 마을 꽃길 가꾸기, 안전교육, 과천혁신교육포럼, 벼룩장터, 양재천 꽃길, 모내기 수업 현장, 마을교육공동체 활동가 양성과정, 과천도가, 북작북작 꿈외학교, 일놀이 꿈의학교, 성인지감수성 훈련, 마을교육공동체 이야기마당, 작가를 만나는 우리말 글 강좌, 꿈의 학교가 만드는 과천축제, 페미니즘 동아리, 손끝활동 동아리 꼼지락, 벼 베기, 사회적 경제 마을공동체 한마당….

시민기자단으로 활동하며 상도 받았지만 무엇보다도 취재를 하다 많은 분들 만난 경험, 다양한 교육과 행사를 취재하면서 배운 꼭지들은 다시 마을을 가꾸는 자극과 상상으로 이어졌다. 학교에서 작은 마을신문을 마을 속 교육과정으로 펴내는 경험을 확장한 셈이고, 과천시를 가꾸는 실천이었다.

잘 먹고 잘 살기 - 마을 살림살이

좋은 사람들과 건강하고 맛있는 음식을 나누는 기쁨과 살림살이 이야기는 마을살이 재미다. 〈기후위기와 먹을거리〉, 〈슬기로운 소비생활〉을 이야기 한 적도 있지만, 사람이 잘 사는데 가장 중요한 우리가 먹는 음식, 함께 먹는 기쁨, 우리네 살림살이 이야기는 언제나 서로에게 울림을 준다.

잘 먹는다는 게 무엇일까.

봄이 오니 입맛을 돋우는 제철 음식이 떠오른다. 오늘은 무슨 반찬에 밥을 먹을까 고민하다가, 식당 밥값이 모두 올라 외식하기도 쉽지 않고, 장을 보려는데 물가가 올라 망설이기도 한다. 사람이 잘 먹고 잘 자고 잘 누고 잘 놀고 일하면 건강은 저절로 따라온다지만 바쁜 도시 사람들은 "잘"이란 말이 참 쉽지 않다. 무엇보다도 건강의 바탕은 잘 자고 잘 먹는 것이 으뜸일 텐데 잘 먹는다는 게 무엇일까?

사람마다 잘 먹는다는 기준이 다를 테지만 몸에 좋고 맛도 좋은 음식을 잘 먹는 기쁨이야말로 행복 가운데 하나일지도 모른다. 그래서일까요. 언제부터인가 TV와 유투브 채널 가운데 먹방이 꾸준히 인기 있다. 얼마나 많은지 여기도 저기도 온통 먹방 방송이다. 전국의 맛집을 찾아다니고, 시골의 숨은 밥상을 찾고, 한국인의 밥상을 주제로 나라 곳곳의 별미를 찾아다니는 방송은 산촌, 어촌부터 해외 식당 방송까지 날마다 쏟아진다.

과천에는 유기농 생협 매장이 많은 것으로 유명하다. 일찍부터 자녀들의 먹을거리에 관심 있는 부모들은 생협 회원이 되고, 시골 생산자와 도시 소비자의 직거래로 서로를 살리는 몸살림, 농업살림, 생명살림을 실천했다. 양지마을에서도 꾸준히 아나바다벼룩장터부터 쓰레기 없는 장터까지 늘 모두가 안심하고 먹을 수 있는 음식과 음식 재료를 나누어 왔다. 그런데 사람을 위한 건강하고 맛있는 음식 생산보다는 돈이 먼저인 식품산업과 수많은 식품첨가물, 지구촌시대가 되어 자유로운 세계농산물의 수출입과 식품마일리지. 공장식 축산과 지나친 육식, 태평양을 죽이는 일본 후쿠시마 방사능 오염수 방류들을 생각하면 사람이 먹을 수 있는 게 얼마나 될까 먹을거리 걱정을 안할 수 없는 세상이다. 사실은 먹을거리가 문제가 아니라 지구인들의 삶의 방식의 전환이 더 핵심이고 더 중요한 이야기라는 생각이 든다. 먹을거리 하나로 우리가 살고 있는 세상과 지구인의 앞날까지 내다볼 수 있다.

한편 요즘 체감하는 물가가 정말 장난이 아니다. 식료품 값과 도시에서 살아가는데 필요한 공과금 및 생활비가 줄곧 오르고 있어 모두 걱정이다. 러시아와 우크라니아 전쟁으로 인한 세계 경제의 영향, 에너지와 식량을 거의 다 수입하고 수출에 의존하는 한국 경제의 구조 때문이기도 하겠지만, 빈부격차로 대표되고 끝없는 경제 성장을 추구하는 자본주의 경제 체제에서 도시 소비자로 살아가는 우리들의 일상일지도 모른다. 실질임금은 오르지 않고 주택, 교육, 의료, 공과금, 생필품 같은 사람이 살아가는데 기초가 되는 생활비는 해마다 오른다. 빈부격차는 점점 더 커져가고, 서민들 살림살이는 늘 팍팍하다. 국가 경제는 늘 어렵고, 살림살이가 어려운 사람은 언제나 팍팍한 생활을 하는 게 진짜 세상 이치일까? 사람이 사람답게 살아가는데 필요한 기본이 되는 소득 이야기가 절실한 때, 국민의 건강과 복지를 위해 우리들의 세금을 집행하는 정치는 모두에게 희망을 주고 안심이 되는 살림살이 이야기를 모아내고 있지 못다. 그래서 살림살이 이야기는 우리 경제 구조와 기후위기 시대 생산과 소비, 지구인들의 삶의 방식 이야기일 수밖에 없다. 끝내는 정치 영역이고 세상과 문명에 대한 거대담론도 필요하지만 일상에서 아나바다를 실천하는 마을의 실천도 소중하다. 두 배가 넘는 도시가스비가 나와 깜짝 놀라고, 물가 때문에 외식과 장보기를 줄이고 주저한다지만 사실 우리가 지금 누리는 석유문명에 기반한 소비생활은 과거에는 꿈도 꾸지 못할 정도로 넘치는 풍요이다. 우리 문명을 지탱하는 석유와 원자력에 벗어나 탄소중립사회, 에너지 전환, 지속가능한 인류문명에 대한 성찰은 갈수록 살림살이가 어려운 도시민들에게 닥친 과제이자 먼 세상 일이 아님이 분명해져 가고 있다.

그런데 우리는 인류가 만들어낸 문명으로 인해 지구가 위기에 처해있다는 불편한 진실에 동의를 하고 있을까. 자동차와 석탄발전소가 만들어낸 미세먼지, 미세플라스틱, 환경호르몬, 기후위기는 다시 지구 생태계의 모든 생명을 위험하게 만들고 있다는 과학자들의 의견은 또 어떠실까. 먹을거리와 살림살이로 재미난 이야기도 많은데 굳이 묵직하고 불편한 이야기를 줄곧 하는 까닭은 미래세대에 대한 미안함 때문이다. 우리 아이들이 살아갈 세상은 지금보다 더 낫기를 바라는 게 어른들의 간절한 마음이다. 기후위기나 물가인상으로 인한 먹을거리 살림살이 걱정이 없는 세상에서 우리 후손들이 살아가기를 바라기에, 지금 세대들이 불편한 진실에 눈을 감지 않고 하나라도 변화시켜보려고 애를 써야 하지 않을까. 마을에서 아나바다 장터를 열고, 건강한 먹을거리에 관심을 기울이고, 기후위기 비상행동에 참여하고, 좀 더 소박한 삶을 살아가려는 애씀이 그 시작이자 희망이리라 믿는다. 마을의 많은 실천이 소중한 까닭이다.

마을살이 상상
– 마을 주민이 꿈꾸는 마을을 설계한다면!

사람과 사람을 연결하는 공간과 예술이 가득한 우리 동네를 꿈꾸다

마을에 살며 우리는 우리 동네를 어떻게 가꾸고 싶을까. 아주 많은 게 있겠지만 여기에서는 무엇보다도 마을 주민들이 원하는 공간부터 우리가 날마다 마주하는 마을 골목과 거리에 대한 상상에 집중해본다. 얼마 전 문원동에는 행복마을관리소가 들어섰다. 마을에 필요한 빨래방부터 공유주방, 마을회의실, 다목적홀 같은 주민들을 위한 편의시설, 마을 환경관리, 취약계층 돌봄서비스, 거동 불편자 편의를 위한 택배 보관 및 전달서비스를 제공하는 다양한 공간이 가득해 모두의 부러움을 사고 있다.

도시는 한 마을에 살지만 서로를 잘 모르는 특성을 대표한다. 그러니 마을, 동네에 살지만 마을에서 일어나는 일들이 내 삶과 관련 없는 일로 다가설 수도 있겠지만, 마을에서 살며 마을 곳곳에 필요한 공간이 있다는 건 누구에게나 반가운 일 아닐까.

마을은 사람이 모여 사는 곳이니 도시의 특성이 있다 하더라도 함께 살기 위해 서로 있으면 좋겠다 싶은 게 있다. 함께가 아니더라도 내가 마을에서 살아가는데 우리 마을에 꼭 있으면 좋겠다 싶은 것은 모두에게 있을 거다. 가장 와 닿는 건 생활편의시설이겠다. 좀 더 나아가 마을에서 함께 뭔가를 해보려는 분들에게는 마을 공유 공간이 아주 절실하게 다가올 거다. 문원동 행복마을관리소처럼 마을에 빨래방이 있고, 함께 쓸 수 있는 부엌이 있다는 건 마을 주민들이 서로 만날 수 있는 기회를 여는 일이다. 그래서 마을 공유 공간은 아주 뜻이 있다고 볼 수 있다.

또 마을마다 작은 도서관, 생활필요시설이 작게라도 있다면 얼마나 좋을까. 물론 적정수요가 있어야 가능한 공간도 있다. 그런데 마을 사람들이 원하는 공간을 스스로 만들어가는 방법도 있지만 기본으로 공유의 공간은 공공재이니 과천시에서 애써 찾아야 하지 않을까. 공공재로서 공유공간만큼 마을과 동네를 풍요롭게 하는 것도 없을 것 같다. 공유 공간이 많은 마을을 상상해보면 참 행복하다. 아이들이 마음껏 뛰어놀 수 있는 놀이터, 마을 주민들이 즐겨 찾는 마을공원과 체육시설, 다양한 생활편의시설이 있는 복합문화체육공간, 서로를 웃음 짓게 하는 깨끗하고 아름다운 골목과 정겨운 거리, 자연과 어울려 사는 기쁨을 누리게 하는 산책 길, 주민들이 언제든 모여서 웃음꽃을 피울 수 있는 사랑방, 주민들이 함께 땀 흘려 일하며 행복한 마을살이를 누리는 작업장, 마을 냉장고, 마을 부엌, 마을장터, 텃밭들이 떠오른다. 더욱이 기후위기와 감염병 시대에는 자동차보다 걸어 다니는 사람들과 자연을 소중히 여기는 골목과 사람들의 관계를 이어주는 사랑방과 작업장이 어느 때보다 소중하게 다가온다.

내가 꿈꾸는 동네, 내가 줄곧 살고 싶은 마을이 되려면 마을에서 내가 살아가는데 꼭 필요한 공간이 충분하거나 부족하더라도 함께 찾을 수 있어야 가깝게 다가올 것 같다. 넓게 보면 우리 과천시, 또 우리 과천동에는 어떤 공간이 우리를 행복하게 할까? 과천시에서도 아주 넓은 동네 과천동 9개 마을 주민들은 어떤 공간을 꿈꿀까? 우리가 사는 양지마을을 가꾸기 위해 만약 우리가 꿈꾸는 마을을 설계하라고 한다면 무엇을 먼저 찾아야 할지 생각해봤다.

먼저 마을에 들어서면 마주하는 골목은 어떨까? 동네마다 아름다운 골목과 안전한 거리를 만나고 싶겠다. 그러려면 무엇이 필요할지 찾아보는 것부터가 시작이다. 양지마을에는 마을에 들어오는 길이 여러 군데가 있다. 과천동 주민센터 쪽에서 들어오는 길, 남태령 옛길과 양지마을 3로와 4로 쪽, 과천동농협 쪽 길이 있다. 마을에 들어서는 길부터 마을 곳곳 골목을 아름답게 꾸미고 가꾸는 상상과 함께 웃음이 있는 골목길을 꿈꾼다.

두 번째는 마을사랑방과 마을작업장, 마을 텃밭, 마을공연장, 마을부엌과 마을냉장고 같은 마을의 공유공간을 만들어 가면 어떨까? 앞서 문원동 행복마을관리소 보기를 들었지만 동마다, 마을마다 주민들에게 꼭 필요한 생활편의시설을 포함한 함께 어울리며 마을을 이야기하는 공간이 있으면 좋겠다. 과천시에서는 주민자치회 제도를 실시하려고 계획한 적이 있다. 주민자치 시대가 열리는 셈인데 풀뿌리민주주의를 실천하기 위해서라도 모두를 위한 공간은 꼭 필요하다.

기후변화와 코로나, 인류생존을 걱정하는 시대, 전환은 지구의 앞날과 지속가능성, 인류 생존을 위해 꼭 필요한 말이 되고 있다. 사람들의 관계 회복과 공동체성 회복을 중심으로 곳곳에서 마을공동체를 말하고 마을교육공동체를 가꾸어 가고 있다. 마을을 설계하는 디자인과 공간 상상이 줄곧 되어 서로를 행복하게 하면 좋겠다.

디지털시대와 마을

인공지능, AI와 Chat GPT로 세상이 떠들썩하다. 미래 산업과 미래사회를 떠올리면 다가오는 이미지가 있다. 우리가 어릴 적 만화와 영화로 만나던 미래세상은 어느새 지금 현실이 되었고, 다시 미래사회를 내다보는 만화와 영화가 쏟아진다. 기계가 지배하는 세상, 기계에 의한 인간소외 현상, 기계가 대신하는 인간의 노동, 사라지는 일자리, 어쩐지 행복한 장밋빛 미래보다는 인간과 사람에게는 우울하고 암울한 기계와 인공지능 세상이 우리에게 다가오는 듯하다.

사람과 인공지능 수퍼컴퓨터의 바둑 대결이 큰 화제였던 때도 이제 과거 속 사건이 되었고, 우리 일상 곳곳에 디지털 기술이 들어와 있다. 손전화로 집 난방과 가전과 전자기기를 멀리서도 조절할 수 있고, 집마다 지니와 시리를 불러 음성으로 필요한 정보와 대화를 나누는 기계도 있다. 그것뿐인가, 운전대를 잡지 않고도 고속도로 주행을 할 수 있는 앱이 차에 장착되어 있고, 손전화에는 수많은 앱이 깔려 어디서나 필요한 정보를 찾을 수 있다.

최근의 인공지능 CHAT GPT로 다양한 사업모델들이 쏟아지고, 인간의 영역으로 여겼던 창작 또한 CHAT GPT가 수행하는 놀라운 시대가 되었다. 학교에서는 스마트기기가 일상이 된지 진작이고, 1인 1pc 보급이 교육정책이 되었다. 디지털 기술이 놀라운 속도로 우리의 모든 영역에서 삶을 바꾸어내는 때 우리 마을 사람들은 어떻게 디지털 기술을 만나고 있는지 이야기를 나누고 싶다. 전문가의 뛰어난 의견도 좋고, 마을 주민들이 일상으로 만나는 디지털 시대 이야기가 참 많았다. 사람과 인간의 삶이 중심인 디지털시대 행복사회를 꿈꾸며 지금 우리에게 필요한 디지털 교육은 어떻게 이뤄져야 하는지 살펴볼 때다.

교사의 시간과 마을활동가의 시간

아침나절에 동네 청소를 하고, 마을손바닥공원에 꽃을 심었다. 마을 속 작은 학교 교장은 마을활동가로 마을을 가꾸는 일에 참여하고 마을공동체 일을 찾아낸다. 마을에서 마을 속 교육과정으로 학생들과 또는 마을공동체 가꾸기로 마을주민들과 처음 시작해 지금은 자리를 잡아가거나 시도한 영역들이 많다. 마을이 학교가 되려면 마을을 위해 발 벗고 나서고 동네사람들과 어울려 일해야 한다. 많은 주민자치 연수와 워크숍에 일부러 시간과 품, 비용을 내고 참여하는 까닭이다.

지금이야 이렇게 바깥 활동과 마을을 가꾸는 까닭을 많은 분들이 이해하고 마을 속 작은 학교로 자리 잡아가는 데 중요한 힘이라는 걸 알지만, 과거에는 바깥 활동을 하는 까닭을 함께 살펴야 했다. 처음 마을을 가꾸는 마을 속 교육과정을 제안할 때 "마을 일은 마을 사람들이 알아서 하도록 하고, 우리는 교육활동만 열심히 하자."는 이야기도 있었다. 마을 속 교육과정과 마을교육공동체, 마을에 대한 이해보다는 교육활동과 아이들에게만 집중하기에도 벅찬 현실이기도 했다. 또 교육공동체가 마을교육공동체로 나아가 마을을 가꾸는 교육의 힘이 고스란히 우리 학교와 교육을 살찌운다는 것을 실천하기에는 여력이 없었던 게다. 또 그렇게 마을 일을 하고 마을 속 교육과정으로 마을을 가꾸는 삶을 보여주지 못한 탓이기도 했다.

그러나 이제는 마을을 가꿔온 수많은 활동 덕분에 우리 아이들을 품어주는 마을을 꿈꾸고, 도시 속 마을을 사람 냄새 나는 우정과 환대의 공동체를 가꾸려는 애씀은 함께 가는 것이란 걸 모두 알고 있다. 마을과 분리된 교육기관은 미래 교육 방향과 어울리지도 않는다. 마을 속 작은 학교를 내걸고 마을교육공동체를 가꾸는 실천은 꾸준해야 한다. 그러기 위해 지역의 많은 교육 현장들과 협력하고, 마을 자치와 교육 자치를 가꾸는 데 정성을 쏟아야 한다.

양지마을과 과천동, 과천시, 경기도에서 교육 자치와 마을교육공동체를 가꾸는 활동은 학교의 앞날과 우리 고장의 교육을 위해 꼭 필요하다. 더 참여하고 애쓸 노릇이다. 물론 중심은 맑은샘 교육활동의 안정과 교육공동체를 튼튼하고 가꿔가는 힘에 있다. 우선순위 차례도 있고, 함께 가야 할 몫도 알맞게 힘을 쏟아야 한다.

아이들과 살아가는 교사의 시간, 마을주민들과 마을을 가꾸는 마을활동가의 시간이 줄곧 된다. 때로는 겹쳐서 학교 교육에 우선순위를 두지만, 대체 계획이 있으면 마을 일에 달려간다. 교육재정이 부족하니 교사 수가 적어 교장은 영어와 수학도 가르치고, 장구도 가르친다. 교사들이 차례로 월차를 쓰면 하루 담임도 맡아야 한다. 축복의 시간들이다. 운전기사도 하고 일놀이 선생이 되기도 하지만, 그밖 시간은 모두 컴퓨터 앞에서 행정교사가 되어 서류를 쓰고 보내고 통화하고 상담하고, 회의를 한다. 또 강의 채비를 하고 교육 연구를 한다. 그래서 늘 우리 아이들은 컴퓨터로 무얼 하는지 물어주고, 때로는 어깨를 주물러주며 응원의 말을 건넨다. 교사들은 일찍 퇴근시키려 애쓰지만 교장은 해당사항 없다. 야근과 주말 일정까지 자주 있으니 말해 무엇하랴. 누가 그렇게 하라고 시키지 않는 일을 스스로 하는 것이니 모두 스스로 몫이다. 작은 교육공동체와 마을 속 작은 학교를 가꾸고 지켜가는 건 쉽지 않다. 함께 하니 가능한 일이고 열정과 책임, 보람과 기쁨 없이는 진작 그만뒀을 삶이다.

학교 일만으로 바쁠 텐데 대안교육연대 일도 하고, 늘 마을 일을 기획하고 참여하고 어울리고 있는 걸 보는 분들 가운데에는 하나라도 더 도와주려는 사람이 있다. 물론 힘을 보태지 않는 말이 어찌 없을까마는 마을 속 작은 학교와 마을을 가꾸는 즐거움에 견줄 수는 없다.

아이들이 살만한 세상은 학교 교육만으로 만들어갈 수 없는 현실과 미래를 마주하며 세상과 사람에 대한 긍정과 낙관, 희망 없이 어찌 아이들 삶을 가꾸겠는가. 멈추지 않는 인간과 자본의 욕심과 이기심은 끝내 파국으로 치다를 것이라는 절망 속에서 지금 서 있는 자리에서 꿈을 꾸고 희망을 노래하는 건 나와 우리 아이들의 삶이 소중한 까닭일 뿐이다.

마을신문 봄호 기획이 시작되었다.

교장, 그 어려운 이름으로

2022년 전국대안교육현장 교장단 모임의 이름이다. 삶을 위한 교사대학에서 주최한 첫 모임에 전국 22명 교장들이 모였다. 관심과 호응이 커서 해마다 모임이 이루어지고 있다. 크게는 인가형 공립대안학교 교장들과 등록대안교육기관 교장들이 모였는데, 〈그 어려운 이름으로〉를 〈그 무거운 이름으로〉 읽었다는 분들이 많았다. 전국에서 모인 까닭은 단순했다. 한두 해 일은 아니고 5년에서 10년 동안 대안교육의 지형이 크게 바뀌고 있는 과정이라 대안교육의 앞날과 생존(지속가능성)에 대한 관심이 어느 때보다 크기 때문이었다. 더욱이 많은 대안교육기관들이 신입생 감소와 재정위기로 어려운 때, 대안교육기관법에 따라 등록을 앞두고 있어 함께 앞날을 모색하자는 제안이 모임으로 성사되었다.

서로 인사를 나누고, 인가형과 비인가형 두 모둠으로 나뉘어 이야기를 나눴다. 비인가형 교육기관 교장들의 참여 열의와 연수 의지는 대체로 높았다. 교장이나 교사대표란 이름으로 학교를 총괄하는 노릇을 맡은 분들의 삶은 어느 학교나 비슷한 게 많아서 모임에서 나누고 싶은 주제들이 자연스럽게 모아졌고, 앞으로 크게는 대안교육기관법 이후 중장기 대안교육 관련 법률과 정책연구, 교장을 위한 연수(지역마다 돌아가며 학교 탐방 겸 연수, 교장단 해외연수), 현장연구+컨설팅 꼭지를 채비해가기로 했다.

당시 전국대안교육현장 교장단 모임에 앞서 삶을 위한 교사대학 이사회가 먼저 있었다. 삶을 위한 교사대학은 대안교육현장 교사 양성기관이자 대안교육 연구기관이다. 일찍 가서 교장단모임을 함께 채비하고, 공식 모임을 마치고 비인가 대안교육기관에서 일하다 공립대안학교 교장으로 가신 분들과 삶을 위한 교사대학 이사회는 따로 2부 행사를 가졌다. 오랜 세월 대안교육을 부여잡고 살아온 분들이라 멀리 떨어져 살다 만난 한 식구 같은 정이 넘쳤다. 진한 우정을 쌓는 데 하룻밤이면 충분했다. 현장에서 겪는 비슷한 교장의 무게, 교육공동체와 교사회에 대한 고민, 앞날 모색, 정말 많은 이야기를 나누며 앞날을 기약했다. 술김에 무슨 일이 기획되거나 모색되기도 하는데 당시에도 그랬다. 어느새 다음 모임을 준비하는 기획단이 되어 일정을 두 개나 잡아버렸다. 진짜 바쁜 사람들이 저지른 일이다. 반갑지 않으면 그럴 수 없는 일정이다. 저마다 속한 현장에서도 바쁘지만 교육운동에 대한 눈길을 거두지 않고 연대하려는 기쁜 마음을 읽었기에 가능했다. 배울게 많은 분들과 만남은 언제나 즐겁다.

그런데 그때 돌아오는 기차 안에서 찬찬히 내가 하고 있는 교장 일을 떠올려보게 되었다. 언제나 되돌아보기는 부족함에 대한 성찰이다. 반성이자 교훈이다. 그동안 정말 많은 사람을 만나고 또 새로운 일을 진전시키고 기획했다. 새로운 영역은 크게는 마을교육공동체 가꾸기와 법인설립과 운영이었다. 꿈의 학교로 대표되는 마을교육공동체 활동은 포럼, 신문, 토론회, 강좌들을 모두 기획하고 진행하는 것들이라 주말과 평일 저녁에도 시간을 내야 했다. 마을 속 작은 학교로 자리 잡기 위해 벌여온 자치단체와 마을 관련 많은 위원회 참여와 회의, 활동을 늘려갈수록 늘어가는 교육청 관련 위원회와 회의 모두 새로 개척하고 만들어가는 업무이다. 경기도 대안교육신고제, 경기도교육청 등록대안교육기관 신청, 비영리민간단체 갱신, 법인 설립과 공익법인 신청, 법인의 예비사회적기업 지정 신청 들이 굵직한 일처리였다. 한 가지 일처리마다 붙어가는 서류가 진짜 많다. 따라서 행정교사 없이 교장이 모두 행정실 업무를 처리하는 것은 스스로 생각해도 놀라운 일이고 힘이 드는 일이다. 그 틈에 연구와 발표, 애정을 쏟는 대안교육연대 위원회와 삶을 위한 교사대학 관련 일은 또 다른 삶을 기쁨을 주기도 했다. 스스로 삶을 살찌우고 교사로서 교육운동가로서 정체성을 확인해가는 시간이었기에 몸은 힘들지만 언제나 반가웠다. 그래서 컴퓨터 앞에서 처리하는 일이 많으니 행정교사 같다는 말을 들을 때면 내가 하는 일 가운데 행정 일은 일부일 뿐인데 하는 말을 되뇌곤 했다. 회의와 서류, 만남과 기획은 아이들과 하는 교육활동이 주는 즐거움과 다른 차원의 재미도 있다.

교사로 정체성은 아이들과 함께 하는 것이고, 교육행정가와 마을활동가로 정체성은 기획과 회의, 서류로 대표되는 것이다. 사실 교육행정가과 마을활동가는 많은 교사들의 교육활동을 뒷받침하고 교사로서 정체성을 세우도록 돕는 일이다. 마을 속 작은 학교로 자리 잡도록 하는 마을교육공동체 활동은 대안교육기관의 어려운 재정 형편과 앞날을 위한 적극 모색이다. 더 크게는 우리 아이들이 살아갈 마을과 사회를 가꾸는 활동이다. 교육은 삶을 위해 있다. 삶을 가꾸고 삶을 위해 존재한다. 그러니 넓은 범위에서 교장이 벌이는 활동은 교육운동이다. 교육행정가에 그치지 않고 마을활동가로, 교육현장을 마을 속 민주주의 산실로 가꾸는 자치 활동이다. 주민자치와 교육 자치를 마을교육공동체에서 연결하는 중심에 서서 맑은샘을 가꾸는 활동이라고 생각하고 실천해왔다.

그런데 기본으로 자치단체에서 받은 지원금을 위한 회의 정도만 참가하지, 마을교육공동체 활동으로 대표되는 자치단체 위원회와 마을 활동, 재정지원을 끌어오는 공모사업, 연대활동을 줄이라는 이야기를 하는 분을 만날 때가 있다. 고마운 말씀이다. 더 집중해서 할 일은 학교 안의 일 아니냐는 주문인 셈이다. 그 말도 맞다. 그런데 할 수 없는 일을 벌여서 학교와 교육공동체를 어렵게 하는 건 아니기에 오히려 부탁을 하고 만다. 그런 부분이 보이면 언제나 알려주시고 부족함이 있다면 함께 채워주시라는 부탁 말이다. 사서 고생하는 모습을 보면서 건강 걱정하는 분들도 많다. 그래서 교육공동체는 사랑의 품이다. 행여나 사랑하는 마음이 없이 건네는 도움말은 그저 지나치며 하는 말이고, 자신의 눈길, 내 욕구와 다른 모습에 대한 불안이 본 뜻과는 다르게 긍정의 기운을 전달되지 못한다고 느낄 때가 있었다. 그러나 교육공동체는 넉넉한 품으로 틈을 메우고 새로 개척하는 일을 응원하고 격려해왔기에 새로운 일들이 완성되거나 성사될 수 있었다. 혼자서 할 수 있는 아니기에 그렇다. 누군가 새로운 일을 벌일 수 있는 건 그만큼 묵묵히 뒷받침하는 힘과 사람이 있기 때문이다. 그래서 이끄미는 자신을 내세울 수 없다. 내가 한 일은 우리 모두가 한 일이기 때문이다. 그 시간에 다른 이들이 성실하게 교육활동을 책임지고 있기 때문에 새로운 업무를 열고 마을과 학교를 연결하는 노릇을 할 수 있는 것이다.

그런데도 새로운 일을 기획하고 벌여나가고 앞날에 필요한 것을 하나하나 진척시키고 있는 세월 동안 놓친 건 무엇인지 들여다보니 참 많다. 보이는 게 많으면 일도 많고, 몸놀림이 빠르게 일처리도 더 많아지는 법이다. 그렇다고 해서 되돌릴 수 있는 일이 아님을 안다. 하고 싶지 않다고 해서 안 하면 탈이 나는 일들은 그만한 수고로움과 힘을 쓰게 된다. 당시 교장단모임에서 보여준 교장 업무목록을 보며 내가 쓴 목록을 겹쳐보니 내 목록표가 더 길었다. 하지만 사실 거의 같은 생활임을 안다. 대안교육기관 교장 일은 만들면 끊임없이 만들어지는 영역이다. 밤낮이고 주말이고를 가리지 않고 일은 있다. 입학상담과 면담, 많은 학부모 상담이 그렇고 회의가 그렇다. 교육공동체 소통의 업무가 가장 많다고도 볼 수 있다. 시설 일부터 되도록 부모 교사가 함께 하는 활동에 빠지지 않으려고 애를 쓰고 있다. 그런데도 부족함은 늘 식구들이 채워주고 있음을 안다. 교육공동체 소통과 학교를 위한 일상 업무가 그만큼 방대하고 총괄하는 영역은 많다. 일을 나눈다고 해결될 부분이 아닌 것도 있고, 재정 부족으로 교사충원이 이루어지지 않은 상태에서 어쩔 수 없이 처리해야 할 영역도 많다. 교육과정을 책임지고 일상교육활동을 뒷받침하며 교육공동체를 가꾸는 일만으로도 넘친다. 그런데 지역사회와 교육청이나 자치단체와 함께 하는 일은 모두 일상교육활동과 교육과정을 뒷받침하는 것들이 많다. 마을 속 작은 학교와 마을교육공동체를 가꾸려는 교육기관일수록 교장의 일은 더 늘어난다. 그러니 현재 하는 교장의 일과 영역을 보고 나는 그렇게 못한다는 사람이 나올 수 있는 법이다. 20년 넘게 지역사회에서 살면서, 마을활동가로 활동하며 맺은 관계와 인연은 갑자기 얻어지는 게 아닌 까닭이다. 그래서 교육과정 총괄과 일상교육활동, 교육공동체 가꾸기, 학교 운영과 교사회 운영 총괄이 기본이고, 나머지 연대 범위와 연구는 사람에 따라 다르게 개척되어갈 것이다.

그래서 맑은샘학교 첫 교장 업무를 만들어가는 사람은 일을 나누고 가르고 정리해가야 하는 줄 안다. 행정교사를 채용해야 하고, 업무를 분장하고, 중단기 과제를 정리해가야 하기에 더 일이 많은 지도 모르겠다. 누가 하더라도 필요한 표준 업무는 그렇게 정리될 것이다. 물론 그걸 넘는 활동은 그만한 세월과 인연, 관계로부터 나오니 판단해서 정리하면 된다. 갑자기 교장이 됐다고 여러 곳에서 부르고 하지 않기 때문이다. 할 수 있는 만큼 하나씩, 보이는 만큼 하나씩 채워 가면 된다.

행정교사를 채용하기 위해 올 봄 정말 많은 서류를 썼다. 또 바깥재정지원을 위한 서류들은 늘 쏟아진다. 모두 학교를 위해 필요한 재정지원을 끌어내기 위해 일부러 찾아서 시간과 정성을 들이는 신청서류들이다. 무수히 많은 서류들이 현실에서 사람으로 재정으로 환원되면 참 기쁘다. 그렇기에 왕머슴이라는 교장 노릇은 보람과 추억이 쌓인다.

어느 틈에 한 해 정도 빼고 특별한 까닭과 안타까운 사정으로 학기 모둠 선생 노릇을 하며 교장 일을 봤다. 물론 과거에는 담임을 하며 교장(당시 대표교사라 불렀다.) 노릇을 했다. 언제나 어린이들과 하는 교육활동은 신이 난다. 또 오랫동안 쌓여온 교육활동에 대한 경험과 아이들에 알맞은 활동꼭지를 구상해 그린 교육 밑그림을 아이들과 채워가는 기쁨은 모둠 선생이 누리는 기쁨이다. 날마다 아이들 눈을 마주하고 아이들 이야기를 듣고 그이들이 쏟아내는 온갖 감정과 사랑을 받아내는 위대하고 아름다운 일 아니던가. 그래서 교장 노릇 하면서도 모둠을 맡는 일은 어렵지만 참 행복했다.

교사의 길, 교육행정가의 길, 마을활동가의 길, 사회적 경제기업가의 길을 동시에 걸어가는 처지에서 보면 어린이 교육이라는 테두리로 모두 한 구슬처럼 꿸 수 있는 삶이다. 더 집중해서 살아갈 길이 무엇인지 함께 모색하고 꿈을 꿀 때다.

교사의 길

우리는 아주 오랜 세월동안 협력과 상호의존의 유전자를 지니고 살아왔다. 그래서 사람이라 부른다. 동물과 구분 짓는 인간이라 부르기보다 사람이라고 말이다. 다시 말해 사회 속에서 살아가는 존재가 사람이다. 어울려 서로 협력하며 살아가는 존재가 아니면 사람이라 부를 수 없다 말하면 비약으로 들릴지도 모른다. 그런데 저마다 타고난 성격과 기운, 개성은 모두 사회에서 살아가기 때문에 존중받고 인정받는 것이다. 따라서 사회를 떠나 혼자 섬에서 산다면 존중받을 것도 인정받을 것도 없다. 그저 혼자 알아서 살아가면 된다. 어떤 모습을 보이더라도 된다. 화를 내도 되고, 소리를 질러도 되고, 말을 안 해도 되고, 무엇을 하든 자연만이 알아줄 것이다. 그런데 사람이 모여 사는 사회는 다르다. 자연의 이치대로 다양성이 존중되는 사회에서는 사람이 함께 살아가며 지켜야 할 규칙과 예절, 약속들이 생겨났고, 그것을 어기는 사람은 마을에서, 공동체에서, 조직에서 격리되거나 배제가 되어온 게 사람들의 역사다. 그래서 사람을 사회 속에서 살아나는 존재라고 했다.

　사회와 조직에서 살아가는 일반론 같은 이야기를 자세히 들여다보면 보편의 진리가 들어있음을 늘 확인한다. 오랜 세월동안 사람들에게서 전해져 내려오는 이야기 말이다. "아니 땐 굴뚝에 연기 나랴."란 말처럼. 그래서 요즘 세상에서 살아남기 위한 처세술에 그치지 않고 사회 속에서 사람으로 살아가는 방법을 찾을 때 고대의 진리가 답일 때가 많아 많은 사람들이 고전을 읽는다. 우리는 사회에서 어떤 사람이 되고 싶은 걸까. 일터에서 어떤 관계를 맺기를 바라고 함께 살아가는 사람들에게 어떤 사람으로 보이고 싶은 걸까. 그런 사람이 되고 싶으면 그렇게 말을 하고, 행동을 하고, 마음을 쓰라고 한 스님의 말이 떠오른다. 그런데 그게 참 어려운 게 중생들이다. 착한 사람으로 살고 싶으면 착하게 말을 하고 착하게 행동을 하고 착하게 마음을 써야 하는데 세상살이가 어디 그렇게 되던가. 별별 사람과 별별 일이 모두 우리를 날마다 시험하고 유혹하기에 참 어렵다. 생태 이야기 하며 자동차를 버리지 못하는 우리네 삶이 딱 그렇다. 뭐 이런 게 한 둘이겠는가. 불편한 진실들은 내 삶 곳곳에 숨어 있다.

선생으로 살기로 마음먹은 사람들이 살아가는 사회에서도 큰 차이는 없다. 저마다 살아온 역사가 다른 사람들이 학교와 아이들을 위한 철학에 의지해 호흡을 맞추며 살아가고 있으니 비슷하다. 저마다 살아온 역사가 다르다. 이게 정말 중요하다. 한 사람으로 성장하기까지 겪은 경험, 버릇, 성격, 기운이 다른 사람들이 함께 산다는 것은 정말 대단히 설레는 일이고 웅장한 일이다. 인간에서 사람이 되는 역사처럼 말이다. 서로 다른 사람들이 같은 목표와 꿈을 지니고 살아가는 것이야말로 차원이 다른 기쁨이다. 그런데 공통의 목표와 꿈이 있더라도 저마다 살아온 역사에서 만들어진 세계관과 인생관은 쉽게 바뀌는 게 아니다. 뇌 과학에서 보면 사람은 잘 안 변한다. 25살 이전까지 습득된 가치와 경험이 그 사람을 지배한다고 보는 것이다. 그래서 학습이 아주 중요하다. 나이가 들어서도 줄곧 학습을 하는 사람은 변한다. 수많은 뉴런이 관계를 맺고 맺어 시냅스를 만드는 활동을 줄곧 한다. 그래서 학습하는 중년과 노년의 뇌는 더욱 조화롭고 성숙해가며 경륜, 지혜를 드러내게 된다. 그런데 반대로 학습하지 않는 뇌는 그 상태로 멈춰있다. 25세 이전에 형성된 세계관과 인생관이 평생을 간다. 뭐 평생을 가도라도 사회에서 좋은 사람, 훌륭한 사람으로 인정받을 만큼 함께 살줄 안다면 그것도 나쁘지 않다. 그런데 보통은 그렇지 않다는 게 문제다. 학습하지 않는 뇌는 그 사람을 꼰대로 만들어버린다. 꼰대란 말을 사전에서 찾아보니, 학생들이 쓰는 은어로 선생, 아버지, 늙은이를 말한다. 여기에는 긍정보다 부정의 뜻이 더 많다. 아주 오래전 어른들이 젊은이들 보고 했다는 그 말, "요즘 것들이란" 말하고 뭐 비슷한 거 아닐까. 젊은이들은 변하지 않는 기성세대를 꼰대라 부르고, 어른들이 아이들에게 철딱서니 없다고 말하는 것은 예나 지금이나 나오는 말이다.

꼰대란 닫힌 사람이다. 자기가 아는 것만 늘 말하고 꿈을 꾸고 도전하게 하는 이야기가 없는 사람, 그것이 틀렸어도 생각을 고치지 않고 자신의 세계관과 인생관을 되돌아보지 않는 사람을 꼰대로 부를 만하다. 나이가 들었다고, 선생이라고, 아버지라고 무조건 꼰대가 아니다. 나이가 들어가도 청춘의 삶을 사는 분들이 계시다. 늘 청년으로 사는 분들을 볼 때 우리는 존경심이 절로 일어난다. 문제는 개방성, 열린 의식, 도전과 모험 정신이다. 청년과 꼰대의 차이는 여기에 있다. 일흔이 넘어도 도전을 하고 불확실성을 즐긴다면 분명 청년이다. 물론 일흔 넘은 사람이 20대 청년 수준으로 말하고 행동하고 마음을 쓰면 안 된다. 몸이 견뎌내질 못하고 노망났다고 할 것이다. 중요한 것은 청년의 삶을 살자는 것이다. 보통 사람은 나이가 들어갈수록 변화보다는 안정을, 진보보다는 보수로 지향을 드러내는데 이것이 나쁜 것은 아니다. 청장년의 조화가 괜히 나온 말이 아니다. 새가 좌우 날개로 날듯이 사람 사는 사회도 청년과 장년이 조화를 이루어야 좀 더 나은 사회가 되겠다. 그런데 요즘 우리 사회는 노령화 사회가 되어가며 갈수록 편향된 성향이 나타나서 큰일이다. 더욱이 빈부격차가 갈수록 심해져가는 신자유주의 자본체제에서 살아남기 위해 청년들이 청춘의 특권인 패기, 용기, 도전의 삶보다는 안정과 돈을 쫓고만 있어 우리 사회 앞날이 아주 걱정이다.

선생으로 살아가는 사람들에게도 아주 큰 유혹이 많다. 왜냐하면 선생이란 일을 가르치는 일로만 보는 사람들에게 많이 나타나는 게 안정을 선호하는 경향이라서 그렇다. 안정된 교육 환경, 안정된 학생, 안정된 교육체계와 교육과정, 안정된 교사… 우리도 때에 따라 쓰는 말이지만 잘 살펴볼 필요가 있는 주제이기도 하다. 자라나는 학생들에게 안정된 환경을 만들어주는 것은 아주 중요한 일이다. 사회와 어른들이 다음 세대를 위해 꼭 해야 하는 종족 보존의 길이기도 하지만 인간이 사람으로 살아가는데 필요한 시기에 필요한 교육을 받아야 한다는 과제로 볼 때도 그렇다. 그런데 학생들의 교육 환경을 챙겨가는 것과 교사들의 안정을 추구하는 성향과는 나눠 볼 문제다. 선생이란 일을 앞서 살아본 사람으로 아는 것을 그저 전달하는 것으로 보지 않고. 함께 배우고 서로 가르치는 존재로 생각하면 더욱 그렇다. 안정된 교육 환경이란 말에 들어있는 유혹과 닫힌 가능성을 경계할 필요가 있다. 안정을 까닭으로 도전과 용기, 모험을 가로막는 사람들이 교육계에 가장 많은 것도 한 보기다. 대안학교 선생이든 제도권 학교 선생이든 선생의 삶을 사는 사람들에게는 가장 큰 화두가 될 수 있는 주제다. 이건 대안교육 내에서도 줄곧 나오는 이야기다. "많은 대안교육 현장들이 운동성을 잃고 현장에 갇혀 있다, 대안학교 교육과정을 안정시키는 것과 대안교육의 방향을 잃는 것은 다르다, 운동가보다는 교사를 직업으로 생각하는 교사들이 많이 들어오고 있다, 세상과 연대하고 소수자와 약자들과 연대하는 힘이 떨어지고 있다." 같은 말이다. 그래서 대안교육의 꿈과 목표가 뭐냐는 물음을 다시 던지고 처음 마음처럼 대안사회를 위한 대안교육이란 정의를 새기려 애를 쓴 것이다. 대안교육이 우리 사회와 교육에 끼친 긍정의 힘과 영향은 이미 다 알고 있으니 그것은 빼놓고, 정말 학교 현장들이 닫힌 현장이 되어가고 있는지, 세상과 연대하려는 마음이 부족한 것인지 자세히 들여다보고 터놓고 이야기를 할 필요가 있다.

정말 우리가 닫힌 자기들끼리 공동체에 그치고 있다

면, 소수자와 약자의 삶에 들여다보게 하는 교육을 펼치지 못하고 있다면, 안정된 교육을 위해 모험과 도전을 하지 않는다면 정말 문제이지 않을까. 대안교육이 아니라 자연과 자유를 내거는 사립학교일 뿐이다. 교육의 공공성을 빼버린다면 우리에게 남는 건 사적 이익 아닐까. 대안학교 교육과정을 안정시키는 것은 대단히 중요한 과제다. 그런데 대안학교 교육과정의 생명이 무엇인가. 바로 학생들이 살아나는 거 아닌가. 아이들이 살아나는 교육 과정은 당연히 아이들이 모험과 도전, 협력과 연대를 주인으로 함께 살아가는 중요한 가치로 깨달아가며 성장하도록 돕는 것이다. 그러니 자연이 가르쳐 준 불확실성과 다양성 존중, 사람들이 살아가는 세상 속 이야기가 교육에서 배어 나와야한다. 아이들은 그저 어른들이 만들어 놓은 교육 환경에서 자라면 되지 세상과 사회의 부조리와 불합리. 가슴 아픈 현실 따윈 몰라도 된다고 말하는 사람들이 정말 많은 세상에서 오롯이 교육의 바탕을 묻고 아이들의 삶을 가꾸기는 참으로 어렵다. 거대한 자본과 국가 체제에서 살아가는 우리들에게는 마을을 만들고 고장을 더 사람 살 만한 민주주의 사회로 만드는 노력은 바로 교육의 본뜻이고 대안교육의 지향이다. 아이들에게 들려주고 이야기이고 보여줄 세상이니까.

그래서 대안학교 선생 노릇은 도전의 삶이다. 운동의

삶이다. 가치의 삶이다. 그 과정의 행복이 날마다 가슴을 설레게 한다. 어떻게 아이들을 사랑해야 하는지 날마다 묻는 사람들이기에 아이들을 둘러싼 세상을 직시하며 가르칠 수 있는 용기를 끄집어낸다. 아이들과 잘 노는 것도 중요하지만 아이들이 웃을 수 있는 세상을 만드는 것도 교육이다. 우리 아이들을 따뜻하게 품어줄 마을과 세상을 함께 만들어가는 교육과정은 숨어있는 교육과정인 공동체를 살찌우는 방법이다. 배움에 대한 열정과 설렘이 없는 사람이 아이들에게 배움의 기쁨을 전할 수 없다. 아이들과 노는 것을 잘한다고 해서 모두 선생이라 부르지는 않는다. 아이들에게 들려줄 이야기와 나눌 꿈, 함께 배울 열정과 설렘이 없다면 그냥 놀이 친구일 뿐이다. 때에 따라 놀이 친구가 되어주는 것이 아주 중요한 때가 있지만 그것이 선생의 전부를 말할 순 없다. 그래서 꼰대가 되지 않도록 배움에 설레고 도전하는 열정을 품는다. 되돌아보고 성찰하여 함께 이 길을 가자 말한다.

선생의 삶을 살고 있다.

선생, 참 행복한 일이다. 또한 참으로 무겁고 때로는 힘겹고 하루하루가 반성과 성찰의 삶이다. 그런데도 참 행복하다. 아이들과 행복하게 살기 위해 선생의 길을 가는 것이다. 아이들이 날마다 우리를 자라게 하고 부족한 삶을 채워준다. 그래서 용기를 낸다. 부끄럽지 않게 아이들 앞에 서기 위해 날마다 자신을 꾸짖고 깨우며 공부하는 삶이 교사의 길이다. 아이들 앞에서 하는 말 한마디, 몸짓 하나가 얼마나 영향을 주는지 알기에 온 몸과 마음을 다해 하루를 살아야 할 몫을 정직하게 받아 안고 사는 삶이 교사의 삶이다. 아이에게 큰 소리라도 잘못 나가면 얼마나 미안하고 부족한 인격을 탓하는지. 날마다 우리에게 반성할수 있도록 안아주는 아이들이 있기에 고맙고 미안하다. 정말 즐겁고 유쾌하게, 치열하고 깊이 있게 자신을 단련하고 행복을 만들어가는 데 이만한 자리가 없을 것이다.

우리는 아이들에게 보여주고 싶은 삶, 아이들에게 들려주고 싶은 이야기를 얼마나 지니고 있을까? 우리는 아이들에게 물려주고 싶은 세상을 만들기 위해 얼마나 애쓰고 있는 걸까? 교사는 아이들과 행복하게 살면 되지 세상의 변화와 시대의 화두에는 눈도 돌리지 말아야 한다고 하는 저 교육 관료들의 어리석은 생각은 벌써 걷어치웠지만, 우리는 우리도 모르는 사이에 아이들 교육 활동에 온 몸을 쏟은 뒤 바깥세상을 바로 세우는데 힘을 보탤 시간과 여유를 조직하지 못하고 있지는 않은가. 우리 아이들의 삶을 송두리째 뺏어갈지도 모르는 일이 날마다 일어나는데 아무 것도 못할 때 드는 절망은 날마다 우리를 괴롭힌다. 그런데 그 힘겨움과 절망을 희망으로 바꾸겠다고 나서는 사람들이 또한 우리들이다. 그 힘은 오롯이 아이들에게 나오는 게 교사다. 아이들의 웃음을 지켜주고 싶다는 순간부터 우리는 철저하게 세상 속으로 눈을 돌리게 된다. 끝내 기후변화와 파국으로 치닫는 자본 소비 사회 앞에서, 거대한 전환을 만들어내기 위해서라도 약하지만 작은 몸짓부터 시작해야 한다는 것을 깨닫는다. 아이들과 아나바다를 실천하고 에너지 자립을 꿈꾸며 고물상을 가고, 자연 속에서 일과 놀이로 삶을 가꾸는 것은 오롯이 앞날을 위해 우리가 길러주고 싶은 감성과 버릇이다. 이러한 모든 학교 교육 활동에는 선생의 사상이 들어간다. 아이들을 살리는 철학과 세계관을 온 몸으로 받아 안아 내 사상과 인생관으로 바꾸어낼 때 우리는 아이들에게 할 이야기가 있다. 우리는 이렇게 날마다 아이들과 세상을 바꾸어내기 위해 필요한 활동을 조직하고 있기에 행복하고 자신 있게 아이들을 만나고 있다고 말 할 수 있는가.

　다시 묻는다.

　우리는, 나는 아이들과 무슨 이야기를 나누고 싶은 걸까? 선생이 꿈꾸는 삶을 살 때, 선생이 행복한 삶을 살 때 아이들과 더 행복하게 살 수 있다. 내가 바란 인생이고 내가 선택한 길이기에 머뭇거리지 않고 묵묵히 길을 걷는다. 그런데 때론 바람이 불고 폭풍이 몰아칠 때가 있다. 우리네 인생이 그런 것이기에. 그럴 때 곁에 있는 사람을 찾는다. 같이 같은 길을 걷는 사람을 말이다. 그런데 곁에 있다고 모두 좋은 건 아니다. 그냥 같이 걷기만 해도 좋은 때가 있지만, 함께 걷는 길의 목표와 쉴 때를 정한다면 또 다르다. 같은 공간에서 사는 것만이 아닌 같은 뜻을 품고 같은 꿈을 꾸는 단계는 참으로 어렵다. 내 외롭고 지칠 때 안아줄 가족도 있지만, 같은 일을 하며 처지와 마음을 이해하는 사람은 곁에 있는 동료다. 그냥 같이 일한다는 생각만으로도 좋은 사람들은 그냥 동료가 아니라 동지다. 그래서 우리는 서로를 동지로 부른다. 직장 동료에 그치는 관계로 서로 살 사람이라고 하면 굳이 이 어렵고 힘든 길을 같이 가자고 할 필요가 없다. 함께 공부하고, 함께 여행을 떠나고, 함께 아이들을 걱정하고, 함께 뛰어 놀고, 함께 먹고 자는 사람들이라 가족보다 사실은 더 많은 것을 나누고 함께 하고 있는 셈이다. 그래서 우리는 한식구라 부르고 또 그렇게 대해 왔다. 물론 생활을 같이 하는데 그치지 않고 서로를 세우는 긴장과 비판으로, 배움과 깨달음을 주고받는 사이로 살아간다.

그런데 우리 그렇게 살아가고 있나?

어느 곳에서나 전체를 보는 눈, 공과 사를 뚜렷하게 하는 것은 참으로 중요한 일이다. 전체를 보는 눈이 있다는 건 자기 노릇에 국한하지 않고 모두를 위해 필요한 일을 찾아서 먼저 몸을 쓰고 마음을 내는 것이다. 공과 사를 뚜렷하게 나누는 것은 개인 감정이나 자신을 중심으로 세상과 일을 바라보지 않는 뜻이 담겨 있다. 그렇기에 우리는 늘 자신이 맡은 모둠 안에 갇히지 않고 전체로 일을 나누고 함께 실천해왔다. 그렇지만 언제나 그렇듯 먼저 몸을 쓰고 부지런하게 움직이는 사람은 늘 있다. 저마다 보는 눈이 다르기에 저마다 관심 있는 영역에서 그렇게 살고 있는 셈이다. 부엌이 먼저 보이는 사람은 그것을 먼저 챙기고, 마당과 놀이터가 먼저 보이는 사람은 그것을 챙긴다. 교실이 보이는 사람, 창고가 보이는 사람, 교사실이 보이는 사람, 이끌고 챙기고 돌보는 차이와 영역은 저마다 다다르다. 그렇게 저마다 보는 눈과 부지런한 몸놀림으로 서로의 빈틈을 채우고 교사회를 완성해간다. 그런데 사람인지라 자신이 부지런히 몸을 놀리는데 다른 사람들이 줄곧 그렇지 않으면 힘이 빠질 수는 있는데 가장 중요한 것은 스스로 몸을 부지런히 몸을 놀리는 까닭은 자신이 좋아서 하는 것이고, 내가 하지 않으면 누군가 해야 하니 내가 하는 것이라는 거다. 사랑하는 마음이 없으면 나올 수 없는 마음이다. 누군가 해야 하니 함께 하도록 같이 계획하고 힘을 모으는 것도 마찬가지다. 혼자서 애를 태울 필요 없이 함께 즐겁게 일하면 된다. 내 성에 차지 않는 것은 내 마음을 다스리는 것이 첫째요, 다음이 함께 하도록 먼저 모범을 보이고 함께 하자고 말을 건네는 것이다. 우리는 아이들에게 정직한 삶을 말하고 있기에 사실 우리 눈에는 모두 보인다. 일머리인지 잔머리인지, 자신을 먼저 생각하는지 모두를 먼저 생각하는지, 필요한 일을 먼저 찾는지 주어진 일만 하는지, 조금만 되돌아보면 금세 알 수 있고 날마다 느낄 수 있다. 아주 자세히 정성을 다해서 사는 삶을 말하는 사람들이니 서로의 삶을 낱낱이 알고 있는 것이다. 교육공동체를 함께 가꾸어 가는 학부모들도 마찬가지다. 다 눈에 보이는 법이다.

우리는 동지로, 선생으로 삶을 존경하고 온 몸과 마음을 다해 산다. 때로는 아쉽고 안타깝고 기다리고 넘칠 때도 있지만 물 흐르듯 흘러가고 있다.

언제나 아이들 이야기가 주제인 사람들, 아이들 마음에 생채기 하나라도 날까봐 살피고 살펴 반성하고 성찰하는 사람들, 서로가 자랑스러운 사람들, 동지를 살펴 먼저 몸을 쓰고 배려하고 챙기는 사람들, 주인으로 함께 살아 앞날을 여는 사람들이 누구일까?

우리는 아이들과 함께 살겠다 마음먹은 그 첫 마음을 잘 지켜가고 있는 건가.

2장

생태전환교육

인간의 이기심이
생태 위기를 불러왔다.

 하나. 일 놀이와 자립교육

일 하기 교육과 자립

　'자립'은 도시에서 가능할까? 사실 어렵다. 그리고 교육현장에서 '자립교육을 한다는 것은 무엇인가?' 이 질문도 상당히 어렵다. 왜냐하면 우리 아이들이 살아가는 세상은 자립을 지향하는 사회가 아니고 도시에서 소비 지향, 물질 중심의 사회로 이미 들어섰고 그 속에서 살고 있기 때문이다. 그래서 '자립'이란 말을 하면 뭔가 뒤처진 것으로 생각하는 분도 더러 있다.

그런데 교육 속에서 자립을 담아내지 않으면 담아낼 곳이 없다. 예전에는 굳이 학교라는 틀이 없어도 부모와 교사의 삶을 보면서 저절로 자연스럽게 습득되었는데 요새는 그런 모습을 찾기가 어렵다. 그나마 대안교육 현장에서 자립이나 삶의 기술에 대한 이야기를 해서 삶을 위한 교육이 실천되고 있다.

기후위기, 피크오일 이야기가 더 우리 삶에 들어온 건 아마 후쿠시마 핵발전소 사고 이후다. 후쿠시마 사고가 나고부터는 '아이들에게 무엇을 가르쳐야 하나' 하는 생각이 더 크게 다가왔다. 그런데도 절망을 희망으로 바꾸어내는 것이 교육이다. 현장에서 이것을 어떻게 가르쳐야 하는지 치열한 고민이 이어지고 있다. 어쨌든 삶의 전환, 시대의 전환은 미룰 수 없는 삶이 되었다. 아이들과 함께 지내는 교사들은 교육에서 어떻게 그러한 고민을 담아낼까 무척 고민이 많았다. 다행히 대안교육에서는 대안학교 초반부터 생태주의가 학교 교육철학에 깊게 들어가 있는 현장들이 워낙 많아서 기후위기 시대 삶을 위한 교육, 생태전환교육이 자연스럽다.

우리는 우리 아이들이 살아가는 시대, 사회가 이미 인

간이 어찌 할 수 없는 상황에 진입했다는 절망감 속에 괴로워할 수밖에 없다. 답이 없고 출구가 없지만, 교육현장에서 앞날에 대한 이야기를 하는 방법이 뭘까 자꾸 연구하고 찾아보며, 할 수 있는 만큼 최소한 희망을 만들어야 하지 않을까.

대안교육 현장 교육과정을 어느 정도 훑어본 적이 있는데 기후변화와 생태에 관한 수업이 거의 다 교육과정 안에 들어가 있었다. 그런데 그것이 전면화 되어 있거나 살짝 스치듯이 지나가는 학교들의 차이가 좀 있다. 조금 더 생태전환교육을 전면화하기를 바라는 마음이 크다.

교육이 시대나 사회의 희망을 만들어가는 것이라면 교육과정으로 편성해서 삶에서 실천하도록 가르쳐야 하는데, 일선 교육현장에서 기후변화 기후위기 이야기를 내 삶과 상관없는 남의 이야기처럼 때로는 책 속의 멀리 있는 이야기처럼 체험 식으로 펼쳐내 아쉬울 때가 있다.

몇 해 전 유럽 청소년들이 기후위기 이대로 두면 안 된다고 일어서서 전 세계에 큰 반향을 일으켰고, 한국에서도 일부 청소년들이 기후위기에 대한 의식을 갖고 시위를 조직했지만 우리 사회는 여전히 반응이 없다.

교육과정은 우리가 오래된 지식을 재구성 하든 어쨌든 간에 학생들과 나누려고 하는 것들이다. 학교 철학에 따라 다 다르게 편성 되고 상상력은 펼치기 나름이다. 그래서 선생님들의 연수와 자극이 많이 필요하고 중요하다. 교육과정에서 상상력을 키우는 일은 교육의 바탕을 되돌아보는 것부터 시작해야 한다. 예수님이 제자를 가르칠 때 교육과정에 대한 개념이 있었을까? 그렇지 않았다.

그런데 현장에서 교과서를 쓰는 학교도 있지만 안 쓰는 학교도 있다. 또한 상상력을 담아내는 활동지도 만들어 낸다. 예를 들면 '생활자립'이면 교과통합으로 지식을 끌어낼 수 있는 힘이 매우 중요하다. 맑은샘에서는 '일놀이'라는 교과통합으로 하고 있다. 생활자립에서 가장 기본이 되는 것이 먹고 입고 자고 쓰는 식의주다.

인간이 살아가면서 가장 기본이 되는 능력들을 지금 다 돈에 의지해서 살아가고 있다. 하지만 예전에는 그렇지 않았다. 사서 쓰는 것이 다 나쁜 것은 아닌데 생산하는 것 자체가 아무런 가치가 없게 느껴지면 문제가 있다. 교실 안과 밖을 넘나들며 앎과 행함에 대한 이야기가 펼쳐지고, 삶을 바꾸는 것이 교육이다.

많은 분이 교육에 대한 정의를 내렸는데, 이오덕 선생님은 "교육이란 몸과 마음이 건강한 사람으로 키워 가는 일"이라고 말씀하셨다. 일단 몸이 안 아파야 된다. 자녀를 키워보면 일단 아프지 않으면 최고이다. 아파서 응급실 뛰어가면 아무 생각이 없다. "우리 아이 살려만 달라, 진짜 욕심 안 부리고 키우겠다"고 기도하게 된다. 하지만 아이가 건강하고 뭔가 잘 할 것 같으면 아이에게 지식이나 또는 아이 안의 뭔가를 끄집어내주고 싶은 부모 욕심이 작동된다.

이오덕 선생님은 '몸과 마음이 건강한 사람'이란 다음 네 가지로 말한 바 있다. 첫째는 몸에 병이 없는 사람, 둘째는 사람을 슬기롭게 하는 지식을 가진 사람, 셋째는 사람다운 넉넉한 감정을 가진 사람, 넷째는 도덕성을 가지고 행동하는 사람이다.

물론 앎, 지식도 대단히 중요하다. 몸과 마음이 건강한 사람으로 키워가는 것은 전인교육이다. 조화로운 발달 모두 다 같은 이야기다. 맑은샘학교는 '이오덕 사상'과 '생태주의' 교육철학을 갖고 있다. 맑은샘학교 교육 철학의 주요 내용은 다음과 같다.

- 자연보다 참되고 아름답고 훌륭한 스승은 없다.
- 자연 가운데 일하고 놀고 배워야 한다.
- 일놀이(노작교육)는 교육과정을 세우는 바탕이요 뼈대이다.
- 마을이 학교요, 마을 가꾸기가 교육과정이다. 마을 사람들이 선생이다.
- 삶이 교육이다

이를 바탕으로 한 맑은샘학교의 교육과정 얼개를 세웠다.

맑은샘학교 교육과정
- 일과 놀이 교육
- 자연 교육
- 삶을 가꾸는 글쓰기 교육
- 표현 교육
- 인지 교육
- 감성 교육
- 생활 교육

→ 이 교육들은 주인으로 더불어 살도록 돕는 교육과정인가?

이런 교육과정 준비를 위해서 교사들은 무엇을 준비하고 어떤 연수를 해야 하는지가 교사 연수 프로그램 내용으로 잡힌다. 그리고 부모에게는 이런 교육과정에 대한 이야기를 어떻게 나눌지에 대해서도 고민한다. 왜냐하면 대안교육 현장은 '교육 공동체'를 구성하고 있기에, 부모들이 학교의 교육철학을 이해해야 교사들의 교육활동에 대한 이해도가 높아지기 때문에 함께 공부를 한다.

삶을 위한 교사대학 해외연수 프로그램에 여러 번 참

어했다. 덴마크 교사들이 "행복하지 않으면 배울 수 없다." "학교는 아이들을 위해서 있다."라고 말씀하는 것을 여러 차례 들었는데 사실 우리가 하는 이야기들이다. 결국에는 아이들이 행복해야 하고, 학교를 가고 싶어 해야 한다. 학교에서 재미있어야 하고 재미가 좀 없어도 어떤 곳에서든 행복감을 찾을 수 있어야 한다.

하지만 한국 사회의 교육현실은 어렵다. 물론 학교에 밥 먹으로 가는 것 때문에 가거나 친구들 만나러 가고 또한 학원에서 만나는 친구들 때문에 재미나게 산다. 요즘은 스마트폰이 있으니까 그걸 보는 재미로 살기도 한다.

수많은 인류 지성들이 하는 말 중에 배움과 가르침에 대한 이야기가 많다. 아이들이 똘망똘망한 눈빛과 배우고 싶은 열망으로 쳐다보면 교사들은 얼마나 행복한지 모른다. 그런데 그렇게 아이들이 초롱초롱한 눈망울로 집중할 수 있는 요소들이 학교 곳곳에 있느냐 물어보면 없다는 대답이 더 많은 게 우리 교육 현실이다. 일상에 그런 것이 없으니까 아이들이 무기력하고 관심이 없다. 저마다 가진 재능에 집중할 수 있는 거리들을 일부분에 국한시키는 게 문제다. 보통 우리가 인지교과라고 말하는데 사실 따지고 보면 인지교과도 제대로 교육하고 있는 것은 아니다.

여하튼 입시에 억눌려서 그러한 재능들이 발휘가 안 되거나 못하니까 아이들이 교실에서 잠을 자게 될 수밖에 없다. 학교 현장에 계신 분들은 날마다 고민이다. "아이들이 행복했으면 좋겠고 아이들에게 도움 되는 사람으로 살았으면 좋겠다."라고 기도하는 마음으로 살고 있는 게 교사들의 삶이다.

> **풀 매기**
>
> **-김진서**(맑은샘학교 3학년)
>
> 호미를
> 옆으로 눕혀
> 도록도록 긁으면
> 풀이
> 그 가느다란 뿌리 한 가닥으로 버틴다.

위의 글은 한 문장이다. 풀을 매본 사람만이 이런 글을 쓸 수가 있다고 생각했다. 한 가닥으로 버틸 때 풀을 뽑고 씨름하는 과정이 그대로 그려지는 장면이 좋은데, 농사를 지어보면 안다.

생활자립의 영역에 '일하기 교육'이 있는데 노작교육이라고도 한다. 이오덕 선생님은 '일하기와 교육'에서 "일을 하면서 일의 참맛을 알고 일의 참뜻을 깨달아 사람다운 삶을 찾아 가지는 것, 이것이 우리 사람이 살아갈 오직 하나의 길이다."라고 했다.

우리는 일을 안 하고 살면 좋겠다고 생각하지만 일을 안 하고 살면 빨리 죽는다. 끊임없이 무언가를 한다. 꼭 돈을 벌기 위해서 하는 일 말고도 수많은 몸을 쓰는 것이 모두 일이다. 맑은샘에서는 청소, 설거지, 빨래 같은 자기 앞가림을 중요하게 가르친다. 초등학생이니까 아주 기본부터 스스로 자기 앞가림을 하도록 생활 교육을 대단히 강조한다.

1학년은 수업 시간에 빨래 빠는 법과 빗자루질 하는 방법을 가르친다. 한 번은 밖에서 빨래를 하고 널고 있는데 아이들이 "안 돼요. 선생님" 그런 적이 있다. 그래서 "왜?"라고 물었더니 "탁탁탁 털어야 돼요. 세 번!" 이란다. 세탁기가 있지만 전기를 많이 소모하니까 되도록 쓰지 않고 빨래판으로 손빨래하고 걸레도 빠다. 아예 '빨래 수업'으로 가르치는 삶을 위한 교육의 한 모습이다.

아이들의 일은 어릴 때부터 가르쳐야 아주 몸에 베인다. 아마 중고등학생들에게 처음 일을 가르치려고 하면 안 하려고 해서 아주 어려울 것이다. 절대 안 하려고 하고, 어렵다. 일은 어릴 때부터 가르쳐야 한다.

프랑스 교사 프레네는 "어린 시절은 가득 채워야 하는 포대가 아니라 넉넉히 충전된 전지와 같은 시기이다." 따라서 "아동에게 자연스러운 것은 놀이가 아니라 일이다."

라고 말했는데 앞서 이야기한 것과 같은 맥락이다. 아이의 본성은 일이라고 한다. 조금만 생각해보면 맞다. 아이들은 빨리 어른이 되고 싶어 하고. 형이나 언니들을 졸졸졸 따라 다닌다. 모방을 통해서 배운다. 사실 그만큼 일을 하고 싶은 것이다.

그런데 어릴 때 일하고 싶어 하는 싹을 요즘 부모님이나 교사들이 잘라버리는 경우가 많다. 아이가 "저도 설거지 할래요."라고 해서 하게 하면 물 튀고 난장판이 된다. 그러면 어른들은 그 이후로 "하지 마. 가서 책 봐."라고 말한다. 그러면 자립교육이 안 되고 설거지는 누군가 해주는 거라는 인식을 갖게 된다. 빨래나 다른 것들도 마찬가지다.

그런데 요즘 아시다시피 일반 제도권 교육과정 안에서는 아이들이 일할 기회를 박탈당하고 있다. 아이에게는 책을 보면서 머리를 쓰는 것이 다 일인 것처럼 말이다. 그것도 일이지만 다는 아니다. 사실 아이들의 뇌의 조화로운 발달을 막고 있는 게 현실이라고 해도 지나치지 않다. 뇌의 조화로운 발달을 위해서는 우리가 아이들에게 자립해서 할 수 있는 일을 가르쳐야 한다. 시작이 어렵지 일을 놀이처럼 하는 힘이 모두에게 있다. 그래서 어릴 적 일과 놀이는 하나다.

마늘종을 뽑을 때다. 마늘은 늦가을에 심고 겨울을 지나서 봄에 뽑는 겨울농사다. 중간에 잘 뽑아 주어야 그 영양분이 그대로 마늘로 가서 더 탄탄해진다. 이 마늘종을 뽑을 때 뽑는 소리가 아주 재밌다. 하지만 자주 툭 끊어진다. 그러면 마늘대 밑에 이쑤시개를 꽂고 뽑으면 더 잘 뽑히는데 아이들의 경우는 손힘을 적당하게 해서 어른들보다 더 귀신 같이 잘 뽑는다. 그만 하고 가야 하는데 재밌어서 안 가려고 한다. 일과 놀이가 분리된 삶이 많은 어른들에게는 일이 될 수 있지만 아이들에게는 재밌는 놀이가 된다.

청소나 빨래도 재밌게 하는 순간 재밌지만 일정 순간이 넘어가면 일이 된다. 일로 생각하게 되면 재미없다. 그래서 고학년들은 재미없어 한다. 청소년들 데리고 텃밭 활동하기 얼마나 힘든지 교육 현장에 있는 분들은 안다. 초등학생은 "이것만 하고 먹자."라고 아이스크림 하나로 다 유혹할 수 있다. 하지만 청소년들은 그것만 가지고 하기는 어렵다.

노작교육은 간디와 함께 비노바 바베(Vinoba Bhave)가 교육에 관한 이야기를 많이 들려주고 있다. 비노바 바베는 학생을 가르치는 선생에게는 적어도 다음 세 가지 자질이 필요하다고 말했다. "아이들을 지도하는 사람이라면 모름지기 자기 삶에 의문 부호를 달고 이를 충족시키려는 의욕이 있어야 하며, 계기가 생길 때마다 삶과 노동의 과정을 설명해 줄 수 있는 역량이 있어야 한다."고 했다.

학교에서 이런 삶과 노동의 과정을 설명해주는 일은 참 어렵다. 신입 교사를 모실 때다. 그중 한 분은 도시내기라 농사를 처음 접해보는 분이었다. 우리는 텃밭 교육을 중요하게 여기기 때문에 논농사는 물론이고 텃밭 농사도 해야 한다. 농사에 대해서 모르는 선생님은 여러 해 어린 이농부로 산 아이들에게 배운다. 그런데 "어머, 얘들아 나는 마늘 처음 뽑아보는 거야."라고 하면서 정말 즐겁게 한 덕분에 아이들도 더 열심히 가르쳐주었다. 배움의 과정도 비슷하지 않을까.

하지만 아이들과 무언가를 하려면 언제까지 교사가 아이들에게 배울 수는 없다. 교사는 '마늘의 한살이'를 연구해서 같이 해야 한다. 농사짓는 법도 배워야 하지만 농사 지식으로도 약간 지식체계를 갖추어서 설명해주어야 교과통합 수업을 구성할 수 있다. 과학이나 수학 교육도 그렇게 끌어내는 방식이 같다. 농사를 지으면서 그해 생물의 한해살이 자체를 설명해주는 힘이 있어야 하고 준비도 해야 하며 농사도 잘 지어야 한다. 보통 체험교육들이 '한 번 하고 내 삶과 관계없는 것'으로 인식되는 폐해가 있는데, 그렇게 되지 않도록 하는 것이 중요하다. 그런데 참 어렵다.

그래서 학교 교육의 얼개 중에서 일과 놀이 교육, 삶을 가꾸는 교육을 바탕으로 교과, 성별, 학년, 장애, 통합교육을 아주 열심히 펼치고 있다. 또한 전환교육과 삶의 기술, 생활기술 또는 적정기술이라고도 불리는 활동을 하고 있으며, '마을 속 교육과정'과 마을 속 작은 학교로 마을을 가꿔왔다.

- 일과 놀이 교육의 철학
- 일과 놀이 교육의 방법
- 일과 놀이로 어린이 삶을 가꾸는 교육
- 자연보다 참되고 아름답고 훌륭한 스승은 없다.
- 어린이는 자연 가운데 일하고 놀고 배워야 한다.
- 일과 놀이로 교과 통합을 한다.
- 일과 놀이, 배움을 하나로 한다.
- 잘 놀 줄 아는 아이가 몸도 마음도 건강하다.
- 아이들에게는 비어 있는 시간이 많아야 한다.
- 놀잇감이 많다고 잘 노는 것은 아니다.

이런 철학과 방법들을 부모들과 나누기 위해 일부러 글로 정리도 해보고 이야기도 많이 했다. "일과 놀이로 여는 국어 수업"이란 책이 그렇게 나왔다.

일과 놀이로 세상에서 함께 살아가는 능력도 키웠으면 좋겠고 아이들이 그 과정에서 집중력도 높였으면 좋겠고 보람이나 성취감도 높았으면 한다. 그런데 해답이 오래된 교육방식에 다 있다.

우리가 미래 세상에서 살아갈 아이들에게 들려줄 이야기는 무엇인가, 근대 교육을 받고 자란 교사와 부모들이 하는 진로 지도의 어려움은 무엇인가, 중등학교 아이들에게 대학과 사회를 이야기할 때 무엇을 들려주어야 하는가. 끊임없이 고민해야 하는 문제들이다.

대안교육 현장에서 '식의주' 영역을 다 건드리고 있는데, 예를 들어 프로젝트 수업에서 '밥 살림'이란 것을 하면 음식 하는 과정부터 진행한다. 그런데 음식을 만들려면 그 음식이 어디에서부터 왔는지 배우게 된다. 처음 농사를 하는 초보 농사꾼의 경우는 무엇을 심을까 고민하지만, 좀 하다 보면 '역시 땅이 중요하구나.' 라며 땅을 가꾸는 힘을 고민한다. 이렇게 연결하면 구조를 들여다보게 된다.

사실 대안학교의 힘은 구조를 바라보고 통찰력을 기르는 수업이 꽤 많다. 물이나 음식 하나만 가지고도 이것이 어디에서 왔고 누구의 땀과 정성으로 여기까지 왔는지가 책으로든 몸으로든 전체를 꿸 수 있는 내용이 많다.

가령 집 짓는 것도 마찬가지인데 대안학교마다 목공 수업으로 집짓기를 많이 한다. 집을 지으려면 지식과 기술이 정말 많이 필요하다. 지식도 많아야 하고 손끝에 필요한 힘도 있어야 하며 도구도 써야 한다. 과거부터 현재

까지 집의 역사 들을 알아보고 그것들을 다 지어보아도 된다. 그리고 집을 지어서 실제 살아야 된다. 집을 지어서 전시를 하려는 것이 아니니 만들었으면 써야 한다. 안 그러면 돈의 낭비일 뿐이다.

옷도 마찬가지다. 요즘 재활용이나 리폼을 많이 한다. 양말목 직조는 씨실과 날실이 얽히는 것이라서 간단하게 체험할 수 있어 자주 하는 손끝활동이다. 하지만 한 번 만들고 나서 안 쓰면 문제가 된다. 애써서 만들었는데 쓰지 않고 버리면 교육의 효과가 없다. 교육활동을 기획할 때 고민되는 부분이다. '전환'에 대한 거대한 이야기들을 많이 하는데, 교육과정 곳곳에 그런 장치들을 선생님들이 잘 배치하고 관점을 잡아줘야 한다.

사실 밖에 나가면 다 살 수 있는 세상이다. 아이들과 일 년 동안 나무 숟가락, 젓가락을 열심히 깎은 적이 있다. 5,60개씩 깎는데 얼마나 정성을 들였겠는가? 그런데 다이소 같은 곳에 가면 2천원이면 살 수 있다. 경쟁력이 안 된다. 그런데 교육에서는 사서 쓰는 것만이 답이라고 가르칠 수는 없다. 우리가 생산에서 이런 땀이 얼마나 소중한 것인지 알려주어야 한다. 물론 공장에서 찍어내는 기계에 대해서도 이야기해 줄 수 있다. 교육의 역할이다.

일과 놀이로 교과 통합을 하고 있는 것들은 목공, 음식, 농사, 식의주와 관련된 많은 손끝 활동들이 있는데 주로 표현 활동이 많다. 모든 게 양감을 익히고 일놀이와 교과통합 수업으로 연결되도록 채비할 필요가 있다.

'신문 만들기'는 일놀이 중에서 글쓰기까지로 연결되는 과정이다. 신문 만들고 배달하는 것도 모두 일놀이다. 생활자립에서 식의주 영역 말고 사들과 함께 살아가는 수많은 일 가운데 한 가지다. 아이뿐만이 아니라 어른도 마찬가지다. 글 하나를 쓰려면 먼저 취재를 해야 하고, 사람을 만나야 하고, 글로 정리하고 고치고 써서 마무리로 신문을 배달하는 것까지 하는 것이 중요하다.

시골에 있는 학교들은 주변에 땅도 많지만 도시에는 땅이 없다. 논농사를 15년째 짓고 있는데 과천이 다 개발되어서 논이 이제는 하나도 없다. 그래서 9년 전부터 군포 대야미 귀농운동본부의 도움을 받아서 군포 대야미로 가서 논농사를 짓고 있다. 예전에는 300평에서 600평으로 늘었다가 지금은 규모가 줄어들었다. 사실 대야미 농사공동체에서 많은 분들이 도와주서 가능한 공부다. 모 심고 중간에 두어 번 풀 뽑으러 가고 거둘 때 가서 일하는 게 전부다, 나머지 볍씨 틔우거나 모판을 하는 일 들을 하기에는 규모도 크고 거리도 멀다. 작게 농사를 지을 때는 볍씨를 틔워서 하기도 했는데 어렵다.

텃밭과 논을 구할 수 있어야 농사교육은 할 수 있다. 다행히 마을 인근에 그린벨트로 묶여 있는 곳이 있었고 마을 분들에게 무상으로 빌릴 수 있는 곳을 잘 찾아냈다. 500평 조금 넘어가고 점점 농사 일이 늘어나니까 부모님들께 같이 농사를 짓자고 하게 되었다. 마늘 농사도 아이들이 다 심었지만 풀 뽑는 일은 중간에 아이들이 다 여행을 가고 없어서 부모님들께 부탁해서 두어 번 풀 뽑고, 그러고 나서 아이들과 웃거름을 주고 거두고 하는 과정을 어른들과 함께 하면서 더 넓어졌다. 농사를 짓기 위해서는 밭과 논을 잘 찾아야 한다.

음식, 바느질, 뜨개질, 염색, 목공과 집짓기도 공간이 필요하다. 민원이 들어와서 집 지은 것을 하나 부순 적이 있다. 도시에서는 이런 민원 문제가 참 어려운 일이다. 목공도 그렇다. 목공실이 별도로 없으면 어마어마한 소음이 발생한다. 이런 문제를 잘 해결하는 것이 필요하다.

오히려 바느질이나 뜨개질은 조용히 하는 것이니까 소음 문제는 상관없지만 기술이 필요한 일이다. 그래서 전문가를 연결시킬 수 있는 교사의 기획력이 있어야 하고, 아니면 교사 자신이 그런 기술을 갖고 있어야 한다. 하지만 교사가 모든 것을 다 할 수는 없다. 마을의 전문가들을 연결하고 아이들을 사랑해서 그런 활동할 수 있는 분들을 끌어들여야 한다. 대안학교마다 프로젝트 형태로 이런 활동들은 다 하고 있다.

대안교육연대와 삶을 위한 교사대학에서 생활기술 연

수를 꾸준히 열어서, 직조, 바구니와 빗자루 만들기, 흙미장, 철공예, 티피와 스타돔, 발효빵과 술, 자전거, 태양광까지 다양한 기술을 습득할 수 있었다. 배운 생활기술 연수는 자꾸 써야 잊지 않는다. 학교 현장에 돌아가서 교육과정으로 풍부하게, 써먹을 수 있는 방법을 찾는 것이 교사들이 애써야 할 부분이다.

농사교육과 교과통합

텃밭 교육은 생태과학이나 우리의 절기를 다 담아낼 수 있다. 음식으로 발효와 화학 등을 연결시켜서 많은 활동을 끌어낼 수 있다. 그런데 갈무리가 중요하다. 농사짓는 것, 심는 것은 누구나 한다. 하지만 가꾸는 것, 풀 뽑기가 얼마나 힘든지는 아는 사람만 안다. 그 다음, 거둔 다음에 그것을 어떻게 하느냐가 중요하다. 텃밭에서 거둔 귀한 먹을거리가 밥상에 오르도록 해야 한다.

아이들과 거두어서 학교에서 어떻게 해서든 먹어야 한다. 자그마한 땅이지만 조금만 규모가 크면 많은 양이 나온다. 그러면 아이들과 함께 장도 담그고 발효를 시켜야 한다. 그런 노력들이 교육에서 중요하다.

메주를 만들기 위해서는 맨 처음에 콩을 심어야 한다. 사서 할 수도 있지만 심는 것부터 거두는 것까지 콩의 한 살이를 오롯이 겪어보는 건 쉽지 않다. 콩 농사는 학교에서 된장, 고추장을 담을 수 있다. 우리나라 음식 자립을 할 때 고추장, 된장이 가장 기본이 된다. 도시에서 식재료는 다 사서 먹어야 한다. 그래서 되도록 학교에서 새참으로 먹을 수 있는 것들로 농사를 많이 짓는다. 콩을 심고 거두는 과정을 온 몸으로 경험하고 잘 불려서 가마솥에 쪄서 메주를 만들며 다양한 공부를 한다. 해마다 발효시키니 간장이나 된장은 조금이나마 자립이 되고, 고추장은 만든 양에 따라 다르다.

몇 해 전에 콩이 워낙 잘 되어서 남은 것으로 두부를 만들었다. 두부를 만들려면 '응고'라는 과학 이야기를 해야 한다. 불리고 갈아서 순두부도 만든다. 그런데 어린이들이 두부를 그다지 안 좋아한다. 아삭아삭한 식감은 좋아하는데 물컹물컹한 것은 별로 안 좋아하는 어린이들이 많다. 그런데 놀라운 건 자기가 만든 것이라서 잘 먹는다. 따듯할 때 먹으면 맛있기도 하다.

이것저것 해보는 것도 교육이지만 이왕하려면 '줄곧' 해야 하고 일관성 있게 끝까지 마무리하는 과정이 굉장히 중요하다.

논농사도 마찬가지다. '벼의 한살이' 과정으로 심고 거두는 것까지 한다. 게상질부터 홀태, 탈곡기 같은 기계까지 다 경험한다. 낫으로 벼를 베다가 손을 다치기도 한다. 정말 조심해도 사고는 순간이라 그렇다. "요즘 제도권학교

에서는 위험해서 잘 안 해요. 그렇게 위험한 낫을 어떻게 아이들에게?" 라고 기겁한다. 물론 어렵다. 어렵다고 위험하다고 아예 시도하지 않는 건 알맞지 않다.

텃밭에서 거둔 농작물이나 여러 재료들을 많이 세는 활동을 하는 까닭은 수학에서 양감 익히기가 아주 중요하다고 보고 있기 때문이다. 고추도 세고 호박도 세고, 심지어 콩과 팥으로도 셈을 한다. 텃밭에서 거둔 것들을 수업 시간에 분류하는 법을 배운다.

1학년들에게 '100(백)'이라는 숫자는 어마어마한 큰 숫자다. 조금 유별나게 유치원에서 자기는 1,000(천)까지 배웠다는 아이가 오면 셈할 수 있는 것들을 주고 "천까지 세어 봐라."라고 한다. 왜냐하면 초등 과정에서 양감 훈련이 가장 기본이 되는 것이고, 직접 세어보며 얼마나 큰 숫자를 만나게 되는지 감각으로 온몸으로 느끼게 하는 게 먼저다. 어림으로 추측하는 힘이 길러지려면 양감은 기본이다.

우리 전래놀이 중에서 자치기 놀이도 마찬가지다. 3센티미터를 재어서 자치기 자도 일부러 만든다. 저마다 자치기 놀잇감을 만들어서 다 길이를 재어본다. '100자'가 어느 정도인지 직접 다 재어본다. 자치기를 열심히 하다보면 여기서 저기까지 50미터쯤 된다, 2미터쯤 된다를 어림으로 감각으로 알아차린다.

1톤이 어느 정도인지도 만들어 보며 익힌다. 1미터, 1미터 정육면체를 만들어서 가득 채우면 그것이 1톤이다. 이렇게 양감을 해본 아이들과 안 해본 아이들은 다르다. 수학 교육은 이런 양감 훈련을 바탕으로 해서 끊임없이 써야 한다. 그 다음에 추상화 단계로 들어가는 게 좋다. 초등 고학년과 중등 과정의 추상화 단계는 이런 감각을 깨우고 양감을 익히는 활동이 바탕에 깔려야 살아있게 된다.

하나 둘 셋 넷 다 안 세어도 아이들이 숫자 잘 안다. 그런데 관념으로 추상화가 정비되는 것보다 저렇게 양감 훈련으로 하는 것이 좋다고 교육학자들이 말했고 옛 분들도 말하셨다.

마늘 농사가 잘 돼서 정말 많을 때는 마늘쫑무침과 마늘장아찌, 마늘볶음 처럼 다양한 음식을 만든다. 이 세 가지 중에서 어린이들이 무엇을 가장 좋아할까? 의외로 마늘쫑무침이다. 알싸하고 매콤한 맛이다. 매실, 고추장, 깨소금, 간장 정도 넣어서 무치면 된다. 한 번 데쳐서 매운 맛을 줄이기는 하는데 아이들이 더 좋아했다. 학교에서 먹으면 다들 아이들이 직접 만든 것이라서 많이 먹는다. 집에서는 절대 안 먹을 것들이다. 이렇게 만들면 학교에서 점심 반찬으로 먹게 된다. 이것은 학교가 규모가 작아야 가능하다. 규모가 크면 이렇게 못 먹는다. '작은 것이 아름답다'는 말이 사실 교육에서 빛을 발하는 순간이다.

6월이면 하동으로 매실 따러간다. 섬진강에서 가서 물놀이도 하고, 산에 올라가서 매실을 딴다. 매실은 그대로 가져와서 매실효소를 담고 매실 장아찌도 만든다. 오매와 백매도 만들었다. 오매, 백매란 한약 재료로 쓰이는 매실을 말한다. 옛날에는 집에서 매실을 쪄서 말리면 까맣게 된다. 그렇게까지는 못하지만 비슷하게 쪘다. 백매는 천일염을 넣어서 역시 말리는 방식이다. 이 백매와 오매를 여러 가지 것들과 함께 넣어서 물과 우려먹으면 한약재가 된다.

가장 많이 만들어 먹는 것은 매실효소, 매실청이다. 이것은 먹어도 먹어도 줄지 않으니까 매실장아찌나 오매 백매를 만든 셈이다. 오매 백매는 만들기가 귀찮아서 요즘은 매실 식초를 만든다. 매실에 현미식초를 부어서 만드는 방법도 있긴 한데, 매실 맛 그대로 넣어서 밀봉해서 약간의 식초를 넣으면 산화가 된다. 양이 적어서 좀 비싸다. 그래서 다섯 항아리 정도 만들었다. 지금도 먹을거리, 겨울에 따뜻하게 먹을 음료, 여름에 먹을 음료 또는 건강을 위한 음료를 직접 생산한다.

밀 털기는 아이들이 굉장히 힘들어하는 일이다. 앉은뱅이밀, 금강밀 같은 토종밀 농사를 짓고, 거둔 뒤 밀가루로 만들어 천연 발효빵을 만들어서 새참까지 발전시키는 데 쉽지 않은 과정이다. 시 쓰기나 글짓기 하면 아이들이 "밀 털기, 죽도록 싫다."라고 쓰는 아이들이 많았다. 아이들은 싫은 것은 다 죽음을 넣는다. "산 오르기, 죽도록 싫다." "풀매기, 죽기보다 싫다." 이렇게 쓴다. 염색해서 물들이기 하는 과정도 있고, 음식 만들기는 철마다 때마다 한다. 발효빵 수업도 한참 많이 했다. 제철과일 나오면 다 액종으로 만든다. 마늘로 흑마늘을 만들고 팔아서 제주도 여행도 가고, 포장마차를 열심히 해서 백두산을 다녀오기도 했다.

손끝으로 경험하는 삶의 기술

작은 학교에서는 톱질하고 도구를 쓰는 일이 일상이다. 1학년 아이들도 앉아서 재고 톱질도 잘 하고 도구를 잘 쓴다. 위험하다고 해서 안 가르치는 것이 아니고 오히려 다치는 경우는 제대로 도구를 못 써서 그렇다. 제대로 정확하게 쓰는 법을 배우지 못했기 때문에 다친다. 어릴 때부터 잘 가르쳐야 한다. 물론 안전규칙도 중요하다. 아이들은 도구 쓰는 일을 워낙 좋아한다.

필요하면 만들어보는 경험이 중요하다. 자립에 대한 이야기는 필요하면 만들고 그것을 교과통합으로 가자는 거다. 그러기 위해서는 기본으로 책을 봐야 한다. 그래서 기본으로 추천하는 목록대로 책읽기가 같이 가야 한다.

학교 활동을 SNS에 올리면 "공부는 언제 해?"라고 물어보는 분들이 있다. 그런데 일놀이 활동이 다 공부이고, 하나의 교육 활동을 하기 위해서는 얼마나 많은 책을 읽고 얼마만큼 구상을 해야 하는지를 사람들이 모르기 때문이다. 그냥 만들고 노는 줄로만 안다. 그렇지 않다.

'별집(스타돔)'을 때마다 만든다. 삶을 위한 교사대학의 생활기술 연수에서 잘 배워서 학교에서 해마다 아이들과 잘 써먹고 있다. 크게도 만들고 작게도 만든다. 스타돔을 만들려면 다 재고 수학을 할 줄 알아야 한다. 나누고 재고 소수, 분수 사칙 연산과 원의 면적 둘레 같은 공부들을 자연스럽게 하게 되고, 모든 일을 협력해서 해야 한다. 아이들끼리 협력해서 하지 않으면 오래 걸린다.

세상에 하나뿐인 내가 만든 대나무자도 마찬가지다. 일본의 키노쿠니 학교에 갔더니 '구슬 수학'이라고 수업을 하고 있어서 우리 학교에서도 아이들하고 재미있게 한참 했다. 교사의 수업 준비에 따라 다양한 활동수학이 펼쳐진다. 활동지를 나누어 주면 혼자서도 할 수 있다. 아이들마다 속도가 다르니 배움은 천천히 이루어진다. 그런데 이런 활동 없이 그냥 활동지나 문제집으로만 하면 못 따라오는 아이들은 굉장히 힘들어 한다. 물론 저런 과정 없이도 잘

하는 아이들도 분명히 있다.

아이들과 시소를 만들었다. 낮은 학년은 뚝딱뚝딱 만들지만 좀 더 큰 아이들은 더 정교한 시소를 만들어 내기도 한다. 자신의 놀잇감을 스스로 만들어내는 게 중요하다. 자도 필요하면 사면되지만, 우리가 만들어 보는 경험이 있는 자는 또 다른 느낌이다. 세상에 하나밖에 없는 내 자, 뭐든지 다 잴 수 있는 자로 지구에서 태양까지 재보자고 하면 어렵다 하는데, 그러면 그림자로 쟀다는 과학자 이야기를 들려준다. 그러고 났더니 진짜 자기 집까지 재어본 아이도 있다. 다행히 학교에서 집까지 가는 거리가 멀지 않았다. 만약 집까지 1킬로미터가 넘으면 쉽지 않다.

목공 수업으로 떡메도 만들고 백엽상도 만들어서 온도를 관찰한다. 온도계를 놓고 일정 지역에서 꾸준하게 관찰하고 기록하게 해서 날씨나 기후를 같이 공부하고, 날마다 기록해 도표를 만들어 교과통합으로 원그래프며 꺾은선그래프 같은 수학 공부로 이어진다. 물론 온도계나 날씨 변화기도 직접 만들 수 있다. 대안교육 현장에서 많이 하고 있는 수업들이다.

아이들과 직접 탁자를 제작하기도 한다. 이런 수업을 하려면 목공 기술이 교사가 연수가 되어 있든지, 내가 못하면 다른 교사와 협력수업이 되든지, 아니면 마을의 목공 기술, 기획가를 찾아내야 한다.

삶을 위한 교사대학 안성균 선생님은 '생활기술'이라고 말씀하시고, 나는 '삶의 기술'이라고 표현하는데 같은 말이다. 슈마허가 한 말 중에 '지속 가능성'에 방점을 찍고 싶다.

태양열조리기를 만들어서 고추를 따서 말린다. 고춧가루를 빻아서 김장을 할 때 쓴다. 그런데 김장을 할 양이 아니다. 도시에서 그 정도로 크게 농사를 지을 수는 없으니까 일부만 한다. 예를 들면 1학년이 물김치 혹은 열무김치를 할 정도로, 작은 모둠에서 쓸 수 있는 고춧가루를 생산하는 셈이다.

에너지 이야기를 할 때 햇빛을 이용해서 태양열 조리기도 만드는 것도 재미있다. 동네 가지치기한 나뭇가지를 주워서 숟가락도 깎고, 직조는 원형 직조를 비롯해서 다양한 직조를 한다. 바느질을 배워 스스로 필요한 소품을 만들고, 생리대도 만든다. 장구를 배우니 장구채도 직접 만든다. 장구채는 가게에서 사면 얼마 안 한다. 사면 되는데 이걸 만드는 일은 힘들다. 다 바느질을 해야 되기 때문이다. 3, 4, 5, 6학년들이 풍물 공부를 할 때 만들어서 쓴다.

집을 지었다. 2층 다락방도 있어서 아이들이 좋아했는데 지금은 없다. 이 집 만드는 데 6개월이 걸렸다. 1년 계획으로 해서 새들이 집 짓는 것을 배우고, 움집 지어보며 역사를 공부하고, 마지막에 나무로 집을 지었다. 그런데 민원 때문에 부수어서 안타까웠다. 마을에서 살려면 방법이 없다. 도시에서는 늘 공간이 없어서 문제다.

대나무 물총도 만들었다. 요즘 플라스틱 물총이 성능도 좋고 얼마나 잘 나오는가. 대나무 물총은 만드는 것도 힘들고, 물 압력으로 빨아들이는 것도 쉽지 않다. 그런데 직접 만든 놀이감으로 노는 일이 교육상 굉장히 '의미'가 있다. 교육은 의미를 부여하고 저걸로 아이들이 온몸을 쓸 수 있게 하고 생각을 한 번 더 해보게 하는 것이기 때문이다.

사면되는데 버려진 나무 깎아서 소독해서 꽂이나 젓가락을 만들고, 자치기도 하고 일상의 수학 활동으로 다빈치다리도 만든다. 옷감, 뜨개질은 어느 학교나 보편으로 많이 하는 활동이고, 철마다 하는 활동은 조금씩 다르다. 겨울철에는 따듯하게 옹기종기 앉아서 하는 뜨개질, 바느질 같은 활동을 많이 한다.

흙 빚기, 공예, 염색, 탈 만들기 같은 활동거리를 점점 늘려갈수록, 교사의 기술 연수가 많이 늘어날수록, 교육으로 끌어오면 교과통합으로 다 연결시킬 수 있다. 나무곤충 만들기도 한창 열심히 했는데 곤충 이야기를 하기 좋다. 남학생들은 헤라클래스 장수풍뎅이 같은 것들 워낙 좋아하고 여학생들은 잠자리도 좋아한다. 비누도 만들어서 쓴다. 비석치기나 자치기 같은 전래놀이는 어림이나 몸을 쓰는 것을 교육으로 많이 연결해서 쓴다.

　일 놀이 중에서 고물상의 쓰레기 분리수거가 있는데 이것은 아주 중요한 교육으로 자리 잡아야 된다고 생각하고 있다. 모든 학교 교육에서 쓰레기를 처리하는 교육을 부모들과 함께 대단히 강조해야 한다. 그래야 교육이 삶을 좀 바꾸고 사회를 바꿀 수 있다.

　학교에서는 부모님과 같이 하는데 처음에는 아이들과 함께 쓰레기를 주우러 다녔다. 그래서 아이들이 "저기 구리선이다! 선생님" 하고 소리 지른다. 왜냐하면 구리선을 고물상에 가져가면 가격이 비싸다. 그런데 가격이 전보다 많이 떨어졌다. 최근에는 고물도 많이 쏟아져 나온다. 고물상에 가면 아이들이 이런 활동도 한다고 칭찬도 해주고 반겨준다. 지금도 고물상은 꾸준히 간다.

　고물을 팔아 2년 동안 모아서 학교에 태양광 발전기도 설치했다. 그런데 요즘에는 정부에서 지원이 되고 있다. 학교에 60만 원대에 설치했는데 내가 집에 설치할 때는 9만 원이 들었다.

　마을기술센터 핸즈와 만든 빗물 저금통도 굉장히 잘 썼다. 빗물을 모아서 실제로 텃밭에 물주고, 걸레를 빨았다. 빗물이 가진 효과를 체감해보면 학교마다 이런 것은 꼭 있어야 한다고 생각한다. 가장 중요한 것은 생활에서 잘 쓰는 거다. 우리도 최근에는 수도꼭지가 고장 나서 청소를 한 번 하고 고쳐야 한다.

아이들에게 일은 언제부터 가르쳐야 하는가? 초등학교부터? 아니다. 아주 어릴 때부터다. 공동육아를 하면서도 가르치고 더 어릴 때부터도 어린이들은 일을 잘 한다.

인간의 시간과 자연의 시간

어제 깎아놓은 곶감을 들고 아침 걷기를 나가는데 인웅이와 지율이가 바구니째 들고 간다. 무겁다고 같이 들자는데 인웅이는 혼자 들고 갈 수 있단다. 숲 속 작은 집에 걸어놓은 대나무에 곶감을 달기 위해 아이들이 선생이 감꼭지 대신 꽂아놓은 대나무꽂이에 실을 묶는다. 밧줄놀이에서 가르쳐준 매듭법을 잘 써먹는다. 주렁주렁 매달린 감을 보며 입맛을 다신다. 실이 가늘어 아이들이 힘들었는데 아무래도 다음해는 곶감걸이를 사야겠다.

"와 이제 곶감이 되기를 기다리면 되겠네. 그런데 지난해는 새들이 다 먹어버려서 팔십 개쯤 되는 걸 하나도 못 먹었다니까. 올해는 괜찮을까. 새들을 막아서 곶감을 지킬 방도가 없을까?"

"한 쪽은 놔둬서 새들이 먹고 한 쪽은 그물 같은 거 치면 되죠."

우리 지율이 대답에 감격하고 만다. 아이들 먹일 생각

에 지킬 생각만 했는데 새들도 먹을 수 있게 하다니. 어린이 마음이 이렇다. 이 마음이면 세상이 살만할 텐데. 고양이가 먹을 수 있냐는 물음에 서연이가 고양이는 안 먹는다고 알려준다. 곶감이 몇 개인지 세어보는데 곶감걸이가 열 개 단위인 걸 금세 알아차린다. 이제 104개 곶감을 날마다 살피며 곶감이 되어가는 걸 보겠다. 자연의 시간으로 기다리는 일만 남았다.

학교로 들어와 전기 건조기에서 어제 깎은 감말랭이를 꺼냈다. 아이들이 얇게 잘라 조금 더 말랐는데 맛이 달아 새참으로 그만이다. 3층 쪽마루로 가서 태양열건조기에서 말라가는 감말랭이와 견주어보는데 여긴 아직이다. 일주일 쯤 걸리겠다. 전기를 많이 먹는 전기건조기는 편리하고 많은 양을 말릴 수 있는 반면 태양열건조기는 작고 날씨에 따라 시간이 오래 걸린다. 마치 핵발전 전기와 태양광발전 전기 차이와 비슷한 느낌이다. 인간의 시간과 자연의 시간 차이다. 편리함 때문에 삶의 방식을 바꾸고 익숙함을 버리지 못하는 게 많은 세상에서 자연의 시간으로 살아가는 게 가능하기나 할까. 핵이 아닌 신재생에너지에서 만들어내는 전기의 안락함은 자연의 시간이 주는 선물이던가. 끝내 효율과 편함은 우리를 길들이고 우리는 삶의 방식을 바꾸기 어렵겠다 싶어 무섭다. 희망과 꿈을 키우는 교육 현장에서 앞날을 위해 우리가 담고 이야기하고 실천할 교육 과정은 무엇일까. 자립, 전환, 말은 할 수 있어도 우리네 삶은 이미 대량생산과 대량소비의 안락함에서 벗어나기 어렵다. 그러나 현실이 그렇다 해서 자연과 사람을 살리는 교육은 멈출 수 없는 일 아닌가. 그러니 전환을 위한 교육은 실천은 줄곧 되어야 한다. 작은 것에서 구조를 들여다보고 삶의 슬기를 배우려면 늘 깨어있어야 하건만 쉽지 않구나. 달디 단 감말랭이를 먹으며 뜻있는 교육을 생각해본다. 전기건조기에 말린 감이 정말 맛나다.

아침 새참으로 모둠마다 감말랭이를 배달했다. 아이들이 화음을 넣어 피리부는 맛에 재미가 들렸다. 아침나절 수학은 곱셈을 하고 별집(스타돔)을 꾸미며 도형을 찾았다. 곱셈을 그림으로 그리고 가로셈을 익히는데 셈에 더 정성을 들여야지 싶다. 준비한 곱셈활동지로 서로 문제내고 바꿔서 풀기를 하고, 저마다 푸는 속도가 다른 걸 생각해 단계마다 활동지를 줄곧 건네준다. 줄곧 셈을 하니 머리가 쥐가 난듯한 반응이 나온다. 그만 둘 때다. 11월 에포크 수업처럼 집중 학습을 할텐데 점점 시간을 늘리려면 맛있는 새참으로 즐거운 수학 시간을 만들어야겠다. 밖으로 나오는데 1학년이 감 튀김을 해서 나눠준다.

숲 속 놀이터 별집(스타돔) 꾸미기는 저마다 마음에 드는 두꺼운 색실을 골라 공간을 채우니 모두 도형이다. 시우는 가랑잎을 끼우고, 서연이는 대나무활대에 실을 감아 매듭같은 줄기를 만들어낸다. 지후와 유민이도 느슨한 실을 다시 풀어 감아 나뭇가지를 건다. 단희와 지율이는 별을 만들고, 거미줄처럼 엮다 다시 푼다. 준우는 빽빽하게 실을 연결하고, 영호는 큼직큼직하게 다각형을 만들어 나뭇잎을 단다. 인웅이는 육각형을 만들어내고, 윤태는 세로로 길게 실을 잇는다. 줄곧 예쁘게 연결된 실에 천과 자연물이 더해지면 작품이겠다. 아이들은 천막을 덮자 한다. 한동안 별집으로 할 게 많다. (2017. 11. 7)

집짓기와 고물상

아침 산책 가기 앞서 숲속놀이터에 있는 줄타기 놀이감을 치웠다. 낮은 학년 아이들을 위한 놀이감인데 다른 위치를 찾는 게 나을 듯 싶어서다. 미리 아이들에게 충분한 설명을 하지 못해 미안하긴 한데 사정이 있다. 우리 아이들을 위한 숲속놀이터이기도 하지만 양지마을 숲속놀이터가 되기를 바라는 마음에서다. 가까이 있는 어린이집 아이들은 참 많이 놀러오는 곳이 됐고, 동네 어르신들도 많이 다녀가신다. 옆집 할머니는 친구를 데리고 와서 같이 아이들 그네를 타며 "참 좋다. 좋다." 를 줄곧 말하기도 하고, 손녀 손자 손을 잡고 숲속 놀이터를 오가며 그네를 타는 양지마을 사람들이 많아졌다. 학교가 들어온 뒤 쓰레기로 가득한 음습한 숲이 새로운 숲속놀이터로 탈바꿈되어 마을에 새로운 명소가 되어가니, 쓰레기를 치우고 숲속놀이터를 가꾸어 가는 맑은샘 식구들 처지에서는 참 뿌듯한 일이다. 그런데 늘 생각하는 거지만 바로 옆 공동주택 분들에게 많이 미안하고 고맙다. 공동주택 사는 아이들이 많이 놀기도 하지만 동네 아이들과 학교 아이들이 노는 곳이고 보면 시끌벅적할 테니 불편할 때가 왜 없겠는가. 학교와 같이 집을 짓는다 할 때부터 마음먹은 바지만 줄곧 살다보면 부탁하고 싶은 게 자꾸 생길 것 같은데 언제나 웃으며 아이들을 보듬어주시고 챙겨주시는 힘이 어디에서 나오시는지 늘 존경스럽다. 아이들과 사는 선생 처지에서는 늘 미안하고 고맙기만 하다. 우리 아이들을 생각하는 것만큼 양지마을과 둘레 분들을 생각해야할 텐데 안하는 건 아니지만 언제나 부족한 걸 어찌할꼬. 양지마을 방범대 활동을 시작으로 양지마을 분들이 모두 바라는 바를 찾아 함께 해결하는데 힘을 쏟아야 작은 학교가 사랑받지 않을까. 학교 식구들이 애쓸 게 많은 셈이다.

산책길 텃밭에서 어린 호박을 여섯 개나 땄다. 구석구석 호박 찾느라 신발이 축축하다. 아이들과 호박을 손에 들고 동네 어르신들 집 초인종을 누른다. 양지마을 어른들에게 텃밭 호박을 나눠드리며 인사를 하려는 건데 어제 전해주지 못한 집들을 들렀다. 사과나무집 할머니는 반갑게 받으시고 아이들 준다고 마당에 있는 작은 사과나무에서 작은 사과를 따서 안겨주신다. 탁구공만한 사과가 맛있는 홍옥 사과 맛이 제대로 난다. 여섯 개를 집마다 한 개씩 나눠주고 오니 금세 아침 공부 시간이다.

오전 공부 집짓기는 지붕을 올리는 일인데 예상보다 목재가 부족해 계획대로 다 하지 못했다. 다락을 깔고 지붕을 올려야 해서 아이들이 조수 노릇을 하고 목공 선생과 내가 나사를 주로 박는다. 덕분에 아이들은 조금 여유로운 목공 수업이 됐는데 목재 나르고 조수 노릇하고 할 노릇은 충분히 했다. 지붕이 일부 올라간 작은 나무집이 숲속놀이터와 잘 어울리는데 쭉쭉 자라는 콩과 넝쿨 식물을 심으면 나무와 조화로운 넝쿨나무집이 되겠다. 바닥 마루는 봄에 아이들과 만든 평상을 넣으면 안성맞춤이고, 다락 쪽으로 작은 층계를 놓으면 아이들이 정말 좋아할 만한 숲 속 쉼터가 되겠다. 모레 비가 온다고 해서 내일 목공 선생과 둘이 못올린 지붕을 마무리 짓기로 했으니 마지막 수업 때까지는 집짓기 수업 목표를 모두 달성할 것 같다. 움집과 평상을 만들고, 설계를 하고, 모형을 만들어 본 뒤, 나무를 재단하고 나사를 박고 집을 세우는 과정에서 우리 아이들과 나누려고 했던 집살림 교육 꼭지를 잘 갈무리하는 몫이 남는다. 집 짓는 과정이 즐겁고 힘을 합쳐 생산하는 기쁨을 맛보고, 우리가 사는 집에 대해 생각을 해보고, 진짜 만들어본 경험은 어린 시절 아주 소중하며 강렬한 추억이 되리라 믿는다. 내 어린시절에도 산에다 늘 나무집을 얼기설기 나뭇가지로 엮고 비밀장소처럼 썼던 기억이 있다. 공간을 창조한다는 것은 그곳에서 지낼 때에 대한 설렘과 기대, 함께 쓰며 놀고 싶은 사람이 있어 좋은 것이다. 우리 아이들은 숲속오두막에서 또 어떤 상상을 펼칠까.

낮 공부 사물놀이는 쉬고 5, 6학년이 함께 고물상을 간다. 학교 마당쏙 쓰레기를 모두 분류하고 정리하고 나니 한 시간이 훌쩍 갔다. 고물상 가져갈 품목들을 쌓아놓은 곳을 잘 꾸미고, 쓰레기 분류 공부를 더 정성들일 필요가 있겠다. 분류함을 만들어는 놓았는데 뒷 처리가 안되어 있어 청소 배정표에 분류와 쓰레기 내놓기까지 같이 가야겠다. 2학기 들어 처음 가는 고물상인데 양이 적어서 2만 7천원을 버는데 그쳤다. 빗물을 모을 통을 설치하는 데 들어갈 비용인데 조금 더 고물상 갈 준비를 잘해야겠다. 고물상 다녀오기로 모은 돈으로 올해 초에 설치한 태양광발전기 덕분에 전기세가 많이 줄었으니, 내년에는 빗물을 모아 써서 물을 아껴 쓰는 공부를 하도록 열심히 고물을 모으고, 쓰레기를 분류해야겠다. 고물상 사장님이 건네준 시원한 요쿠르트가 아이들을 즐겁게 하고, 새참으로 들고 간 빵과 음료수를 학교로 돌아오는 길에 들린 갈현동 논에서 먹으니 든든하다. 내일 벼를 베는데 땅 상태가 어떤지, 벼가 잘 익었는지 보려고 온 건데 내일 베도 충분하겠다. 밤나무에 햇볕이 가린 쪽은 아직 시퍼런데 햇볕이 잘 드는 쪽은 누렇게 잘 익었다. 다 벨 게 아니고 삼분의 일 정도 베서 탈곡기로 털고 나머지는 벼 손실을 막기 위해 기계로 베고 털 계획이니 걱정 없겠다. 벼는 익을 수록 고개를 숙인다고 했던 것 처럼 누런 벼가 고개를 숙이고 있다. 중력과 무게 때문인데 사람 인생으로 보면 끄집어 낼 마음가짐이 많다. 자연, 식물은 늘 우리에게 겸손과 다양성을 가르치는데 우리는 그리 살지를 못하니 늘 깨달을 수밖에. 아이들과 줄곧 밖에서 산 날이라 자연속학교 연습 제대로 한다.

다 함께 마침회에서 벼베기와 자연속학교 준비 이야기를 한참 했다. 낮은 학년, 높은 학년 따로 사는 자연속학교라 짐도 따로 챙겨야 하니 선생들도 부지런을 떨어야 한다. 손호준 선생과 탈곡기를 빌려오고 내일 벼베기에 쓸 천막이나 물품을 모두 차에 싣고 물건들을 사서 학교에 들어오니 자연속학교 부엌살림 꾸리느라 다들 바쁘다. 짐을 쌀 때면 늘 그렇듯 이제 정말 떠나는구나 싶다. 악양 벌판이 아른거린다. (2015. 10. 8)

고물상과 닭장

어제 밤 내린 비로 땅이 촉촉하다. 감자를 심은 날 비가 와서 하늘이 농사를 돕는 셈이 됐다. 사람 힘으로 농사를 짓는 게 아닌 줄 알지만 딱 맞게 날씨가 도와줄 때면 기분이 더없이 좋다. 날이 좋아 8시 50분 산책을 하면서 아침 열기를 하곤 하는데 교사 아침열기가 늦게 끝나 8시 55분이 넘어서 숲 속 놀이터를 나간다. 텃밭 싹이 올라오는 걸 둘러보고 고물상 갈 채비를 했다. 3월에 고물상을 가려던 걸 뒤로 미루었는데 아이들이 기억하고 있다. 부모님들이 가져다 놓은 헌옷과 책, 깡통을 차에 싣는데 양이 많지는 않으나 닭장만들려고 쌓아둔 나무받침대가 어제 치워지고, 고물상 갈 것까지 정리하니 마당이 조금 정리된 듯 싶다. 학교 마당 한 쪽은 자전거 타기 연습을 하는 아이들이 세워놓은 자전거로 가득하다. 학교 옆 두 곳 집 짓는 곳이 날마다 눈에 띄게 달라지고 있다. 고물상 가는 길에 활짝 핀 벚꽃을 봐서 좋은데 아이들은 고물상에 내놓는 만화책 보느라 창밖에 관심이 없다. 인덕원 고물상에 가니 사장님이 바빠서 부리나케 고물을 내리고 늘 자세히 써주던 영수증을 생략하고 17,700원만 계산해준다. 물론 늘 아이들에게 야쿠르트를 주는 걸 잊지 않으신다.

10시 20분 쯤 학교로 들어와 수학 셈을 익히고 11시 5, 6학년이 함께 텃밭으로 간다. 어제 뼈대를 세워놓은 닭장 마무리를 하기로 한 것이다. 물이 세지 않도록 지붕을 얹고 벽에는 그물을 대서 뱀이나 고양이가 들어오지 못하게 하는 것인데 못을 치고 닭이 나와서 놀 마당 뼈대를 더 만드는 일에 아이들이 지루해하지 않는다. 부지런히 몸을 써서 하는 일을 아이들은 참 좋아한다. 더운 날 풀 뽑기 빼고는 삽과 망치, 낫, 도끼같은 연장을 쓰는 일을 즐기는 도시 아이들인 셈이다. 도시에서 닭장을 만들어본 아이들이 얼마나 될까. 해마다 철마다 농사를 지으며 땀 흘리는 기쁨 속에 자라는 우리 아이들에게 일은 놀이고 삶이다. 어린 시절 자연 속 일과 놀이에 푹 빠져 자라는 것만큼 소중한 게 어디 있을까. 그래서일까 경기도교육청 지원으로 여는 농사와 요리를 주제로 맑은샘교육연구회가 운영하는 주말 꿈의 학교 <꽃보다 세끼>에 제도권 학교 학생 지원자가 순식간에 넘쳐 대기자가 있을 정도이다. 아무리 도시 문명과 4차 산업혁명 시대라지만 자라면서 일과 놀이로 감성을 쌓고 자연을 가까이 하며 사는 것은 사람의 본성을 살리는 길이다. 다 함께 일을 하면서 협력을 배우고 서로 기운껏 일하는 재미를 보고, 선생들이 하는 일을 눈여겨보면서 일머리를 익혀가는 좋은 기회가 되는 셈이다.

닭장 지붕 위로 올라가서 일을 돕는 성범이를 보더니 5학년 남자 아이들이 서로 지붕에 올라가고 싶어 한다. 한 시간 안에 마무리 짓기는 어려워 12시 5분에 아이들은 학교로 들어가 점심을 먹기로 하고, 최명희 선생과 둘이 마무리를 짓는다. 말없이 척척 일하며 마무리는 짓는 재미도 좋다. 지붕을 얹어 못을 박고, 그물을 고정시키는 일을 마치니 슬슬 배가 고프다. 시계를 보니 1시가 넘었다. 문짝만 만들고 닭장 안 땅을 골고루 펴고 폭신한 볏짚으로 마무리할 일만 남겨놓고 학교로 들어온다. 천천히 시간을 두고 닭장을 만들면 한 달 정도 할 주제학습이 되겠지만 짧게 얼기설기 닭장을 만드는 경험도 괜찮다. 지난해 숲속작은집 처럼 집에 대한 철학부터, 설계, 모형 만들기를 거치지는 않았지만, 닭장 면적을 재고 어느 정도 설계를 머리로만 한 뒤 일하면서 완성해가는 경험도 충분한 공부가 되었다.(2016. 4. 7)

 ## 둘. 텃밭에서 가꾸는 교육

농사와 생태전환교육

맑은샘학교의 생태전환 교육은 단순히 자연과의 만남
에 그치는 게 아니라, 어린이들이 교육공동체와 마을교육
공동체를 가꾸는 삶 속에서 자연을 경험하고, 자연의 경험
에 대한 의미 탐구를 줄곧 해 보도록 하는 방향에서 구성
된다. 생태전환의 삶과 공생을 위한 자립을 강조하듯이 아

이들이 경험하는 자연에서의 생태전환 경험은 학생들끼리 또는 교사 및 지역사회 사람들과의 공동체 경험, 또 책읽기 같은 지적 탐구와 글쓰기 같은 표현 성찰 활동과 함께 가며 그 뜻을 줄곧 확인하고 확장해 간다.

어린이들은 학교의 텃밭을 날마다 관찰하고 주 1회 3시간 정도 직접 땀 흘려 일하며 농사를 짓는다. 학년 또는 반에 따라 밭을 나누고 저마다 혹은 함께 계획하여 농산물을 선택하고 기른다. 어린이들은 농사를 짓고 수확하는 것에서만 그치지 않고 농산물을 말리고 분류하고 가공하는 것까지 잘 보관하기 위한 갈무리 과정도 경험한다.

텃밭에서의 일 자체에 대한 흥미도가 좀 떨어지는 6학년의 경우는 농사를 지어 졸업여행비를 마련하기도 한다. 과정에서 심을 작물을 함께 계획하고, 길러, 유통까지 해보며 다른 차원의 보람과 가치를 쌓는 과정을 경험한다.

농사는 사람이 혼자 지을 수 없다. 하늘과 땅, 사람과 식물의 힘이 더해지는 조화다. 밭을 만들고, 제 때에 맞춰 심고, 거두는 농사의 특성상 일이 몰릴 때가 많다. 농사철에는 날씨를 고려하여 나머지 교육과정을 탄력 있게 운영해야 한다. 이때에는 어린이들이 평소보다 농사일을 좀 더 많이 하게 될 때도 있다. 계절과 날씨에 따라 농사일의 일정을 유연하게 잡을 수 있는 것은 교사들끼리 빠르게 협의하여 교육과정을 탄력 있게 운영할 수 있는 작은 규모 대안교육기관 학교의 장점이다. 농사는 계절과 날씨에 영향을 받을 수밖에 없다는 점에서 이러한 활동을 교육과정의 중심에 두는 것은 학교 전체의 운영뿐 아니라 학생들의 배움 자체에서 기후변화나 환경 관련 문제를 가까이 느낄 수밖에 없는 조건이 된다. 이는 계절과 날씨의 영향을 받을 수 있는 자연에서의 활동을 많이 마련하는 것이 그 활동의 결과와 성공 여부를 떠나 자연의 변화를 더 민감하게 인식할 수 있는 과정과 기회를 어린이들에게 제공한다는 것을 뜻한다. 그것만으로도 기후변화 위기 시대의 교육 실천으로 의미가 가득하다.

농사를 짓는 활동은 아이들의 성장을 고려한 오래된 미래 교육과정이자 교육공동체의 힘이다. 일(작업)은 어린이 발달수준에 맞게 적절한 규모로, 지겹고 지루하지 않게 한다. 함께 새참을 먹고, 끊임없이 같이 격려하고 칭찬하고 응원하는 추임새가 있다. 다함께 참여하여 서로 일하는 수준을 견주기보다는 다함께 하는 어린이를 칭찬하고 한 번이라도 일을 했다면 기운을 북돋워주고 일하는 과정이 얼마나 보람찬지를 끊임없이 들려주면서 다 함께 즐겁게 하는 것이 중요하다. 다 함께 잘 해냈다는 공동체 경험을 만들어가기 위해 함께 애쓰는 게 중요하다. 농사를 지으며 자연을 느끼고 먹을거리 자립을 조금이나마 시도하는 뜻만큼, 일하는 과정이 생태전환과 공생 관계의 가치와 연결되어 있음을 알게 모르게 만들어내는 것이 교사와 교육공동체의 노릇일지 모른다.

　아이들은 농사를 지으며 자연스럽게 자연이 도와야 농사가 가능하다는 사실을 알아가게 된다. 비가 너무 많이 와서 농사를 망치기도 하고, 또 가뭄이 이어져 직접 물을 길러 줘보기도 하면서 아이들은 자연의 이치와 협력, 땀과 정성의 가치를 자연스럽게 체득한다. 하지만 농사가 얼마나 뜻있고 가치 있는 지 그 경험의 의미나 중요성은 교사들이 끊임없이 들려주고, 그와 관련된 책을 읽어주고, 활동 뒤에는 그것을 글쓰기로 되돌아보며 정리하는 버릇을 꾸준히 들이도록 텃밭일지를 쓰는 과정에서 쌓이는 것이다. 텃밭일지에 기록된 농사의 경험들은 지금 아는 것을 당장 확인하는 자료로도 쓰이지만 다음 해 다시 농사를 지을 때 볼 수 있는 소중한 자기 교육의 자료가 된다. 또한 이 일지는 어린이들이 자신이 무엇을 공부하고 배웠는지를 자기 언어로 표현한 생생한 자료가 되어 "시와 그림 내보이기(시화전)"와 "글모음(문집)"에 실려 학교내외의 다양한 사람들과 배움에 관해 소통할 수 있는 훌륭한 매개가 된다. 하나의 배움에 대한 기록이 다음의 배움, 그리고 더 넓은 범위의 소통의 새로운 시작점 노릇을 하는 셈이다.

　이와 같이 자연의 경험은 자연 자체를 깊이 경험한다는 것으로서도 물론 의미가 있지만 그것이 주는 의미에 대해 스스로 기록하고 학교 안팎의 사람들과 함께 이야기 나누는 과정에서, 또 공동체가 함께 즐겁게 일을 해 내며, 다른 교과 활동과도 연계할 수 있도록 확장될 수 있을 때 교육의 뜻이 살아날 수 있다. 다시 말해, 단순히 자연과의 만남의 기회를 늘리는 것을 넘어, 저마다 생태경험이 표현활동을 통해 의미 있는 배움으로 연결되도록, 그리고 저마다 체험에서 그치는 게 아니라 그 과정을 공동체가 함께 겪어내며 그 의미를 마을 사람들과의 소통을 통해 더 확장해 가도록 할 때 그 의미를 더 깊게 만들 수 있다.

어금니동부

어금니동부

어금니동부를 심었다.
시는 건 재미있었다.
하늘의 기운
땅의 기운
내 기운도
어금니동부한테 준 것 같다.

- **조예준**(맑은샘학교 2학년)

바람에 땀방울을 날리며 거름을 넣어 땅을 뒤집고, 온 정성을 다해 식물을 심고 가꾼 뒤 그늘에 앉아 시원한 물이나 막걸리 한 사발을 들이 킨 적이 있는가. 혹시 오뉴월 뙤약볕에 김을 매 본 적이 있는가. 생각만 해도 덥고 힘들다 싶지만, 도시에서 텃밭 농사를 지어 본 사람이면 그 맛을 안다. 어느 도시를 가도 주말농장, 도시 농업은 활발하다. 시골로 가서는 생계를 꾸릴 수 없는 도시화 자본화 세상이니 도시에 살지만, 땅을 만지고 땀을 흘려 내 밥상에 농약 없는 푸성귀를 올리는 기쁨을 누리는 셈이다. 인간은 스스로 몸의 에너지를 생산할 수 없으니 식물에 의지해 살아왔다. 그래서 지구는 식물 행성이라 부르기도 한다. 아주 오랜 시절부터 하늘과 땅을 살펴 인간은 먹을거리를 재배해 왔다. 알약 하나만으로 사는 미래 세계를 말하지만, 여전히 식물이 주는 영양분이 우리를 먹여 살린다. 그런 면에서 식물을 길러 에너지를 섭취하는 인간의 삶은 지구인으로 사는 방식이라 불러도 되지 않을까. 또 소비의 시대, 자본의 논리가 교육 언어로 뒤바뀌어 사람들의 혼을 빼놓는 때에 생산하는 삶, 땀 흘리는 일의 가치를 말하는 텃밭 농사 교육은 어떤 뜻을 지닐까. 세계화 4.0, 제4차 산업혁명을 말하며 코딩이 미래 교육의 전부인 것처럼 말하는 때, 기계가 인간의 노동을 대신하니 인간의 땀 흘리는 노동이 사라진다고 말하는 때에 텃밭 농사 교육은 어떤 뜻을 지닐까? 텃밭 농사 교육은 시대에 뒤떨어진 옛날 교육 방식으로 사라져야 할까?

텃밭은 배움터요 놀이터다

사람은 자연의 흐름으로 살아가야 건강하다. 그것이 인간의 본성이다. 하늘과 땅, 사람이 함께 짓는 게 농사다. 그래서 도시 속 작은 학교에서는 텃밭이 소중한 배움터이 자 놀이터다. 올해 텃밭 농사를 돌아보면 아이들과 땀 흘 렸던 날들이 그림처럼 떠오른다. 아이들에게는 일이 놀이 요 놀이가 교육이다. 우리나라 많은 학교에서 텃밭 가꾸기 를 하는 걸 봤지만, 초등대안학교인 맑은샘학교 어린이들 에게는 텃밭 농사가 학교 교육의 큰 몫을 차지하는 셈이니 그 뜻과 정성이 남다르다. 주마다 한 번 큰 공부로 학교 모 든 어린이가 반나절을 텃밭에서 일하며 논다. 모둠마다 텃 밭에 갈 때도 있다. 그러다 보면 저절로 자연(생태) 교육, 생 명 교육, 몸놀이 교육이 된다. 놀다가 일하며 겪은 것들은 모두 글로, 그림으로 표현되고, 일하며 놀 줄 아는 어린이 삶을 가꾼다. 텃밭에서 계절의 변화를 알아가며 힘을 합쳐 땀 흘려 일하며 교과 통합이 일어난다. 텃밭에서 과학도 하고 수학도 한다. 텃밭에 가면 우리와 함께 살아가는 수 많은 곤충과 벌레가 있다. 어린이들에게는 호기심과 관찰의 천국인 셈이다. 더욱이 벌과 벌레가 열매를 만들어내는 경이로움을 날마다 보고, 놀라움이 빚어낸 결과물이 학교 밥상 위에 오르니 말해 무엇 하랴.

학생 수가 늘어나며 꾸준히 텃밭 크기가 커졌지만, 지금은 밭 크기가 줄어들었다. 크든 작든 농사는 대충해서는 지을 수 없다. 아이들과 교사들이 정성 들여 일을 해야 한다. 어린이들 손이라고 얕봐서는 안 된다. 크게 봄, 가을에 이랑을 만드는 일은 학교 모든 식구가 모여서 하고 틈나는 대로 부모들이 도움을 주었지만, 거의 어린이들과 교사들의 손으로 텃밭 농사를 다 짓는다. 물론 어린이들에게 모범이 돼야 하는 교사들이 부지런히 일을 하지만 어린이 손놀림이 없다면 쉽지 않은 텃밭 크기이다. 올 텃밭 농사도 오롯이 어린이들 힘으로 다 지었다.

텃밭에는 말과 글이 있다

텃밭 일을 해 본 어린이만이 담을 수 있는 감성이 있고 글이 있다. 김매고, 검은 어금니동부를 까고, 팥을 따 본 어린이는 그때 필요한 언어를 살려 쓴다. 오이와 가지를 딸 때 까끌까끌한 느낌과 배추 묶어 주기를 할 때 느낌을 책으로만 어찌 알 수 있겠는가. 순치기를 해야 토마토가 튼튼하게 크게 자라고, 북주기로 뿌리 식물의 성장을 확인할 수 있다. 겪어 보지 않으면 그 낱말의 참맛을 알 수 없다. 그러니 텃밭은 말과 글을 복원시키고 살리게 하는 셈이다. 수확한다는 말 대신에 부추를 자르고, 배추를 뽑고, 상추를 뜯고, 땅콩을 캐고, 옥수수를 따는 표현은 언어를 풍부하게 쓸 수 있도록 돕고 언어 발달이 뇌 발달로 이어지게 함을 알게 한다.

자연의 흐름 따라

텃밭으로 아침 산책하러 갈 때면 날마다 계절의 변화를 확인하고 자연의 이치를 본다. 고구마 서너 개를 캐 보고, 땅콩을 뽑고, 여문 팥을 따고, 무 북주기를 할 때마다 익숙함과 새로움이 있다. 6년 동안 텃밭 일을 하는 어린이 농부들도 마찬가지다. 고구마를 캐고 싶고, 땅콩이 주렁주렁 달린 뿌리를 보면 한 번 더 캐고 싶고, 자꾸 누런 팥을 따고 싶은 마음이 일어난다. 한 주먹씩만큼만 들고 교실로 들어와 씻어서 교실에서 고구마를 깎아서 맛을 본다. 땅콩의 비린 맛도 본다. 햇빛 건조기에 넣어 잘 마르게도 한다. 밤고구마지만 적당한 수분이 들어 있어 먹기에 좋다. 며칠 말리면 단맛이 나올 것이다.

봄에는 텃밭 농사지을 계획을 세우며 '저마다 텃밭', '모둠마다 텃밭', '전체 텃밭'으로 나눠 모종을 내거나 씨앗을 뿌린다. 예전에 '저마다 텃밭'은 어린이 저마다 부모님과 함께 가꿔야 하는 밭으로 했는데 지금은 하지 않고, '모둠마다 텃밭'과 '전체 텃밭'으로 나뉜다. 학교에서 먹을 채소들은 '모두 텃밭'으로 가꾼다. 텃밭에 가는 날이면 '모두 텃밭' 풀들을 먼저 뽑고 '모둠마다 텃밭'을 돌본다.

온갖 쌈 채소들을 한동안 실컷 먹으니 어느새 여름 농사철이었다. 봄에 심어 놓은 토마토, 참외, 오이, 가지, 고추를 또 한참 따먹는다. 고구마 순을 따서 고구마 순 김치를 담가 먹는 재미도 있다. 여름에는 김매는 일이 보통이 아니다. 오른쪽 옆 텃밭은 온통 풀 세상이 되더니 주인이 농사를 포기해 버렸다. 아이들과 텃밭에서 일할 때마다 부러운 눈길로 농사 제대로 짓는다고, "아이들이 보통이 아니다."는 말을 들은 적이 많다. 물론 왼쪽 옆 텃밭은 전문 농사꾼이신 할머니, 할아버지께서 제대로 짓는 밭이니 저절로 견주게 된다.

뜨거운 햇빛 아래 김매는 일은 참 힘들다. 어린이들과 하려면 반드시 새참을 챙기고, 학년마다 일하는 시간을 알맞게 잡아야 한다. 천막을 쳐서 그늘을 만들어 김을 맬 때도 있었다. 여름이 끝나갈 때쯤 콩과 고구마만 빼놓고 모두 뒤엎고 다시 밭을 만든다. 퇴비를 뿌리고 배추와 무, 갓, 파, 가을 상추를 심어 김장한다. 김장하는 날은 잔치다. 어린이들과 교사들끼리 김장하고, 또 부모들이 김장한다. 8

월 말에 씨 뿌려서, 솎아 주고 물을 주고 배추벌레 잡고, 아이들 정성이 많이 들어간 배추, 무, 갓, 파가 김장 김치가 되어 학교 밥상에 오른다.

텃밭이 주는 선물

힘을 합쳐 일하면 금세 일이 끝나고 함께 노래를 부르고 함께 맛있는 새참을 먹으며 웃고 놀면서 배우는 건 무엇일까. 자신을 스스로 자라게 하며 일하는 기쁨을 맛본다. 생산하는 삶을 실천한다. 생명을 살리는 먹을거리 교육이 이루어진다. 생명의 귀함을 배운다. 땅속 생물부터 식물에 기생하는 곤충과 벌레를 자연스레 만난다. 협력의 가치를 배운다. 아주 작은 땅이라도 함께 일하는 즐거움은 두 배가 된다. 더 넓은 땅은 말해 무엇 하랴.

더 크게는 텃밭 농사는 기후 변화 시대, 지구를 살리는 삶의 기술이다. 멀리 쿠바 도시 농업을 떠올릴 필요도 없다. 대도시 어느 곳을 가더라도 옥상에, 마을 골목 곳곳에 땅이 있는 곳이나 땅이 없으면 화분을 놓고라도 사람들은 뭔가를 심고 가꾸어 먹는다. 큰 가게에 가서 돈을 주고 사면 그만이라는 소비가 지배하는 세상에서 땅을 만지고 스스로 힘으로 뭔가를 가꾸고 제 먹을거리를 생산하는 욕구는 훨씬 더 큰 선물을 받는다. 텃밭에 가면 땅과 바람과 하늘과 교감할 수 있고 순수하고 정직한 땅의 세상 속에서 명상과 정직을 그대로 경험할 수 있다. 순환농, 퍼머컬쳐가 기후 변화 시대 다시 주목받는 때 텃밭은 그 시작이 되기에 충분하다. 함께 미생물을 키우고, 땅 힘을 기르고, 식물을 길러 나누며, 함께 관계를 회복하는 전환이야말로 텃밭이 주는 큰 선물이다.

우리는 모두 텃밭 초보다

다섯 평, 열 평 하던 텃밭을 가꿀 때와 백 평이 넘어가는 텃밭 일은 아주 다르다. 오래전 여름휴가 때 시골에 사시는 어머니와 삼백 평이 넘는 밭에서 콩을 심으며 텃밭 이야기를 한 적이 있었다. 학교에서 농사짓기 전 그때 주말농장 다섯 평에 이것저것 심는다고 했더니 어머니는 그냥 웃기만 하셨다. 얼마 전까지 오백 평쯤 되는 텃밭에서 콩, 밀, 조, 수수, 마늘, 고구마, 감자, 고추, 여러 텃밭 작물을 재배하는 셈이니 '선생이 무슨 농사를 그리 많이 짓느냐'고 정색하고 걱정하실지 모른다. 처음 텃밭 농사를 짓는 사람은 뭘 심을 건지에 관심이 가게 마련이다. 조금 오래된 농사꾼이라면 땅심을 생각하게 되고, 거름부터 돌려짓기까지 생각을 키워가게 마련이다. 도시에서 농사짓기 20년째지만 여전히 초보 농사꾼이다. 논농사도 15년째이건만 모두 도움을 받아서 하는 셈이니 초보 맞다.

작은 텃밭은 우리에게 많은 것을 준다. 먹을거리도 주고, 땀 없이 살아가도 되는 도시에서 땀을 흘리게도 하며, 밭에서 자라는 식물을 돌보다 보면 어느새 자기 삶을 돌아보고 스스로 삶을 가꾸게도 한다. 또한 어린이들에게 텃밭은 귀한 곡식을 주고, 온갖 생명을 알게 하는 배움터요, 놀이터이다. 텃밭 농사를 지으며 우리가 자식 농사에 얼마나 더 정성을 쏟아야 하는지 알았다. 텃밭농사는 일 년에 한 번밖에 지을 수 없으니 무슨 농사철인지 제대로 알고 부지런해야 한다. 또한 둘레에서 관행농으로 텃밭 농사를 짓는 분을 만나면 고스란히 약과 화학비료를 주지 않는 농사가 아무 소용이 없게 되거나, 모든 벌레가 우리 텃밭으로 와서 작물을 모조리 초토화해버리는 경험도 많이 했다. 주말농장, 텃밭 어느 곳이나 함께 가꿀 게 있는 셈이다. 하물며 어린이 교육은 어떠하겠는가. 텃밭 농사는 내년에 다시 지을 수 있지만 아이는 기다려 주지 않는다는 걸 다시 생각한다.

돌팔매질과 참새

쇠날 아침은 텃밭 일을 하는 날이다. 날이 더워져 아침 일찍 하곤 하는데 그래도 9시가 기준일 수밖에 없다.

1,2,3학년은 지난 주 베서 말려온 밀을 털고, 4, 5학년은 텃밭에서 풀을 뽑았다. 아무래도 풀 뽑는 일이 더 힘이 드니 누리샘을 따라 텃밭에 갔다. 고추밭 풀을 다 메고 밀 터는 일을 돕기로 계획한 텃밭 농사지만, 텃밭 풀이 장난 아니게 올라왔다. 함께 부지런히 풀을 맨 뒤에, 내일 비가 온다니 부지런히 풀을 메고 군데군데 빈 고구마밭에 콩을 심어놓았다. 1, 2, 3학년이 메주콩 모종을 내놓은 것은 감자를 캔 이랑에 심을 계획이니 모종과 바로 땅에 콩을 심은 것과 견주게 되는 공부가 되겠다. 풀도 잡고, 고구마와 옥수수도 옮겨 심고, 밀을 턴 뒤 모은 밀대를 이랑마다 덮어주는 일까지 땀으로 목욕을 했다.

점심 먹고 텃밭에 다시 갔다. 숲 속 놀이터에서 노는 아이들에게 텃밭 가서 놀 사람 있냐 물으니 정연이가 같이 가겠단다. 현우, 병찬, 세화, 한울, 도훈이도 같이 가고, 뒤이어 하윤, 이준이도 왔다. 해가 나지 않으니 가능한 일이다. 더우면 아무도 엄두를 내지 못하는 더운 여름철이나 텃밭 가는 것을 반기지는 않는다. 날도 괜찮고 갈만하니 우루루 따라왔는데 특별하게 할 일이 없다. 선생은 토마토 순치기와 묶어주기를 하러 온 것이라 할 사람 하라니 한 번 해볼까 하는 표정이더니 어느 틈에 어떻게 하는지 물어보고, 현우는 순치는 방법을 친절하게 아이들에게 알려준다. 참 흐뭇한 풍경이다. 아이들과 사는 맛 가운데 하나다. 많이 해본 어린이가 동생들에게 친절하게 가르쳐주고 서로 배워가는 모습 말이다. 선생이 할 노릇은 그저 제안하고 판을 만들고 어린이들이 스스로 할 수 있도록 자극과 동기부여를 할 뿐이다.

그런데 아이들과 사는 모습은 늘 이럴 수는 없다. 초등과정에서 함께 배우고 익혀가는 시간이 걸리기 때문이다. 인지교과도 그렇지만 자연과 이웃과 함께 살기 위해 필요한 배려와 친절은 한 번에 몸에 배는 게 아니다. 가정의 확대판인 학교에서 우리 아이들은 함께 살기 위해 필요한 태도와 자세를 배우고 익히며 버릇처럼 더불어 사는 감성을 쌓아가야 한다. 그것을 위해 교육과 학교가 있다. 물론 어린이들의 행복이 학교와 교육의 존재 까닭이다. 학교, 교육, 교사의 존재 목적을 까먹고 어느 틈에 거대한 체제가 되어 학생들의 행복과 인권을 보장하지 않고, 국가와 기업에서 필요한 인재 육성을 들이대며 입시와 경쟁을 부추기는 사회에서 살고 있기에 행복한 학교, 맛있는 학교, 가고 싶은 학교를 만드는 교육공동체는 귀하고 귀한 교육 역량이다.

토마토 순치기를 하고 난 뒤 아이들은 심심하다. 돌을 들어 던지는 놀이를 자주 하는 아이들이라 이번에도 돌을 던지고 놀기도 한다. 그런데 작은 참새가 지지대 위에 앉았다. 순간 어린이들이 참새를 맞힌다고 돌을 던졌다. 놀라운 일이 벌어졌다. 아이들 돌팔매질에 맞는 참새를 보기란 평생에 있을까 말까한 일이다. 그런데 한 아이가 던진 돌에 참새가 땅에 떨어졌다. 아이들도 놀라고 나도 놀라서 얼른 가보니 다행히 정면으로 맞지는 않고 스쳐서 상처가 있지는 않은데 놀란 듯 기절한 모습이다. 참새가 죽을까 걱정하는 아이도 있고, 그저 참새를 맞혀서 떨어뜨렸다는 우쭐함을 보이는 아이도 있다.

문득 어릴 적 참새를 잡으러 다니던 어린 시절이 떠올랐다. 먹을 게 귀하고 모두가 가난한 시골 마을에서는 아이들은 늘 들과 산으로 먹을 것을 찾아다니곤 했다. 이맘때 보리똥을 따먹고, 앵두를 찾아다니던 것도 생각나고, 참새 잡겠다고 형들을 따라다니며 긴 파이프 활과 대나무 활을 들고 다닌 것도 기억난다. 형들 가운데는 정말 사냥꾼처럼 새를 긴 파이프활로 잡아내거나, 뱀도 능숙하게 잡아서 구워주는 형도 있었다. 메뚜기와 개구리를 잡아 새참으로 구워먹는 건 뭐 누구나 할 수 있었지만 새를 잡거나 겨울에 덫을 놓아 토끼를 잡는 것은 재주가 있어야 가능한 걸로 기억난다.

떠오른 옛 추억을 끄집어내어 아이들에게 참새를 잡던 어릴 적 이야기를 해주었다. 그때는 먹을 게 귀해 정말 잡아먹기 위해서나 밭에 농작물과 씨앗을 먹어버리는 새들을 일부러 잡았지만, 그런 까닭이 뚜렷하지 않으면 그래서는 안 된다고, 생명은 귀한 것이니 함부로 장난으로 잡아서도 안 된다고 하는 선생 말을 아이들은 잘 알고 있다. 다만 어떻게 우리가 던진 돌에 새가 맞아 기절할 수 있냐는데 온통 정신이 가있는 것뿐이다. 도시에서 살아가는 아이들에게는 일어나기 힘든 일을 봤으니 놀랍고 신기하고 그런 것이다. 오늘 돌을 던져 참새를 기절시킨 아이에게 옛날 같으면 대단한 사냥꾼이었을 거란 이야기도 해주지만, 함부로 돌팔매질을 해서 생명을 장난으로 놀라게 하거나 다치게 해서는 안 된다는 말을 같이 짚어줄 수밖에 없다. 이 세상에 온 모든 생명은 모두 온 까닭이 있으니 사람이 함부로 해서는 안 되는 것이다. 다행스럽게도 참새는 잠시 쉬었다 멀리 날아갔다.

지구와 자연의 일부인 사람이 자연을 오로지 인간을 위해서 자꾸 정복과 개척의 대상으로 삼고 살아온 결과가 인류대멸종을 불러올만한 기후위기와 코로나19같은 바이러스 출현이라고 말하는 사람들이 많은 때다. 과학자들이 과학으로 증명하고 있는 기후위기는 사실 인류의 생존 위기일 뿐 자연과 지구의 위기는 아니라는 말을 하는 사람들이 늘어나는 때이기도 하다. 인간이 만들어낸 자본주의 경제는 인간 또한 자연의 생태계의 일부이며, 지구에 사는 모든 생명은 서로 연결되어 있다는 사실을 모르쇠하고 여전히 인간의 편함과 물질의 탐욕만을 부추기고 있다. 이래서는 우리 아이들에게 살아갈 앞날은 자연의 대재앙뿐이라는 사실을 한시라도 깨닫고 문명을 전환시켜야 하는데, 우리 사회는 여전히 기후위기는 먼 일이고 내 일이 아닌 듯 일상을 살아갈 뿐이다. 끝내 인간의 탐욕은 파국을 부르고, 이미 돌이키기 힘든 때라야 바꾸게 되리란 절망을 담고 있지만, 아이들과 함께 살아가는 사람으로서 희망을 만들고 모두가 행복한 세상을 위해 할 일을 찾아갈 뿐이다.

　오후 공부로 1, 2, 3학년이 함께 물들이기를 한다. 학교 둘레 풀과 나뭇잎으로 천연염색을 한 천으로 삶에 필요한 걸 만든다. 덕분에 내 흰옷도 얼른 물들여달라고 부탁해서 귀한 속옷이 됐다. 물들이기 앞 채비 뒷채비하는 교사들 호흡이 척척이다. 네 분의 협력 수업으로 아이들 삶이 풍요롭다. (2020. 6. 12)

 ## 셋. 고물상과 쓰레기 처리 교육

고물상과 태양광 발전기

　태양광 발전기를 설치하던 날, 아이들은 인버터 쓰임
새와 누적되는 전기량 이야기에 저마다 질문을 쏟아내고,

우리가 번 돈으로 에너지 자립을 조금이라도 실천한다는 사실에 모두 뿌듯해 했다. 아이들 질문이 떠오른다.

"전기 누적량이 뭐예요?"

"태양광 전지판이 네 개잖아요. 그러면 한 개에 얼마예요?"

"낮에 해가 없고 흐린 날에는 발전이 안 되는 거죠?"

"발전이 되면 파란불이 들어오고 발전이 안 되는 저녁에는 빨간불이 들어오는 건가요?"

"그럼 선풍기가 쓰는 전기가 30와트니까 태양광발전기로 돌릴 수 있네요."

"형광등이랑 김치냉장고도 태양광발전기 전기로 켤 수 있는 거네요."

2015년, 일 년 반 동안 고물상 가기로 모은 돈을 모아 드디어 작은 200와트짜리 태양광발전기를 설치하고, 2017년 이 년 고물상 가기로 모은 돈으로 150리터 빗물통을 설치하던 날, 일 년 반, 그리고 이 년 동안 고물을 줍고 부모님들이 보내준 쓰레기들을 분류하고 정리해 고물상에 다닌 기억들이 떠올랐다. 어린이들이 쓰레기를 에너지로 바꾸어낸 교육이 학교와 가정에 작은 변화를 불러왔다.

그리고 학교에 있는 전자제품 에너지 효율과 달마다 전기 사용량을 함께 적어보며 공부를 하며 교육이 삶을 조금씩 바꿔 온 세월은 줄곧 되었다.

쓰레기 처리 교육

맑은샘학교 고물상 가기 시작은 단순했으나 학교 설립 때부터 애를 써온 쓰레기 처리 교육과 연결되어 있다.

가정에서나 학교에서나, 아이들이 아주 어려서부터 반드시 해야 할 가장 중요한 일이 쓰레기 처리다. 이 쓰레기 처리는 '환경과'라 말하든지 해서 환경의 보존과 공해 문제를 가르치는 독립 교과를 두게 되면(반드시 그래야 한다.), 그 교과를 공부할 때 해야 할 일이 될 터이다.(앞에서 든 청소교육도 이 '환경과' 교육의 한 부분이 되겠지.)

쓰레기 문제를 몇 가지 들어본다. ①쓰레기는 어째서 생기는가? ②옛날의 쓰레기와 오늘날의 쓰레기. ③도시의 쓰레기와 농촌의 쓰레기. ④쓰레기는 어떻게 처리되는가? 어떻게 버려지고 어디로 가서 어찌 되는가? ⑤쓰레기가 쌓인 곳을 찾아가 보자. ⑥땅의 오염을 어떻게 막을 것인가? ⑦교실에서는 어떤 쓰레기가 나오는가? 우리 집에서는 어떤 쓰레기가 나오는가? 그것을 우리는 어디에다 버리는가? ⑧외국에서는 쓰레기를 어떻게 처리하는가? ⑨쓰레기는 어떤 종류로 나누며, 그렇게 나눈 것을 각각 어떻게 처리해야 할까? ㉮ 논밭에서 거름으로 될 것. ㉯ 불로 태워 없앨 수 있는 것. ㉰ 다시 살려 쓸 수 있는 것. ㉱ 땅속에 묻으면 안 되는 것. (흙이나 물로 되돌아갈 수 없는 것.)

⑪ 사람이 밟아야 할 땅에 떨어지면 당장 위험한 것.
이렇게 나누는 방법을 가르쳐서 알게 할 뿐 아니라, 날마다 알고 있는 대로 실천해서 땅이 오염되지 않게 쓰레기를 처리해야 할 것이다. 나라 사랑, 겨레 사랑의 교육이 멀고 높은 데 있는 것이 아니라 집마다 나오는 쓰레기, 교실마다 나오는 쓰레기로 이 땅이 아주 쓰레기 강산이 되지 않도록 아이들을 가르치는 데 있는 것이라고 믿는다.

-이오덕(1986. 가을호『오늘의 책』)

사실 어린이들과 물건을 아껴 쓰는 교육을 한다지만 도시 속 자본 소비 사회에서 얼마나 어려운 일인지 날마다 교육 현장에서 느끼고 있다. 생산하고 땀 흘리는 경험과 기쁨을 교육활동에서 날마다 펼치지만 거대한 소비사회에서 돈만 주면 쉽게 원하는 물건을 살 수 있는 세상이니 쓰레기 처리 교육은 더더욱 어려울 수밖에. 날마다 소비하고 버리라는 광고가 쏟아지는 사회는 우리 교육 현장에도 그대로 투영된다.

2013년 어린이들이 물건을 아끼고 쓰레기 나누어 내놓는 걸 즐겁게 했으면 하는 생각을 지닌 한 선생이 우연히 고물상을 지나다 높이 쌓인 고물을 보고 한 해 교육활동 주제로 잡은 게 시작이었다. 쓰레기 처리 교육을 교육활동으로 끌어들여 아껴 쓰고 나눠 쓰고 다시 쓰고 바꿔 쓰는 것이 얼마나 뜻있는 일인지 함께 고물상을 다니며 확인한 교사회에서는 전교생이 함께 고물상 가는 활동에 참여하고 그 수익을 모아 학교에 태양광발전기를 달기로 계획을 세우게 된다. 고물상에는 웬만한 거는 모두 모아서 가져가면 재활용을 할 수 있고 자원을 낭비하지 않는 줄 저절로 보게 되고, 모은 돈으로 태양광발전기를 달아 에너지 자립을 향한 목표로 발전시키는 재미도 있었다. 물론 아이들에게는 고물상 주인이 내주는 요쿠르트도 맛있고, 나와서 선생들이 안기는 얼음과자도 좋다. 쓰레기를 모으고 고물상을 다녀오는 것이 도시 문명의 혜택을 받고 사는 아이들에게는 참 소중한 공부임을 깨닫는 시간이 줄곧 되었다.

학생들과 부모들은 집에 쌓인 맥주병이랑 상자들을 들고 오고, 한꺼번에 상자를 무더기로 날라다 주고, 다 쓴 종이와 책, 산책길에 옆집에서 내놓은 빈 병을 주워오고, 학생들은 고물을 노래 부르며 동네 쓰레기를 주우러 다녔다. 건설 현장에서 일하는 부모는 남은 구리선을 친절한 편지와 함께 보내기도 했고, 그렇게 큰 호응과 함께 학교 마당에는 고물 쓰레기가 가득 쌓였다. 찾아간 고물상 주인은 어린이들에게 언제든 무엇이든 가져오라고 했다. 상자를 모아오는 아주머니, 할머니들이 앉아서 이야기를 나누다 고물상에 온 아이들을 보고 깜짝 놀라곤 했다. 할머니

한 분은 인사하는 아이들 곁에 선 선생을 보고 "아이고 아저씨 애들이우?" 묻기도 하고, 학교 아이들이 공부로 고물상을 오는 것에 다들 놀라고 신기해한 시절이었다. 물론 지금은 서로 익숙하다. 처음 간 고물상에서 종이 상자가 65kg, 신문이 5kg, 구리선이 5kg 였는데, 종이상자와 못 쓰는 종이는 kg마다 90원, 신문은 kg마다 110원, 구리선은 kg마다 7500원 시세로 42,000원을 벌었고 그 뒤로 꾸준히 만원부터 십만 원 넘게 벌던 때도 있었다. 고물상 초기에 헌 옷은 kg에 800원 하던 것이 지금은 200원 한다. 고물 시세에 따라 주로 모으던 품목도 조금씩 변하기도 했다.

고물상이 학교에서 차로 10분쯤 가는 거리에 있어 2016년 고물상을 가던 학교 차안에서 나눈 대화다.

"만화책 놔두면 안돼요?"
"응. 학교에 있는 것만으로도 충분하고 여기 있는 것들은 오래되어서 가져가야지."
"그럼 학교 말고 저희 집에 가져갈게요."
"그것은 더 아니 되오. 만화책을 너무 많이 보시니 말이야."
그랬더니 고물상 가는 차 안이 만화책방이 된 것처럼 만화책에 빠진다. 고물상에 가면 언제나 사장님이 아이들을 반겨준다. 늘 요쿠르트를 챙겨주는데 냉장고가 문제가 있어 없다며 아이들에게 빵을 안겨준다. 성범이를 보고 잘

생겼다 자꾸 말더니 나중에는 성범이 긴 머리 보고 혹
시 여자 아이는 아니지 하고 물어서 모두가 크게 웃었다.
3월보다 더 많은 돈을 벌었다. 37,100원이 빗물통 설치를
위해 적립됐다. 헌 옷 값이 많이 내리고 여전히 병 값은 제
대로 못 받는다. 다음에는 병은 수퍼에 가서 바꿔야겠다.

-2016. 4. 29. 쇠날.

날씨: 낮에는 덥더니 상쾌한 바람도 많이 분다.

고물상 가기는 쓰레기 처리 교육과 마을 청소와 학교
교과통합으로 이어져 큰 도움이 되고 있다. 고물상을 다녀
와 쓴 교사 일지 한 꼭지를 보면 상상이 되겠다.

고물상과 수학

고물상 가는 날이다. 아침 산책길에 종이상자를 가
득 주웠는데 나르는데 아이들이 애를 먹었다. 학교 마당
한 쪽에 쌓인 종이상자와 책, 옷가지들을 정리하는데 한참
이 걸린다. 차에 실고 마당을 쓸고 나니 마당이 훤하다. 새
해 첫 고물상 다녀오기라 사장님이 반갑게 맞으며 아이들
에게 요쿠르트를 안긴다. 무게를 재고 계산하니 23,700원
이다. 아무래도 술병을 가게에 파는 방법을 찾아봐야겠다.
술병값이 많이 올랐는데 고물상에서는 그냥 무게로 계산

하니 얼마 안 된다. 다녀와서는 늘 그러는 것처럼 수학 셈을 한다. 물건마다 1kg에 얼마인지 계산해 합치고 나누고 셈 공부로 쓸모가 많다. 이번에는 표를 만들어서 일 년 고물상 다녀 온 기록을 정리해봤더니 20만원이 넘는 금액이다. 6번 다녀온 총액도 더하고, 평균값을 내보는 공부를 한 뒤 그간 활동을 그래프로 만들어봤다. 막대그래프, 꺾은선 그래프, 원그래프 세 가지를 그려보며 정리해본다. 선생과 칠판에 같이 정리하고 아이들은 다시 수학 공책에 정리하는데 원그래프가 비율을 구하는 게 한참 걸린다. 아이들마다 막대와 꺾은선 그래프가 숫자를 정리한 표보다 보기 쉽다고 한다. 원그래프가 보기에 편한데 비율 구하는 게 아직은 어렵단다. 아나바다를 실천하고, 에너지 자립 공부로 태양광발전기를 설치하고 이제는 빗물통 설치 목표인 고물상 가기가 수학 공부에 도움이 많이 된다. 다음 시간에 지난해 일 년간 기록한 태양광 발전량을 통계 내고 표로, 그래프로 정리하면 또 공부가 많이 되겠다. (2016. 2. 25)

고물상 수학

학교로 돌아오니 11시 5분이다. 한참을 쉰 뒤 고물상에서 받아온 영수증으로 셈 공부를 했다. 헌옷은 시세가 1킬로그램에 200원인데 우리가 갖고 간 게 40킬로그램이다. 책과 종이는 1킬로그램에 130원을 쳐주는데 165킬로 그램이 나왔다. 아직 곱셈을 익히기 전인 아이들이라 모두 덧셈으로 해야 하는데 세자리 수 더하기도 한참이 걸리는 수의 크기다. 200원을 40번 더해야 하고, 130원을 165번 더해야 한다는 건 이해하는데 실제 더하기는 시간이 부족하고 아직 어렵다. 다음 시간에 실제로 40번, 165번을 더해 계산해보기로 하고 오늘은 간단한 곱셈으로 선생이 계산하는 걸 보여주기로 했다. 헌옷으로 8,000원, 헌책과 종이로 21,450원을 벌었으니 다 합쳐서 얼마인지 물으니 29,450 원 을 계산해낸다. 아직 세 자리 수 이상 셈이 익숙하지 않아 자주 익혀야 할 때다. 셈 연습을 자주 할 필요가 있겠다. 앞으로 할 셈 공부를 미리 해보니 그것도 좋은 경험이다. 고물상 다니며 에너지, 일, 나눔, 셈, 협력… 참 배울 게 많다. 그동안 고물상 다닌 결과로 다음 주에는 빗물통을 설치하게 된다. 알찬샘 아이들도 한 몫 한 날이다. (2017.3.3.)

교육의 생태적 전환

태양광발전기를 설치한 뒤 다시 맑은샘 어린이들이 2년 동안(2015-2016) 고물상을 다녀 번 값으로 에너지와 지구를 생각하는 실천으로 빗물저금통이 마련되었다. 빗물저금통은 마을기술센터 핸즈의 도움을 받아 어린이들과 함께 만들어 설치했다. 빗물저금통 구조와 원리를 듣고, 세 모둠으로 나눠 첫 모둠은 큰 통에 연결관이 들어갈 구멍을 뚫고, 두 번째 모둠은 연결관을 잘라 조립하고, 세 번째 모둠은 빗물저금통을 놓은 나무받침대를 만들었다. 척척 마무리를 지어 한 시간 만에 모든 작업을 마무리 지은 빗물저금통은 옥상에서 내려오는 배수구와 연결되었다. 어린이들이 다시 빗물저금통에 그림을 그리고 글을 써 예쁘게 꾸몄던 기억이 새롭다. 태양광발전기가 교과통합에 큰 도움이 되고 있듯이 맑은샘 빗물저금통은 빗물을 모아 텃밭에 물을 주고, 손을 씻고, 걸레를 빠는데 큰 도움이 되고 있다. 자연스레 에너지를 생각해보는 교과 통합 활동이 학년마다 모둠마다 알맞게 펼쳐지고 있다.

기후변화와 피크오일 시대, 전환은 지구의 앞날과 지속가능성, 인류 생존을 위해 꼭 필요한 말이 되고 있다. 마을과 교육에서도 전환을 담기 시작하고 있다. 국가와 큰 조직이 에너지 자립과 지역 먹을거리, 지속가능성을 열어주기를 기다리는데 그치지 않고, 먼저 깨닫고 도시 안의 사람들의 관계 회복과 공동체성 회복이 지속 가능한 에너지라는 것을 널리 알리고 실천하는 전환마을운동, 전환을 교육으로 끌어들여 교육의 생태적 전환을 말하는 전환교육운동은 인류의 지속가능한 삶을 묻는 절실한 삶의 전환을 말한다. 그렇기에 곳곳에서 마을공동체를 말하고 마을

교육공동체를 꿈꾸기도 한다.

　자본, 소비, 도시, 경쟁의 사회에서 살아가는 학생들에게 소비하는 삶은 사회의 자연스러운 반영일 수밖에 없다. 물질이 넘쳐나고 필요한 건 가게에서 언제든지 살 수 있고, 첨단기술이 만들어낸 스마트폰은 어른 아이 가리지 않고 필수품인 세상에서 땀 흘려 일하고 생산하는 삶이 교육으로 이어지려면 많은 정성이 필요하다. 자본과 소비, 입시와 경쟁의 시대에서 살아가는 학생에게 세상은 불안과 두려움, 막연함으로 가득 차 있고, 세상의 변화와 앞날을 준비하는데 꼭 필요한 생활기술, 자립의 세계는 멀기만 한 이야기다. 또한 청소년기 세상을 희망과 낙관으로 바라보기 위해서는 자신에 대한 이해와 자신감이 무엇보다 필요하고, 세상의 변화에 맞는 자기 준비를 하는 게 중요하다. 인터넷과 엄청난 양의 대중매체 영향에서 살고 있지만 차분히 자신을 들여다보며 세상으로 나갈 준비를 할 시간은 늘 방해 받고, 지구와 지역마을과 자신을 연결할 시간은 스마트폰 세상일 뿐이다. 스스로 자신의 내면을 들여다보고, 저마다 자신감과 자존감을 높이며, 세상과 나를 연결하며 진로를 탐색하는 프로그램이 절실하다. 더욱이 적정기술로 함께 일하는 공동 작업, 협력의 가치를 깨닫고 다양한 길을 찾는 교육은 꼭 필요한 진로탐색이다.

사실 진작부터 인류의 지속가능성은 문제 제기되어왔으나 대량생산과 대량소비로 지구의 자원을 모조리 고갈시켜가며 후대에게 물려줄 유산을 남김없이 쓰고 있는 우리의 삶은 변하지 않았다. 후쿠시마 핵발전소 사고로 생명의 바다가 죽어가고 있는데 인류는 속수무책이다. 감당할 수 없는 일이 일어난 것이다. 이러한 때 교육은 무엇을 담아야 하는가라는 물음 속에 교육의 생태적 전환은 무겁게 다가왔다. 그러나 꿈과 희망을 말하는 게 교육 아니던가. 이오덕 선생은 교육이란 몸과 마음이 건강하게 키워가는 일이라 했다. 자연 속에서 일하고 노는 학생들은 건강하다. 삶의 기술은 소비하는 삶보다 생산하는 삶을 지향한다. 삶의 기술을 익히는 과정은 뇌의 조화호운 발달을 돕는 인류 역사에서 오랫동안 검증된 교육방법이기도 하다. 손을 놀리고 몸을 놀려 삶의 기술을 습득하는 것은 땀과 정성을 배우고, 자연의 시간을 배우고, 느림의 미학을 깨닫게 한다. 계절의 바뀜에 따라 자연이 주는 선물을 고맙게 받고, 땀 흘려 일해 스스로 먹을거리와 쓸 도구를 만들어가는 작은 활동이 쌓여 자연을 닮은 감성이 쌓이고 생산의 버릇이 배인다. 그러니 학교는 일과 놀이 학교이자 맛있는 학교, 생산하는 학교로 자연과 함께 사람과 함께 행복한 삶을 가꾸어가는 즐거운 배움터이어야 한다. 더욱이 생산자로 살아가는 삶에 선생들이 도움이 되도록 앞으로 뒤로 챙길 게 많으니 학생들의 삶을 삶의 기술로 가꾸며 교사 또한 자란다. 그 길에 고물상이 큰 노릇을 하고 있다.

2018. 3. 29. 나무날. 날씨: 초미세먼지 나쁨, 미세먼지 보통이다. 해가 난다. 개나리가 활짝 피고 매화꽃이 곧 터질 듯 붉음을 드러낸다.

고물상에 갔더니 고물상 사장님이 좀 더 분류를 해야겠다 알려준다. 운동화는 거의 쓸모가 없고, 책과 못 쓰는 종이는 따로 분류해야 한다. 술병은 채민이가 마트 가면 더 제값을 받을 수 있다고 해서 내리지 않고 가게에 가게 됐다. 과천 8단지 농협에 병을 갖고 가니 하루 30개만 받는데 오늘만 받아준단다. 50개 넘는 병을 갖다 주고 받은 돈이 5,100원이다. 농협에서 팔지 않는 클라우드 맥주병은 안 받는다고 해서 gs수퍼에 갖다 주고 2,670원을 받았다.

여전히 맑은샘학교 어린들은 고물상을 간다. 에너지 자립 학교란 큰 꿈을 위해 쓰레기 처리 교육과 고물상 가기를 연결하며 일놀이로 삶을 가꾸고 있다.

 ## 넷. 어린이장터와 아나바다

장터

　장터에 가면 먹을거리, 볼거리, 살거리가 있고 떠들썩한 분위기와 사람들이 많지. 그래서 장터에 가면 살아있는 기분도 들고 사람들에게 위로를 받고 힘을 얻어. 맑은 샘 벼룩 재능 장터가 그랬어. 물론 장터가 열리면 아이들이 가장 신나지. 먹을 게 얼마나 많은지, 솜사탕 먹으려고 줄을 서도 힘들지 않아. 아이들에게 미술을 보여주는 아이들도 정말 뿌듯한 날이었지. 화창한 봄날에 서로 마음을 느낄 수 있고 따듯한 눈길과 정성이 가득해서 참 좋았어. 모두를 위해 내가 가진 솜씨와 마음, 손과 발, 머리, 물건을 내놓는 건 쉬운 일이 아니야. 파는 것도 살 사람을 생각하는 배려가 있어. 사는 사람은 파는 사람을 생각하고, 아이들은 설거지하는 아버지와 부지런히 일하는 어머니를 보면서 어른들이 살아내는 아름다움을 배워가며 웃음과 이야기가 가득한 한마당 잔치였지. 사고파는 장터로 그치는 게 아니라 삶을 나누는 사람들이 있어 아름다웠어.

그런데 장터가 열리려면 일찍부터 준비하는 사람들이 있어야 해. 어떤 장터를 만들지, 물건을 놓을 탁자도 날라야 하고, 배치는 어떻게 해야 좋겠는지, 장터를 채울 물건과 장터에 올 사람들을 맞이할 준비를 하면서 멀리까지 장터를 알리고 손님들을 초대하는 것까지 할 일이 많지. 이좋은 장터를 생각하고 함께 준비를 하고 장터를 열어 서로 행복한 사람들이 누구인가 하면 맑은샘 식구들 모두였대. 서로를 보고 웃고 떠들며 아이들과 어른들이 함께 사는 재미로 늘 행복 하고 싶은 그들에게 하루 장터는 그 몫을 다한 날이야. 바람이지만 이런 웃음꽃 피는 맑은샘 장터라면 한 해에 두 번 쯤 하는 것도 좋을 것 같아. 좋은 사람들과 좋은 일을 벌여 좋은 뜻을 살리고 모두가 즐겁고 행복한 시간을 보내는 기쁨은 아무나 얻을 수 있는 게 아니라서 더 고맙고 소중해. 정말 누구와 무슨 꿈을 꾸며 어디에서 살아갈 것인지, 함께 하는 동안 어떻게 살 것인지 생각하기에 넉넉한 하루였어. 다음 장터에서 만나. (2013. 3. 16)

어린이장터

장터에 가면 눈과 귀와 입이 즐겁다. 치열한 삶의 현장에서 살아가는 사람들에게는 또 다르지만, 어쩌다 시장을 찾는 사람들에겐 사람들의 웃음소리, 먹을거리, 볼거리, 사고 팔 물건들, 흥정하는 사람들, 푸짐한 인심이 있다. 맑은샘학교 어린이 장터도 그렇다. 정성스럽게 준비한 먹을거리가 가장 인기가 많은데, 아무래도 집에서 미리 재료를 챙겨주고 만들어주신 부모님들 도움이 크긴 하다. 어린이장터 물건 사는 재미는 참 좋다. 말하지 않았는데도 먼저 깎아주고, 좀 깎아달라면 바로 깎아준다. 보통은 흥정을 하지 않는 게 특징이다. 마음이 따뜻하고 정직하고 동정심이 많은 어린들이라 그렇다. 장터에서 번 돈은 북한 수해 돕기로 기부하기로 했는데 전달할 방도가 있을까. 역시 기부하는 사람이 얼마를 기부할지 정해서 넣는다. 물건을 사고 팔며 생긴 돈은 모두를 위해 쓸 몫이 있다는 것을 자연스레 배우고 한마음이 된다. 고마운 마음이다. 개인 욕심을 부리지 않고 모두를 위해, 더욱이 장터에 내놓은 물건들은 부모님 정성임을 알도록 이야기를 자꾸 나눌 필요가 있다. 돈 벌려는 장터가 아니라 모두가 어울리고 기뻐하는 장터이자, 기분 좋은 나눔과 장터를 여는데 도움주신 부모님들과 물건을 만든 노동자, 농부들을 함께 생각하도록 아이들과 공부 계획을 줄곧 잡을 몫이 선생들에게 있다.

어린이 장터는 어린이들이 좋아하는 활동이고, 경제교육을 자연스레 할 수 있는 꼭지이다. 대안화폐를 공부하는 기회도 된다. 돈의 개념, 셈과 경제 개념은 아이들마다 다르지만 장터를 하며 공통으로 배우는 가치가 있다. 자본사회에서 살아가는 요즘 아이들에게는 이미 돈과 소비는 삶이다. 더욱이 대중매체에서 쏟아져 나오는 물건사라는 광고 홍수, 물신주의가 팽배한 세상에서 나눔과 아껴 쓰는 것의 귀한 가치를 가르치는 건 정말 어려운 일이다. 부자를 꿈꾸고, 더 많은 소비를 꿈꾸는 어른들을 보고 아이들도 어느새 더 비싼 장난감과 명품을 알아간다. 그것이 취향과 개성을 잃어버린 사람들에게는 오히려 소비의 지표가 되어버린 현실이니 오죽할까. 소비문명의 맛을 배워버린 뒤 생산의 기쁨을 배우는 것은 더 어려울 수 있겠다. 눈물을 타고 흐르는 전기를 생각하고, 죽어가는 바다와 강을 살리기 위해 우리가 고쳐야 할 버릇 하나라도 찾아보고,

석유 사회에서 벗어나기 위해 안간 힘을 쓰다보면 우리 삶의 방식이 조금은 변하지 않을까. 인류의 멸종을 피할 방도를 알고 있지만 이미 멈출 수 없는 욕망으로 끝내 파국과 절망으로 달려가는 어른들을 보고 우리 아이들은 무엇을 배울까. 경제 성장을 멈추면 더 행복할 수도 있다는 말을 하면 미쳤다 하는 사람들이 많은 세상에서, 아나바다 운동이나 쓰레기 공부가 얼마나 중요한지 다시 생각할 필요가 있다. 우리가 누리는 편안함과 안락함 뒤에서 얼마나 많은 일들이 벌어지고 있는지, 인간이 무슨 짓을 벌였는지, 오늘도 태평양으로 쏟아지는 후쿠시마 핵방사능과 내가 타는 자동차가 만들어낸 기후변화에 절망한다. 그래서 미안함과 불편함을 마음에 담고 산다. 그것마저 없으면 자연에게 너무 미안하지 않은가. 도시 문명에 길들여져 살지만 불편하게 사는 것이 오히려 우리를 깨어있게 함을 날마다 알아간다. 많이 걷고, 조금 먹고, 쓰레기를 줄이고, 자립을 꿈꾸며 함께 살아가는 행복을 찾아가는 것이 이 절망과 안락함에서 탈출할 수 있는 길인데……. 우리네 삶이야 늘 그렇듯 나와 내가 속한 우리의 행복에 적당히 안주하고 어쩔 수 없음을 변명하며 살아가더라도, 잠깐이라도 이 세상이 돌아가는 구조와 이치를 되돌아보고 다시 반성하고 생활을 다시 조직하는 것은 내 건강에 좋고 모두를 위한 일이다. 시나브로 생명을 살리는 삶의 방식대로 살아가

길, 자연처럼 살아가는 버릇을 가진 인간으로 거듭나길 꿈
꾼다. 그러다 내일 차를 버릴 수 없는 까닭을 찾고 또 살아
가겠지만. 아이들이 여는 장터 때문에 마음을 다잡게 되니
또 좋다.

　　삶의 기술로 숟가락을 깎고, 택견으로 몸을 돌보고, 작
두콩을 키워 작두콩차를 만드는 어린이들의 행복한 교육
현장이 참 아름답다. 학교는 아이들을 위해 있다. 교육은
행복해야 한다.

숲속놀이터에서 아나바다 어린이장터가 열렸다. 그런데
맑은샘 어린이들은 맑은샘 대안화폐인 〈이삭〉을 돈으
로 쓴다. 그런데 이삭을 마련하는 과정이 정말 아름답다.
집마다 어린이와 부모님들이 헌옷과 재활용할 수 있는 물
건을 모아서 가져오면 학교에서 무게를 재서 안양에 있는
고물상을 가고, 고물상에서 나온 돈으로 〈이삭〉을 구입
한다. 이렇게 해마다 두 차례씩 열리는 아나바다 어린이
장터에서 거래를 하고, 장터 기부금으로 북한어린이들을
돕기도 했고, 기후위기 시대 환경을 생각하는 마음으로
장터 기부금을 환경단체에 기부한 적도 있다. 올해는 리
비아와 모로코 지진으로 고통받는 어린이들에게 보냈다.
아나바다 운동을 실천하고, 고물상을 줄곧 다니며 구한
값으로 에너지와 지구를 생각하며 태양광발전기와 빗물
저금통을 설치하고, 에너지 전환을 실천하는 마을 속 작

대안화폐 이삭

교실 아침열기로 이어가자마자 어린이장터 이야기다. 먼저 저마다 가져온 고물 양에 맞게 대안화폐 이삭을 나눠주고, 장터와 돈의 역사 이야기를 들려준다. 10시 1층 강당에 모여 우리가 왜 장터를 열고 무엇을 배울 것인지 이야기를 잠깐 나누고 숲 속 놀이터와 학교 마당에서 장터가 열렸다. 먹을거리는 마을포장마차게시판에서 많이 팔고, 숲 속 놀이터 곳곳에서 돗자리를 펴고 집에서 들고 온 물건을 펼쳐놓는다. 일 년에 두 번 하는 어린이장터를 어린이들은 몹시 좋아한다. 장터에 쓰이는 돈 이삭은 들고온 고물값에 맞게 나눠주지고 장터 규칙대로 저마다 2,600원까지만 쓸 수 있다. 고물을 많이 들고온 어린이들은 저마다 통장 기록으로 저축을 해 놓는다. 장터가 끝나면 모든 이삭은 다시 맑은샘은행으로 반납되고 저마다 통장으로 장터에서 번 돈이 저금된다. 인기있는 물건은 순식간에 팔리고 먹을거리는 장터 내내 모두를 즐겁게 한다. 윤태, 인웅이는 함께 떡꼬치를 채비해서 함께 일하고, 지율이는 라면땅을 많이 만들어왔다. 서연이는 튀긴옥수수를, 유민이는 만두피튀김, 시우는 잔빵. 단희는 떡볶이를 내놓는다. 부모님과 함께 만들었다는데 모두 맛이 있어 인기가 많다. 1학년 현서의 쿠키도 있다. 2학년 동규는 인형유모차를 장만해 푹 빠져있다. 어린이장터 명성을 아는 마을 어른들도 들려서 마을장터가 더 살아난다. 선생도 고물을 모아 받은 이삭으로 편지지도 사고, 먹을거리를 사서 먹었는데, 조한별 선생이 산 남자로션을 받게 되어 장터 물건이 푸짐하다. 한 시간쯤 열린 어린이장터는 늘 그렇지만 먹을거리, 볼 거리, 살 거리, 팔 거리가 가득하다.

이번 어린이장터는 새로운 도전이 있다. 첫째, 맑은샘학교 어린이장터 역사에서 처음으로 대안화폐 이삭을 쓴다는 것이다. 이삭이란 대안화폐를 만들어낸 것도 새로운 도전이지만 그동안 어린이장터에서 꾸준히 애써온 활동을 바탕으로 대안경제 영역으로 교육이 넓어지고 깊어진 것이기도 하다. 줄곧 제안되어온 대안화폐 공부를 작게 실천해보며 자리를 잡아가자고 했다. 맑은샘 화폐 발행 기념으로 모든 어린이에게 500원의 기본 소득을 나눠주기도 했다. 대안화폐 하나만으로도 어린이들과 나눌 이야기는 정말 많다. 둘째는 고물을 모아 장터에서 쓸 돈을 스스로 마련하는 데 있다. 부모님 도움이 있으니 집마다 식구들이 함께 참여한 셈이고, 어린이들이 마을을 돌아다니며 고물을 모아 재활용과 쓰레기 분류를 실천한 것이다. 더욱이 들고 온 고물을 저울에 달고 수학 셈도 할 수 있었다. 줄곧 고물상을 다닌 활동이 교육으로 자리를 잡아간 것으로 도 볼 수 있다. 셋째, 마을포장마차게시판이 첫 선을 보이며 어린이장터에 도움이 됐다. 마을 어른들과 어린이들이 참 여해 설계, 모형 작업, 목공 일, 칠하기까지 모든 과정에 참 여해 만든 포장마차게시판이 장터에서 제 몫을 다했다.

장터 뒷정리를 마치고 교실에서 장터를 주제로 글을 쓴다. 저마다 장터의 주인이 된 과정이 글 속에 담겨있다. 장터에서 번 이삭을 세서 얼마를 벌어서 저축할 것인지 계 산도 해서 수학 공책에 적어놓는다. 점심 때 선생들이 모 두 학교 마당에서 가득 쌓인 고물을 분류해 고물상에 갈 채비를 해놓았다. 양이 꽤 많아 이번에는 돈이 좀 되겠다. 다음에는 좀 더 자세하게 안내해 고물상에서 받지 않는 것 을 잘 알려야겠다. (2017. 9. 20)

경제공부와 기부

어린이 장터가 열리는 날을 손꼽아 기다리는 어린이 들이 많다. 한 주 앞서 고물을 미리 모아 재서 고물상에 보 내 맑은샘 어린이장터에서 쓰는 이삭을 모으는 것부터 장 터에 내놓은 물건을 챙기는 것까지 할 일도 많다. 물론 재활용할 것들을 챙기는 데 부모님들의 힘이 크더.

날씨가 오락가락해서 안에서 장터를 열기로 했다. 1층 강당은 낮은 학년, 2층은 높은 학년, 3층과 다락은 먹을거리 장터로 쓰였다. 먹을거리를 챙겨오는 어린이들이 꽤 많은 걸 보니 부모님들이 돕느라 애를 쓰셨겠다. 고물을 모아 번 2600이삭을 저마다 받았는데 어린이마다 쓰는 게 참 다르다. 인기 많은 먹을거리 장터가 가장 북적이는데 현우 떡꼬치가 가장 먼저 다 팔렸다.

먹을거리, 볼거리, 살거리, 팔거리, 놀거리가 넘치는 어린이장터는 경제 공부가 자연스러운 활동이다. 물물교환부터 시장의 역사, 돈의 역사, 재화와 용역, 기부문화까지 나눌 게 많은 교육활동이다. 선생들도 어린이들 내놓은 물건을 많이 사기도 하고, 학교에 필요한 물건으로 사기도 하는데, 재미난 일도 벌인다. 최명희 선생이 이삭을 받고 연필깎아 주는 사람으로 변신해 아래 위를 오가고, 한주엽 선생은 층계를 오르내리는 어린이들을 업어주는 택시기사가 됐다. 나는 노래를 불러주는데 100이삭을 외치고 다녔는데 어린이들이 관심이 없어, 재미난 이야기를 들려주는 걸로 바꾸었더니 그 재미가 좋았다. 일곱 어린이들이 재미난 이야기를 들려달라며 100이삭을 선뜻 냈다. 마주보고 앉아 어릴 적 똥 이야기를 각색해 들려주며 둘이서 키득키득 웃는 풍경이 재미나 보였는지 다른 어린이들이 또 들려

달라고 달려왔다. 물론 낮은 학년 어린이들이다. 높은 학년은 이제 물건을 사고 쓰며 돈의 쓰임을 생각하는 어린이들이라 웬만해서는 쉽지 않다.

장터를 마치고 모두 모여 기부의 뜻과 장터와 사주는 사람들이 있어 이삭을 벌 수 있고, 일정한 비율을 다른 사람들과 나누는 뜻을 먼저 이야기한 뒤 저마다 하고 싶은 만큼 이삭을 기부하는 시간에도 그 특성이 그대로 나온다. 높은 학년은 기부하는 금액이 작고, 낮은 학년은 기부하는 금액이 크다. 기부를 하자는 분위기를 띄우는 선생들이 있지만 굳건하다. 그런데 지난해에 이어 올해도 우리 현우는 손에 있는 이삭 전부를 기부해서 모두의 환호를 받았다. 그것도 11,600이삭이라는 가장 많은 이삭을 벌었는데 전부를 내놓았다. 덕분에 1학년 어린이 모두가 지니고 있는 이삭을 모두 기부하고, 2학년도 동참했다. 금액은 다르지만 모두 것을 내놓아 남을 위해 쓰겠다는 마음은 칭찬을 가득 받을 만하다. 어른들 세상에서는 위대한 성자나 할 수 있는 일이지만 어린이 세계에서는 기꺼이 마음을 낸다. 그래서 어린이 마음을 배우자는 말이 나왔을 것이다.

자기 몫, 처지를 먼저 재거나 생각하지 않고 마음 그대로 모든 것을 내놓는 건 쉽지 않은 선택이다. 부모마다 다르겠지만 사회 통념으로 볼 때, 자식이 자기 앞가림하고 평탄하게 살기를 부모 마음으로 보면 어른이 되어 남을 위해 제 가진 것을 다 내주는 일은 칭찬하기 참 어려울 수 있다. 다른 사람들을 위해 일하고 애쓰는 일이 사회에서 외롭고 힘든 어려운 길이라면 가지 말라 말릴 수 있고, 충분한 보상이 뒷받침되지 않는 일에 나서는 거라면 선뜻 동의하기가 어렵다. 교육이 사회를 바꾸는 힘이고 삶을 바꾸는 바탕이라면 우리가 어린이들에게 말하는 나눔과 함께 살기를 어른이 나는 우리는 얼마나 실천하고 있는지 되돌아보게 된다. 부끄러운 삶에 고개를 숙였다. (2019. 4. 24)

어린이 장터 규칙

뒷산에서 아침열기를 하고 돌아와 학교 마당에서 가서 푸른샘 아이들과 빗자루로 마당에 고여 있는 물을 모두 쓸어내어 장터 열 준비를 했다.

"선생님 제 지갑에 들어있는 동전이 2,500원인지 봐주세요."

"저도요."

아이들마다 가져올 수 있는 돈이 2,500원이라 동전을 지갑이나 비닐봉지에 담아 온 아이들이 많다.

9시 50분 모두 마루에 모여 어린이장터를 여는 뜻과 까닭을 이야기 하고 장터 규칙도 다시 확인했다. 장터 규칙을 미리 준비하고 장터 계획을 세운 6학년들은 제천간디학교로 길찾기를 떠나 학교에 없다. 6학년들이 없으니 없는 티가 확실하게 난다.

아이들이 마련한 규칙은
"1. 어린이 마음을 헤치는 물건들은 가져오지 않는다.
2. 가장 비싼 값은 500원이다.
3. 점심값은 100원을 기준으로 더 내면 좋다.
4. 기부금은 모두 맑은샘회의에서 뜻을 모아 정한다.
5. 아이들에게 산 물건을 다시 다른 아이에게 비싸게 팔아서는 안 된다.
6. 형들이 자꾸 동생들에게 자기 물건 사라고 하지 않는다." 따위다.

장터를 열 곳에 자리를 펴고 아이들이 기다리던 장터가 열린다. 장난감, 옷, 연필, 지우개, 비누, 장명루, 머리띠, 종합장, 그림책, 저금통…. 없는 게 없고 있을 건 다 있는 장터답다. 3학년 민주는 집에서 어머니가 만든 매실차를 팔고, 4학년들은 어제 미리 만들어 놓은 달고나를 판다. 푸른샘 아이들이 마당에 있는 평상에 물건 펼치는 걸 도와주고 슬슬 장터 이곳저곳을 돌아다니는데 아이들이 물건을 팔고 사는 모습이 진짜 장터다. 아껴 쓰고 나눠 쓰고 바꿔 쓰고 다시 쓰는 뜻이 가장 크고, 돈을 알맞게 쓰고, 물건을 사고파는데 필요한 셈과 경제, 좋은 곳에 돈을 모으는 기부까지 해마다 여는 어린이장터는 좋은 교육활동이다. 기부함에 동전 넣기 놀이, 점심 사먹은 돈 모아서 좋은 곳에 기부하기도 아이들이 좋아한다. 마당 한가운데 통을 넣고 멀리서 동전을 넣으면 먹는 선물을 주니 꽤 호응이 있다. 점심값은 100원 이상은 내야 하는데 갖고 싶은 물건을 사느라 돈을 다 써린 아이들도 있다. 그러면 누군가 "내가 사줄게." 한다. 강산이에게 미리 예약한 책도 사고, 3학년 민주가 파는 매실차도 사먹고, 달고나도 사먹고, 아이들이 펼쳐놓은 물건들을 살펴본다. 연재는 아이들에게 탑을 그려주는 재능을 기부하기로 하고 아이들이 주문한 그림을 집중해서 열심히 그리는 모습이 진짜 대학로 화가 같다. 잘 안 팔리는 아이들 곁으로 가니 모두 그럴만한 까닭이 있기는 하다. 그런데 태인이가 그린 엽서가 눈에 들어왔다. 돈을 주고 산 물건을 다시 내놓은 게 아니라 스스로 만들어서 뭔가를 판다는 게 좋아서 한 장에 50원 하는 태인이가 그린 그림엽서를 모두 샀다. 아이들에게 보내는 엽서로 쓰기에 좋을 것 같다. 채연이도 스스로 만든 나무목걸이를 내놓았다. 예쁘기도 하고 만들 때 정성을 알기에 얼른 샀다. 호연이가 내놓은 손톱깎이가 달린 열쇠고리를 사는 흥정을 하는데 가장 비싼 값인 500원을 부르기에 깎아달라니 200원을 깎아준다.

그런데 푸른샘 아이들은 팔 생각보다 사러 다니느라 더 바쁘다. 푸른샘 장터 쪽으로 가서 떨이요 떨이를 외치며 파는데 호응을 해주는 아이들이 고맙다.

장터가 한창 열릴 때 선생들도 가져온 물건을 경매에 붙였다. 최명희 선생이 가져온 물건 두 개는 인기가 좋아 금세 다 팔렸다. 내가 내놓은 열쇠걸이와 작은 수첩도 순식간에 아이들이 샀다. 가장 비싼 물건 값을 500원으로 정한 어린이장터에서는 가장 큰 돈이 오고간 셈이다. 선생들은 다시 그 돈으로 기부함에 동전 넣기 놀이를 하며 분위기도 띄우고, 아이들 물건을 사준다. 선생들 모두 잘 안 팔리는 아이들 물건도 한 번 더 보고 팔도록 도와주다 보니 금세 장터를 닫을 시간이다. 많이 팔아서 유명한 민철이에게 밥을 사달라니 민철이가 선생 두 사람 밥을 샀다. 팔고 남은 물건은 모두 갖고 가는데 몇몇 아이들은 학교에 모두 기부를 한다. 어린이들이 하는 장터에 담긴 뜻을 자세히 살펴 더 훌륭한 교육활동이 되도록 애써야겠다. (2013. 4. 24)

다섯. 삶을 위한 전환 교육

교육의 오래된 미래, 대안교육

"학교는 학생들을 위해 있고, 교육은 행복해야 한다."

2023년 5월, 나는 덴마크에 있었다. 약 한 달 동안 북유럽 교육선진국 덴마크 기숙학교 Efterskole와 통학학교 Friskole에 지내며 덴마크 교사들과 학생들을 만났다. 나는 이번 연수 이전에도 덴마크 연수를 두 번 다녀온 경험으로 덴마크 폴케스콜레(공립학교), 프리스콜레(자유학교 1-9학년), 에프터스콜레(1년제 기숙학교), 폴케회어스콜레(성인시민대학), 5년제 교사양성대학인 자유교원대학을 두루 경험하고 덴마크 학생들과 교사들을 만난 적이 있다. 그런데 두 번 다 겨울에 진행된 교사연수단 프로그램이라 여러 학교를 들리다 보니 방문 시간이 반나절이거나 그보다 짧았다. 이번에는 덴마크 에프터스콜레협회와 프리스콜레협회 도움을 받아 나 홀로 다녀왔다. 언어중심의 특별한 교육과정을 지닌 Rejsby European Efterskole와 낚시, 승마부터 정말 다양한 자연 속 바깥활동으로 몸과 마음의 성장을 도모하는 교육과정을 특징으로 하는 Efterskolen Flyvsandet, 학부모들과 지역사회가 함께 가꿔가는 것을 강조하는 Vester

Skerninge Friskole프리스콜레는 학교마다 특색이 뚜렷해 우리나라 대안교육과 우리 학교의 교육과정의 깊이를 더해주고 상상하는데 좋은 보기가 되었다. 2022년에는 영국 써머힐에 열린 2022IDEC, 2023네팔IDEC(세계민주교육한마당)[1]에 참가해서 세계의 민주교육(대안교육) 현장의 교사와 학부모, 학생들을 만나며 교육의 현재와 미래 흐름을 확인하기도 했다. 가까운 두 번의 해외 연수를 언급한 까닭이 있다. 해외교육기관을 탐방하고 다녀온 뒤 보고서를 쓸 때마다 반복해서 한 말이 있기 때문이다.

"우리나라 대안교육 현장은 민주스러운 교육공동체와 교사들의 열정과 헌신이 세계에서도 인정할 만큼 대단하며 뛰어나다. 우리가 얼마나 놀랍고 행복한 교육을 실천하고 있는지 다시 확인했다."

덴마크 같은 북유럽 교육선진국과 세계 여러 나라 민주교육 현장에서 아주 중요한 살아있는 말과 노래, 학생자치, 교육공동체, 대화와 상호작용, 협력교육, 민주시민교육, 함께 살기, 노작교육, 자연친화, 생태전환교육, 학습

---

1) IDEC은 International democratic education conference의 줄임말로 세계민주교육회의쯤 되지만 우리식으로 말하면 세계민주교육한마당, 세계대안교육한마당이다. 1993년부터 연 1회 진행되고 있는 교육 관련 국제회의인데 2014년에는 대안교육연대가 광명시와 함께 한국IDEC을 개최한 덕분에 대안교육 현장에게는 친숙한 행사다. 해마다 여러 나라가 번갈아가며 개최하는데, 이스라엘, 영국, 독일, 캐나다, 일본, 인도, 우크라이나 들에서 열렸다.

자 주도, 프로젝트 교육들은 한국의 대안교육연대 소속 대안교육기관의 보편 교육과정이다. 또한 삶을 위한 교육, 삶을 위한 학교라는 철학과 교육과정은 한국의 대안교육의 철학과 같다. 2백년이 되어가는 덴마크 자유학교의 역사, 그룬트비와 크리스텐 콜의 교육 실천은 지금의 덴마크 사회를 만들었다. 덴마크 자유학교와 세계 민주학교 교육과정은 한국의 대안교육연대 교육 현장처럼 미래교육을 구현하고 있으며 세계 보편의 민주교육 과정과 같다. 역사를 통틀어 교육에 영향을 미치는 뛰어난 교육사상가들은 한결같이 말한다. 교육은 몸과 마음이 건강한 사람으로 키워가는 것이고, 교육의 본질은 몸과 마음의 조화로운 발달을 도모하는 전인교육이다. 그래서 한국에서 오래된 미래교육을 실천하는 곳은 부족하지만 대안교육기관이라 자부한다(물론 말로만 대안교육일뿐 입시와 경쟁위주 교육을 하는 곳은 제외된다). 대안교육이 오래된 미래교육이라는 말을 하는 까닭은 세계 보편의 미래교육과 민주교육 과정이 구현되고 있고, 입시와 경쟁 위주 교육이 아닌 몸과 마음을 건강하게 키워가는 교육을 20년-25년 넘게 실천하며 4C, 6C[2]같은 미

---

2) 2009년에 나온 '21세기 핵심역량(21st Century Skills)' 책에 소개되고, 2016세계 경제포럼에서 21세기 미래인재 핵심 역량으로 꼽았다. 4C-비판적 사고(Critical thingking), 창의성(Creativity), 소통능력(Communication), 협업능력(Collaboration)/ 4c에 더해 '최고의 교육'에서는 6c를 이야기했다.6C-Collaboration(협력), Communication(의사소통), Content(콘텐츠), Critical thingking(비판적 사고), Creative innovation(창의적 혁신), Confidence(자신감)

래교육 역량, OECD 2030 미래 교육과 역량(OECD Education 2030: The Future of Education and Skills) 프로젝트, OECD교육 2030 학습나침반(OECD Education 2030 Learning compass)[3]의 학생의 행주주체성이 현재 그대로 실현되고 있기 때문이다.

대안교육기관법의 제정에 따라 대안교육기관은 법정 교육기관, 그러나...

2020년 12월 9일, 대한민국 국회에서는 한국 사회에 엄청난 교육의 전환이라 불릴만한 법률이 통과되었다. 대안교육기관에 관한 법률(대안교육기관법)(법률 제17887호, 공포일 2021.01.12., 시행일 2022.01.13.) 제정으로 한국에는 초중등교육법상 학교와 대안교육기관법상 대안교육기관학교가 생기

---

3) OECD 교육 2030 미래 교육과 역량(OECD Education 2030: The Future of Education and Skills) 프로젝트는 29개국이 참여했는데, 경제협력개발기구(OECD)가 2015년부터 학교교육의 혁신을 위한 방향 설정을 염두에 두고 출범시킨 교육사업이다. 교육 시스템이 학생들이 성장하고 미래를 형성하는 데 필요한 지식, 기술, 태도 및 가치를 결정하도록 돕는 것을 목표로 한다. 2015년 OECD는 교육에 대한 글로벌 논의를 열어야 할 긴급한 필요성을 인식하여 미래 교육 및 기술 2030 프로젝트를 시작했다. 이 프로젝트는 목표를 설정하고 교수 및 학습을 위한 공통 언어를 개발하는 것을 목표로 한다. 프로젝트의 1단계는 커리큘럼 재설계 및 2030년 학습을 위한 개념적 프레임워크 개발에 중점을 둔다. 2단계는 커리큘럼 구현 및 2030년 교육을 위한 개념적 프레임워크 생성에 중점을 둔다.
OECD교육2030 학습나침반(OECD Education 2030 Learning compass)의 목적은 개인과 사회의 웰빙이다. 학생들이 자기 주변의 일에 관심을 갖고 책임감 있게 생각하고 참여함으로써 이루어진다. 자신의 삶에 책임감을 갖고 개인과 사회의 성장에 기여하는 학생의 모습을 학생행위주체성(Student Agency)이라는 개념으로 제시하였다,
                                      -OECD Future of Education and Skills 2030 홈페이지

게 되었다. 학교라는 명칭을 쓸 수 있고, 취학유예로 학부모의 실정법 위반을 해결하고, 대안교육기관 운영을 합법화 하는 경로가 새로 마련된 것이다. 1998년 대안교육특성화학교, 2005년 대안학교(각종학교, 초중등교육법 60조 3) 법제화에 이은 3차 법제화로 대안교육기관으로 등록하는 느슨한 형태의 과도기 특별입법이지만, 교육복지의 사각지대에 있던 대안교육기관학교 아동청소년들의 교육기본권을 공식으로 인정하는 법률이다.

모두 알다시피 현재 우리나라 학령인구 수가 크게 줄고, 교육부는 정의로운 공교육 강화 정책을 펼친다지만 교육복지의 사각지대에 있는 초중등교육법 밖 아동청소년에 대한 지원 정책은 여전히 부족하다. 대안교육 안에는 대안교육연대[4],

---

4) 경쟁과 질서를 강요하는 교육 현실과 고립된 개인으로 소외되어 가는 삶의 현실에서, 자연에 대한 경외와 인간에 대한 애정을 지닌 주체적인 인간으로 성장하고, 모든 사회, 문화, 경제적 차별과 불평등을 극복하고 함께 살아 나갈 수 있는 공동체적 품성을 가진 존재로 성장하는 교육과 삶을 지향하며, 나아가 교육의 문제가 사회 전반의 구조적 문제임을 인식하고 교육적 실천을 통해 대안적인 세상을 일구어 나가는 것을 그 목적으로 설립된 비영리민간단체다. 대안교육현장과 교육단체와의 연대 사업, 대안교육을 위한 연구와 교육·홍보·출판 사업, 청소년과 청년의 진로 관련한 사업, 교육정책, 교육제도, 교육환경의 개선을 위한 사업, 대안교육 교사를 위한 연수와 교육에 관한 사업, 기타 대안교육연대의 목적을 이루는 데 필요한 사업과 활동을 하고 있다. (대안교육연대 정관) 전국 56개 교육기관이 소속되어 있다.

한국대안교육기관연합회(구 기독교대안학교연맹)[5] 소속 현장과 소속되지 않은 교육현장이 500개에서 800개로 추정되고 있다. 그동안 특성화학교와 각종학교로 1, 2차 법제화를 통해 인가받은 대안학교가 등장했고, 그 뒤 수차례 대안교육을 법제화하기 위한 국회 발의가 있었지만 2020년 12월 9일에서야 초중등교육법 밖에 특별법으로 제정된 <대안교육기관에 관한 법률>과 시행령에 따라 2024년까지 236개 대안교육기관이 지역교육청에 등록[6]했다. 물론 등록을 신청하지 않은 대안교육기관이 아직 더 많다. 따라서 등록대안교육기관, 미(비)등록대안교육기관이란 말이 새로 생겼다.

그러나 초중등교육법 학교와 대안교육기관법상의 대안교육기관으로 대표되는 한국의 공교육 현장은 초중등교육법상 학교만이 여전히 공적 재정이 투여되고 있는 게 현

---

5) 대안교육기관의 발전을 위한 연구.조사 및 대안교육기관 구성원의 전문성 향상과 대안교육기관 청소년들의 문화 활동 지원을 목적으로 설립된 사단법인이다.(한국대안교육기관연합회 정관) 기독교대안학교연맹에서 출발했다.

6) **시도교육청별 대안교육기관 등록현황** -교육부 ('24. 3월 기준)

서울	부산	대구	인천	광주	대전	울산	세종	경기
78	9	7	7	12	9	2	1	60
강원	충북	충남	전북	전남	경북	경남	제주	합계
8	4	7	5	11	10	7	6	238

실이다. 대안교육기관법에는 재정지원과 학력인정이 빠져 있어서 교육부는 시급히 대안교육기관법 제정 취지에 맞게 초중등교육법 밖 아동청소년을 위한 학습권과 교육복지를 보장하기 위해 법률 개정 전까지 필요한 재정지원과 법률에 명시된 대안교육 정책을 위한 대안교육지원센터 설립을 추진해야 한다.

또한 대안교육기관법과 대안교육기관학교에 대한 홍보로 다양한 교육에 대한 선택지가 있음을 국민들의 알 권리를 위해서라도 학부모들에게 알려야 한다. 또한 현재 국회에 발의되어 있는 대안교육기관법 개정안과 타 법률 개정안을 시급히 완료해 대안교육기관 학생들의 교육기본권을 보장해야 한다. 대안교육기관법에 따라 대안교육기관은 초중등교육법상 학교 이외에 법정교육기관의 지위를 얻고 공교육 범주에 들어갔지만, 대안교육기관에 다니는 학생들은 여전히 법적으로는 초중등교육법에서 규정하는 학교 밖 청소년이다.

그런데 한국의 대안교육은 위기이다. 입학생이 갈수록 줄어들고 있어 많은 학교들이 어려움에 처해있다. 국가지원 없이 민간의 힘으로만 교육기관을 운영하다보니 해마다 겪는 재정위기가 학생수 감소로 더 심각하다. 학부모와 교사가 학교 재정을 마련해 운영하는 구조에서 학생수 감소는 그대로 직격탄이 되어 교사 수를 줄이고 만다. 교육 역량이 사라지는 것이다. 행복 교육을 견줄 문제는 아니지만 한국 교육은 세계의 많은 나라의 교육자들이 인정하는 놀라운 대안교육 역량이 있고, 대안교육은 교육의 본보기가 되어 많은 공립대안학교 설립과 혁신학교, 꿈의학교 같은 공교육 혁신 정책에 반영되었다. 코로나19가 알려준 교육의 교훈〈학교 안과 밖 어느 곳에서든 행복한 배움은 가능하고, 작은 학교와 교육공동체가 중요하고, 지역마다 마을교육공동체로 교육자치를 실현하고 기후위기 생태교육으로 전환을 실천해야 한다〉을 말하고 실천하는 때, 대안교육은 그대로 우리나라의 교육 자산이다. 한국 교육의 훌륭한 교육역량이 사라지지 않도록 교육부와 교육청, 자치단체의 지원정책이 빠르게 나와야 한다. 대안교육기관에 관한 법률이 제정되어, 이미 있는 학교밖청소년 지원법과 학교밖청소년지원조례에 더해 뚜렷한 지원 근거가 만들어졌으니 교육부와 교육청, 자치단체는 더 적극으로 지원정책과 예산을 편성해야 한다.

그러나 대안교육기관법 제정 이후 교육청과 지방자치단체간 협치가 더 부각되고 있다. 교육청에 등록했으니 이제는 교육청에서 재정지원을 해야 한다며 그동안 지방자치법 주민복지사무로 대안교육기관 학생들을 위한 일부

재정지원을 맡아온 지방자치단체가 손을 떼려고 하는 움직임이 나오고 있는 것이다. 교육청은 법률 미비와 개정을 까닭으로 〈대안교육기관 교육지원 조례〉에 나온 지원조차 미루려고 하고 있어 정작 대안교육기관법의 제정 목적인 대안교육기관 아동 청소년의 교육받을 권리는 보호받지 못하고 있다. 그래서 교육부가 나서서 지원을 위한 법률 개정과 다양한 법적 제도를 정비해 혼선을 막기 위해 애쓰고 있다.

대안교육기관법이 법률화되고 시행령에 따라 전국 대안교육기관이 교육청에 등록(2023. 7.21 기준 전국 231개 기관 등록)을 하고 있는 시점에 교육청마다 대안교육기관 지원 조례 제정은 대안교육기관 학생들의 교육받을 권리를 위해 꼭 필요한 일이다. 대전광역시교육청, 부산광역시교육청, 경남교육청, 전남교육청, 서울특별시교육청, 광주광역시교육청에서 대안교육기관 지원조례가 만들어졌고, 전북교육청처럼 학교밖청소년 교육지원 조례에 〈대안교육기관을 대안교육기관에 관한 법률 제2조 2호에 따른 시설 법인 또는 단체를 말한다〉를 적시하는 형태로 학교밖청소년 교육지원 조례를 개정한 곳도 있다.

교육청	조례명	제(개)정일
대전	대전광역시교육청 대안교육기관 지원 조례	2021.12.29.
부산	부산광역시교육청 대안교육기관 지원 조례	2022.4.13.
경남	경상남도교육청 대안교육기관 지원 조례	2022.7.7.
전남	전라남도교육청 대안교육기관 지원 조례	2022.12.22.
서울	서울특별시교육청 대안교육기관 및 위탁교육기관 지원 조례	2023.1.12.
전북	전라북도교육청 학교밖청소년 교육지원 조례	2023.4.28
광주	광주광역시교육청 대안교육기관 지원 조례	2023.7. 5
울산	울산광역시교육청 대안교육기관 지원 조례	2023. 8.10

자료: 국가법령정보센터

한편으로 대안교육 안에서는 위기의 시절을 겪으며 스스로 지속가능성을 묻는 다양한 노력을 해오고 있다. 입시와 경쟁에 반대하고 대안사회를 위한 대안교육의 정체성을 세우며, 마주한 학생수 감소에 따른 재정위기 대책을 교육공동체마다 온힘을 다해 마련하려고 애쓰고 있다. 그런데 교육재정에서 교사급여가 가장 큰 비율이다. 당장 교사 급여 예산이 지원되지 않으면 쉽지 않은 문제임을 모두 안다. 서울형 대안교육기관처럼 일찍부터 교사급여를 지원해온 곳도 있지만, 20년 넘게 지원 없이 자립을 실현해온 많은 교육 현장의 교사 급여는 그만큼 열악하다. 그래서 역시 대안학교 교사도 이직률이 높고, 여전히 3D업종에 버금가는 급여와 노동조건임을 고백해야 한다고 스스로 말하며 해결책을 모색하고 있다. 그렇지만 당장 지원 예산이 들어오지 않으니 자구책, 적극으로는 생존 전략을 찾고 있다. 물론 학교마다 알아서 할 수밖에 없다. 우리는 그동안 연대체 조직에 그만한 재정 여력을 위한 재정을 조성하지 않았다.

그래서 학교마다 여러 방법을 모색하고 있는데, 대안교육 알리기와 교육과정 안정 같이 기본에 해당하는 것도 이전보다 더 적극으로 펼치고 있다. 오랫동안 교육공동체를 꾸려 마을교육공동체로 진화한 대안교육의 경험을 살려 마을 속 교육과정을 확대하고 안정시켜가고 있고, 대안교육 출발부터 교육철학과 교육과정에 담아온 생태교육과정은 기후위기시대 더 적극 실천을 모색하고 지역에서 함께 비상행동을 조직하려는 단계로 나아가고 있기도 하다.

그런데도 현실은 절박하다. 마을활동가, 마을교육공동체 활동가, 교육운동가로 살아온 대안학교 교사들이 떠날 위기에 처한 게 우리 교육의 현실이다. 낮은 급여에도 행복한 교육을 꿈꾸며 학생들과 함께 성장하는 기쁨을 보람으로 여기며 살아온 교사들의 생존권마저 지키기 어려운 현재다.

그렇기에 처음부터 끝까지 일관되게 대안교육기관 재학생을 포함한 초중등교육법상 학교를 벗어난 아동청소년의 교육받을 권리를 보장하는 국가 교육 정책과 공적지원이 얼마나 절실한지 반복해서 말할 수밖에 없다.

기후위기와 COVID-19

코로나바이러스감염증 19(이후 코로나19)로 사람들은 지금껏 겪어보지 못한 일상을 살았다. 유행성 독감에 관한 역사의 통계가 보여주는 것처럼, 많은 전문가들은 코로나19와 같은 인수공통 감염병이 마다 반복해서 나타날 것이라고 예측했다. (인수공통감염병-사람과 척추동물에서 공통으로 나타나는 질병의 총칭. 인류가 가축 등 동물과 함께 생활하는 가운데, 동물과 사람 사이에서 적응하거나 진화한 병원체에 의해 전파되는 질병이다. 전체 감염병의 약 75% 이상이 인수공통감염병으로, 탄저병, 페스트, 브루셀라증, 사스, 메르스, 코로나바이러스감염증-19 등이 여기에 속한다 - 다음백과) 그런데 자세히 들여다보면 인수공통 감염병은 결국 인간이 만들어낸 것이라는데 심각성이 있다. 인류의 환경파괴, 생태계를 파괴하는 자본 소비체제의 삶의 방식과 기후위기가 더 전염병을 빠르게 때마다 불러일으켰다는 점에서 자업자득인 셈이다.

코로나19 팬데믹으로 비행기가 뜨지 않고 공장이 문을 닫으니 이산화탄소 배출양이 줄어 공기가 더 맑다고 했다. 당시 전쟁도 멈췄다. 지구생태계를 고려하지 않은 인간만의 경제 성장을 추구해 온 탐욕스러운 자본 소비 세상을 꼬집는 비판과 성찰, 개인의 성찰과 여유의 시간으로 이 시기를 제안하는 분들도 많았다. 바이러스가 일상이 되는 때 사람들에게 오가지 말고 만나지 말라는 봉쇄, 통제가 모두의 건강을 위해 필요하다 하니 여러 곳에서 앞날에 대한 우울한 전망, 코로나19 뒤 다가온 대공황에 견줄만한 거대한 경기침체 쓰나미와 빈부격차가 약자에게 불러올 재난시대의 악순환에 대한 이야기들도 쏟아져 나왔다.

당시 나라 안팎으로 큰일들이 많았다. 4.15국회의원 총선거, 조금 멀게는 검찰개혁을 벌인 대회전, 최악으로 치달은 한일 갈등, 홍콩민주화 시위, 브렉시트와 자본주의 위기, 미국과 중국의 무역 갈등과 보호무역주의, 트럼프 방위비 증액과 미사일 배치 요구로 발생될 동북아 신냉전 조장도 있었지만 인류와 마을이 당면한 가장 끔찍한 재앙은 기후위기였다.

인류와 마을이 당면한 가장 끔찍한 재앙은 기후위기

갈수록 미세먼지 때문에 밖에 나가지 못한 날이 많았다. 인류가 만들어낸 미세먼지, 방사능을 먹고 마시는 일상이 날마다 반복되는 시대가 돼버렸다. 그런데도 인류가 자본의 삶의 방식을 바꿀 생각은 없어 보인다. 인류가 줄곧 꺼내 쓸 석유석탄에서 발생될 3천기가 톤의 메탄가스,

2400기가 톤의 시베리아 대륙붕, 극지방 동토층의 메탄가스가 지구 대기를 가득 채울 때까지 그냥 이대로 살아야 하는 걸까. 세계화 4.0의 4차 산업혁명이 되면 더욱 더 커질 빈부 격차와 세계 자본 소비체제의 탐욕과 위기를 걱정하는 목소리가 커져가고 있다. 태평양을 방사능으로 13년째 오염시키고 있는 후쿠시마 핵발전소, 곳곳에서 들려오는 경제 전쟁과 전쟁 위협은 날마다 절망과 체념을 우리에게 던져주지만, 우리는 고마움과 미안함이 가득한 사람들과 마을공동체가 있어 아이들이 행복한 세상에 대한 꿈을 꾸며 살아낼 수 있는 건 아닐까. 자본과 국가 체제 안에서 희망을 만들어가는 것이 무엇인지, 절망과 파국으로 치닫는 사회에서 서로의 삶을 가꾸고 희망과 꿈을 노래하기 위해 우리는 무엇을 해야 하는지, 생명과 평화, 민주주의, 마을교육공동체, 기본소득, 탈핵과 소수자 존중, 자유와 다양성의 가치들이 마을 속에서 살아나려면 우리는 어떻게 살아야 할까.

기후위기를 일으킨 인류의 삶의 방식을 바꾸자

이제는 많은 사람들이 알아가고 있듯이 단순한 기후변화가 아닌 기후위기는 인류의 생존에 관련된 일이다. 몇 해 전 세계 곳곳에서 그레타툰베리를 비롯한 수만 명의 청소년들이 학교 휴업을 결정하고 기후위기 비상행동을 조직하고 기후위기를 일으킨 어른들에게 간접하게 호소했다. 지금이라도 기후위기를 일으킨 인류의 삶의 방식을 바꾸자고 말이다. 해마다 줄곧 미세먼지 때문에 마을 주민들의 활동이 위축되고, 갈수록 더워지는 지구는 우리에게 냉방기와 에어콘을 생명과 건강을 위한 인권의 수준으로 끌어올리며 에너지를 더 많이 쓰는 장치를 설치하게 했지만, 여전히 자본소비사회를 살아가는 사람들은 기후위기는 내 삶과 먼 일로 여기며 고단한 살림살이 속에서 체념하거나 모르쇠하며 살아가고 있을 뿐이다. 그러나 기후위기, 빈부 격차들은 끝내 우리 마을과 미래 세대가 마주하고 삶에 담아야 할 현실이다.

어려운 때 일상의 회복, 안전을 확인하며 함께 할 일을 묵묵하게 실천하며 마을을 가꾸어가는 사람들이 있었다. 마을사랑방 쉼터에 책을 기증하고, 벼룩장터가 열리지 못하니 SNS소통방에서 나눔을 하고, 자치단체에서 민·관·군이 함께 하는 합동 방역에도 마을주민들의 참여가 줄곧 되었다. 그렇다. 유행성 독감 코로나19가 우리들의 삶을 크게 바꾸었지만 사람들의 삶은 줄곧 되고, 마을과 직장에서 할 일은 여전히 있고, 더 어려운 곳에서도 자기 할 일을 묵묵히 해내는 사람들이 있어 세상은 돌아간다. 당시 방역 현장의 최일선에서 일하는 분들이 없었다면, 병원 간호사와 의사가 없었다면, 지금보다 세상은 더 전염병으로 고통을 겪고 많은 사람들이 죽어갔을 것이다. 우리는 이제 다시 물어야 한다. 일상이 맥없이 무너지는 삶이 다시 또 온다면, 우리는 우리의 삶을 어떻게 꾸려가야 할까. 바이러스가 때마다 나오는 게 일상이 되어가는 세상에서 아이들과 어떻게 살아 가야할까.

기후위기가 몰고 올 식량의 위기

그런데 건강과 함께 먹고 사는 문제는 무엇보다도 위기가 한 나라에서 끝나는 게 아니라 전 세계로 순식간에 퍼지는 지구촌시대 경제체제이다 보니 앞날을 예측하기가 더 어렵다. 유럽과 미국에서 터진 경제 위기는 그대로 우리나라의 경제 위기가 될 것이다. 이럴 때일수록 약하고 가난한 사람들은 더 어렵다. 우리는 지금껏 겪어보지 못한 위기의 시대에 살고 있다. 기후위기, 생태계와 인류 멸종의 위기, 바이러스 위기, 전쟁 위기, 핵 방사능 위기, 경제 위기, 실업 위기까지 탐욕의 시대 수많은 위기들은 가난한 사람들에게 그야말로 지옥일 수밖에 없다. 곧 닥친다는 과학자들의 증언인 기후위기가 곧 식량의 위기로 이어질 것을 생각하면 끔찍하다. 지금은 바이러스 확산 예방조치라지만 만약 식량의 위기가 닥친다면, 자급률이 25프로 아래인 우리나라는 식량을 어디에서 수입할 수 있을까. 지금이야 대도시 사람들이 입코가리개(마스크)를 사려고 줄을 선다지만 먹을거리를 사려고 해도 살 수가 없는 때가 온다면 그 배고픔의 줄서기는 가능하기나 한 걸까.

4.10총선으로 새로 구성될 국회가 기후위기를 제대로 담아내고, 재난시대를 살아가야 하는 국민들의 삶이 담긴 법률안을 만들어내는 정치를 할 것인지 눈 부릅뜨고 지켜 봐야 할 때이다.

더불어 정부기관의 시민감시 통제능력이 강화되는 것에 대한 경계와 시민역량이 동시에 강화되고 있는 때에 따듯한 연대와 환대를 실천하는 의식이 동시에 자라고 있다는 희망을 지니고, 바이러스 행성에서 살아가야 할 인간의 새로운 삶의 방식을 위한 많은 이야기들이 집단지성으로 발현되어 문명의 전환, 시대의 전환, 교육의 전환, 삶의 전환을 위한 실천으로 이어지기를 간절히 바란다.

교육의 전환, 학교에 가지 않아도 배움은 줄곧 되고

코로나19 확산 예방을 위한 정부와 교육부의 사회관계 거리두기와 온라인 개학은 마을을 둘러싼 세상과 우리 아이들의 교육과 학교의 바탕을 다시 생각해 보게 했다. 학교에 가지 않아도 배움은 줄곧 되고 배움의 형태는 더 다양하게 펼쳐지고 있다고도 할 수 있었다. 장보기도 만남도 회의도 모두 컴퓨터와 손전화 화면으로 처리하는 세상이 강제되고 있고, 학교가 문을 닫다 보니 아이들 보육과 교육이 학교 밖에서 가정에서 일어났었다. 학교가 아닌 가정에서, 산과 들에서, 인터넷에서 그동안 보지 못한 일상을 찾고, 아이들은 심심하다는 것이 무엇인지 깨달아가며 학교를 간절하게 가고 싶어 했다.

학교에 가지 못하는 세상을 아이들은 어떻게 생각하고 있었을까. 〈학교에 가서 어서 빨리 동무들과 어울려 놀고, 배우는 기쁨을 누리고 싶다〉며 학교라는 공간을 배움의 즐거움을 누리고 함께 협력해서 일하고 공부하는 곳으로 여기는 아이들은 얼마나 됐을까. 학교에서 교육 주체가 행복하다면 학교의 소중함을 깨닫는 계기가 되겠지만, 학교는 친구들과 밥 먹으러 가고 학원에서 시험에 필요한 공부만 한다는 현실이 바뀌지 않는다면 굳이 학교를 고집할 필요가 있을까. 학교 밖에도, 마을에도, 학원에도 교사는 있고 배움은 있다.

그러니 마을공동체로 우리 아이들을 키우고 싶은 마을에서도 교육의 바탕을 묻고, 학교가 존재하는 까닭을 다시 물을 수밖에.

당시 학교에서는 원격수업이 진행되었다. 순식간에 온 나라 교사들이 온라인에서 학생들을 만나기 위해 온라인 플랫폼을 구축하거나 수업 영상을 만들었고, 교육부 방침대로 출석확인을 하며 수업을 했다. 현장에 있는 많은 분들이 새로운 변화에 적응하면서도 원격수업 체제만으로 교육 할 수 있는가의 본질을 묻기 시작했다. 원격 수업으로 우리는 우리가 추구하는 교육의 목표를 달성할 수 있을까. 교육의 목적이 지식전달에만 있다면 학교라는 존재는 이렇게까지 의미를 부여하지는 않을 것이다. 전인교육, 몸과 마음을 건강하게 키워가는 것을 위해서 우리는 무엇을 물어야 할까. 교육의 전환, 문명의 전환, 삶의 전환을 위해 무엇이 필요할까. 교육의 존재 방식은 무엇일까.

교육의 전환과 미래교육

우크라이나와 가자지구에서 벌어지는 전쟁으로 전 세계 사람들의 어려움이 줄곧 되고 있는 때다. 기후위기와 감염병 시대는 여전히 우리 사회를 짓누르고 있고, 자본소비사회에서 커져 가는 빈부격차와 재난자본주의의 위험성을 마주할수록 걱정이다. 세월호 교훈을 잊어버린 듯 이태원 참사가 일어났고, 후쿠시마 핵발전소 사고가 알려준 가르침은 사라지고 있다. 코로나19가 알려준 교훈인 전환은 어느새 말 잔치에 그칠 듯 싶어 또 걱정이다. 문명의 전환, 교육의 전환, 삶의 전환을 위한 우리들의 실천이 중요한 까닭이다. 대안교육현장에 있는 사람들은 꿈과 희망을 만들어가는 가는 교육운동을 하는 사람들로 우리 문명의 정체, 학교와 교육의 실체를 깨달으며 아이들이 살만한 우정과 환대의 공동체와 교육의 전환을 실천하고 있다.

우리는 지금껏 겪어보지 못한 위기의 시대에 살고 있다. 기후위기, 생태계와 인류 멸종의 위기, 바이러스 위기, 전쟁, 핵 방사능 위기, 경제 위기, 실업 위기까지 탐욕의 시대 수많은 위기들은 가난한 사람들에게 그야말로 지옥일 수밖에 없다. 곧 닥친다는 과학자들의 증언인 기후위기가 곧 식량의 위기로 이어질 것을 생각하면 끔찍하다. 코로나 시대 대도시 사람들이 입코가리개(마스크)를 사려고 줄을 섰다지만 먹을거리를 사려고 해도 살 수가 없는 때가 온다면 그 배고픔의 줄서기는 가능하기나 한 걸까.

코로나19와 같은 바이러스가 일상이 되는 때 교육은 무엇을 담아야 하는지, 우리들의 수업 방식은 무엇인지, 교육과 학교 체제에 대한 물음, 우리가 적극 제안하고 공론화시켜야 할 것, 마을교육공동체에서 살필 것들, 지역사회에서 할 노릇까지 두루 살피고 생각할 거리가 많았다. 구체로는 원격학습 권장 시대의 교육과 교사의 존재 방식과 노릇, 전염병 창궐시대 건강과 안전 수칙, 학사일정 조정의 범위도 있었다. 한국 교육이 마주한 현실이며 담아야 할 이야기다.

미래를 위한 교육은 무엇을 이야기해야 할까.

첫째, 교육의 본질은 무엇인가이다. 교육은 본디 공공

성을 담보하고 있고, 교육 기회는 공정하고 평등하게 보장
되어야 하는데 우리 교육은 그러한가. 삶을 위한 교육이
일어나고 학생들이 배움에 설레고 교육의 삼 주체가 행복
한 학교는 있는가. 이 물음에 답하기 위해 한국의 대안교
육이 있다. 우리는 기후위기와 감염병 시대를 겪으며 문명
의 전환을, 후쿠시마와 세월호 이후 더 교육의 전환을 주
장해왔다. 대안교육이 앞장서고 혁신교육이 그 물음에 답
해왔다. 위기의 시대, 교육은 무엇을 담아야 할까. 그레타
툰베리의 외침처럼 기후위기를 교과서에 가두지 않고 앎
과 행함이 통일되는 교육을 우리의 교육 현장은 얼마나 담
아내고 있을까. 미래 변화 대응 역량 및 기초소양 강화로
지속가능한 사회를 위한 생태전환교육과 민주시민교육을
담은 2022년 개정교육과정 총론에 설렜던 이유이다. 다시
오래된 교육의 미래를 실천해온 교육 현장들을 들여다봐
야 할 까닭이다.

식의주 교육에 공을 들이는 교육 현장이 많다. 삶을 위
한 교육을 위해서는 우리 삶의 바탕인 먹고 자고 입는 것에
서 시작할 수 밖에 없다. 우리가 먹는 게 어디에서 오고, 우
리가 입는 게 무엇인지, 우리가 사는 곳을 배우는 것은 사
실 인류 역사이자 우리 삶의 기본이다. 삶과 괴리된 교육이
문제이니 삶에서 출발하겠다는 의지다. 교육현장에서 말
하는 자유, 생명, 평화, 민주, 협력, 자율, 자치는 왜 중요할

까? 역시 사람이 살아가는데 반드시 필요한 교육 가치이기 때문에 철학으로 담아 모든 교과에서 실천하는 것이다.

집 밥 옷 예술로 다시 돌아가서 삶의 바탕인 식의주와 예술 영역에서 온 몸을 써서 생산과 협력의 기쁨을 누리는 교육활동은 그 자체만으로도 철학이 담겨있지만, 우리 뇌를 가장 발달시키는 온몸의 감각을 깨우는 과정으로도 볼 수 있다. 세계 모든 교육 현장에서 보편으로 중요하게 여긴다.

인공지능과 디지털 시대에 손뜨개와 톱질 낫질이 교육에서 필요한가. 컴퓨터 활용 능력을 기르고 코딩을 가르쳐야 되지 않을까? 나는 요즘 많은 곳에서 이야기되는 미래교육이 무엇인가 되묻는다. 미래교육은 미래사회를 살아갈 아이들에게 필요한 역량을 길러주는 것이다. 교육에서 미래를 살아갈 아이들에게 가르치고 배워야 하는 역량으로 꼽는 게 이른바 4C(비판적 사고력, 창의력, 의사소통능력, 협력), 6C(비판적 사고력, 창의적혁신, 의사소통능력, 협력, 자신감, 콘텐츠)다. 그러면 맑은샘의 수많은 일놀이와 손끝활동은 미래교육 역량과 어떻게 연결되느냐는 물음에 대한 답을 쉽게 설명할 수 있다. 손뜨개와 농사교육, 수공예활동을 하며 일과 놀이로 감각을 깨우고 자연스럽게 협력을 배우는 과정에서 창의력도 나오고, 비판적 사고력도 길러진다. 6c 역량이 모두 길러진다. 뇌과학에서도 증명하는 이야기다. 어릴 적 부지런히 손발을 놀리고 감각을 깨우며 서로 협력할 수 있는

놀이와 주제로 삶의 바탕이 되는 공부를 하는 것은 미래사
회를 살아갈 가장 큰 힘이 될 것이다.

둘째, 코로나 시대를 겪으며 우리 사회는 원격수업과
스마트교육 속으로 순식간에 빨려 들어갔고, 지금은 인공
지능과 코딩으로 대표되는 디지털시대 스마트교육 전성시
대다. Chat GPT와 인공지능, 디지털기술이 상상할 수 없
는 속도로 발전하는 때에 교육현장에서는 이를 어떻게 수
용하고 있는지 되돌아볼 필요가 있다. 에듀테크가 갖춰지
면 저절로 미래교육이 일어나는 걸까? 그린스마트 미래학
교가 되면 미래교육 역량이 길러지는 걸까? 디지털시대 자
연친화 감수성과 온 몸으로 맺는 관계 교육은 어떻게 가능
한가. 질문하고 상상하는 능력이 더 중요해졌다 말하지만
우리는 그런 역량 중심의 교육을 실제로 구현하고 있는가.
교과통합과 온라인 매체 활용 교육이 연결되려면 무엇이
필요할까. 디지털과 온라인 학습 활용에 대한 토론, 실현
가능한 준비와 재정, 교사 교육까지 교육의 본질을 중심에
놓고 이야기해야 한다. 미래의 교육방식과 수업방식, 교수
법은 어떠해야 하는지에 대한 연구도 필요하지만 메타버
스, 코딩 교육 모두 학생들의 몸과 마음을 건강하게 키워
가는 교육의 본뜻, 학생중심의 교육이란 원칙과 방향을 놓
아서는 안 된다.

미래교육이 에듀테크에 달려있다고 보지는 않는다. 교육의 본질, 교육의 바탕을 말할 때 도구와 방법은 교육철학과 교육정신에 따라 잘 쓰면 되는 것이지 디지털 도구가 교육의 전부를 말할 수 는 없다. 관계를 확장하고 자연과 이웃과 어울려 살아가는 감성과 버릇을 AI가 만들어주지는 않는다. 우리에게 디지털 교육 방식이 의미를 지니려면 교육철학에 어울리는 그만한 섬세한 교육과정을 실천할 교사부터가 시작이다. 전통으로 내려오는 교사의 역할과 상은 지금은 변했다는 사실에 주목해야 한다. 돌봄과 교육을 뗄 수 없듯, 지식 전달과 지식 검색을 할 수 있는 힘, 질문을 할 수 있는 능력을 길러주는 것일 수도 있다. 컴퓨터와 패드를 사용해 인터넷의 지식을 찾아내고 AI를 부릴 수 있는 정확하고 섬세한 질문 능력을 어떻게 교육에서 길러줄지 먼저 생각해보자는 뜻이다. 디지털 문명의 파고를 외면해서도 교육의 시대적 사명을 다할 수는 없다. 우리에게 필요한 디지털 교육을 만들어가는 과정이 중요하다. 1인 1pc정책과 영상학습이 나쁜 건 아니다. 그것만이 미래교육이자 디지털교육의 전부라고 머무르는 게 문제다. 온라인+오프라인의 결합을 시도해 전 세계에서 프로젝트를 만들어 인재를 키우려는 교육의 흐름을 잘 알고 있다. 장점을 잘 알고 부작용을 잘 알고 있는 어른들이 슬기롭고 현명하게 접근해야 할 영역이다.

셋째, 학교 담장을 넘는 마을 연계 교육과정과 마을교육공동체를 가꾸고 실현시키는 이야기다. 지역사회 교육력을 함께 모색하는 마을교육공동체가 지역마다 제기되고 있고, 인천광역시교육청처럼 이미 앞서서 마을교육자치회를 만들어 마을에서 교육을 함께 가꾸며 실천하는 곳이 있다. 세계 교육 흐름 또한 지역사회와 연결된 교육이 미래교육에서 중요해지고 있다. 마을교육공동체의 품속에서 우리 아이들이 행복하려면 교육 주체들은 무엇을 애써야 할까. 온 마을이 배움터라면 지역사회에서 할 노릇, 우리가 적극 제안하고 공론화시켜야 할 게 무엇인가.

교육 영역에서 마을교육공동체와 미래교육 담론을 제안하고, 기후위기와 전환교육의 가치를 다양한 지역사회 활동에 담아내며. 마을교육공동체를 안정되게 밀고 갈 협동조합 들을 세우고, 지역사회 교육 단체에 참여해 교육 연결망을 구성하고, 교육의 화두를 꾸준히 제기하는 몫이 지역사회 교육생태계에게 있다. 미래혁신교육지구와 마을학교 운영, 지역 시민단체와 결합 또한 같은 맥락에서 마을교육공동체의 실현, 마을 속 교육과정, 전환교육의 실천으로 온 마을이 배움터임을 보여줄 수 있다. 초중등교육법 학교와 대안교육기관법 대안교육기관이 함께 가꿀 교육이다.

마을의 전환, 우정과 환대의 마을교육공동체

코로나19 뒤 우리는 무엇을 더 생각하고 어떻게 실천해야 할까. 사람 만남을 꺼리고, 온라인 디지털 기술이 일상인 세상에서 마을을 가꾸는 건 무엇일까.

하나, 전환과 민주주의가 살아있는 마을이다. 후쿠시마와 세월호 이후 많은 곳에서 문명의 전환을 주장해왔다. 코로나19같은 유행성 독감 또한 인간이 자연생태계를 파괴한 탓에 야생동물에게 살던 바이러스가 사람으로 옮겨온 것이고, 인간이 한 번도 만나본 적이 없는 동토층의 잠자던 바이러스도 줄곧 나타나는 위기의 시대, 마을은 더더욱 전환을 담아야 한다. 기후위기를 책 속에 가두지 않고 앎과 행함이 통일되도록 더 적극으로 전환을 마을 속에 담아야 할 때다. 또한 기후위기가 불러올 사회 약자와 소수자들의 가난과 어려움을 돕는 민주주의가 살아있는 세상과 마을을 꿈꾼다.

둘, 우정과 환대의 마을공동체를 가꾸고 실현시키는 이야기다. 마을공동체에서 함께 살피고 더 힘을 쏟아야 할 게 무엇인지 이야기를 모아야 할 때다. 우정과 환대의 마을공동체가 살아있도록 하려면, 더 깊이 있는 공동체를 가꾸어가려는 애씀은 무엇으로 드러나야 할까. 다양한 처지와 방식으로 서로를 이해하고 살피며 어려울 때 빛이 나는 우정과 환대의 공동체를 꿈꾼다. 구체 방식으로 함께 추천하는 책을 읽고, 저마다 영상을 보고, 글을 쓰고 함께 나누는 누리집에 올려 함께 나누며 삶을 가꾸는 것도 있을 터이고, 길게 보고 시골공동체와 도시공동체를 연결하는 방식으로 먹을거리를 생각해볼 수 있다.

셋, 온 마을이 배움터다. 마을 속에서 마을교육공동체와 미래사회 마을에 대한 담론을 제안하고, 기후위기와 전환의 가치를 다양한 지역사회 활동에 담아내면 어떨까. 마을공동체의 실천을 지역 사회로 넓히고, 지역에서 전환의 가치를 담아내는 실천을 조직하는 것들이 보기일 것이다. 2019년 과천축제기획단에 참여해 줄곧 제안한 쓰레기 없는 축제는 2020년 시의원들의 가세로 쓰레기 없는 과천축제로 실현되었다. 또한 마을에서 실천하는 쓰레기 없는 벼룩장터 또한 또 다른 실천이다. 마을을 넓혀 지역사회 연결망을 구성하고, 일과 놀이로 마을기술을 담고, 전환의 화두를 꾸준히 제기하는 몫이 마을에게 있다.

넷, 함께 참여하고 함께 나서야 한다. 마을 청소, 양지마을신문, 양지마을 장터, 양지마을 용마골 자율방범대, 과천축제 생활기술 모험놀이터, 과천적정기술생활학교,

꿈의학교, 방바닥음악회, 양지마을주민자치회, 마을여행계모임, 책읽기모임, 영화모임, 양지마을 세배하기, 주민자치위원회와 주민참여예산위원회, 전환마을과천을꿈꾸는사람들, 맑은샘교육연구회, 과천공동육아사회적협동조합, 마을사랑방, 마을카페 마실, 공동주책, 카쉐어링과 공유경제까지 마을을 위해 일과 놀이로 마을공동체를 꾸리는 일에 많은 마을 사람들이 함께 나서고 있다.

과천시 주민참여예산제로 마을을 가꾼 양지마을소공원, 마을농구장, 마을사랑방, 양지마을주민자치회와 함께 다양한 마을 주체들이 꾸준히 마을을 가꾸어 가고 있다. 해마다 과천시 마을공동체 지원 사업으로 〈전환마을과천을 꿈꾸는 사람들〉이 마을에서 신문을 만들고, 마을장터에 마을기술을 담는 사업을 펼친다. 또한 양지마을에서 전환의 가치를 담는 교육활동으로 마을에서 주말학교가 펼쳐졌다.

모두의 안전을 위해 공공생활수칙을 지켜가지만 따듯한 마음의 거리는 더 좁혀가야 한다. 어려울 때일수록 공동체가 빛을 발휘하는 법이다. 나와 우리 둘레에 더 어려운 이웃을 찾고, 서로 돌보며, 전환의 가치를 마을 속에서 실현해가는 양지마을 사람들에게는 마을이 있다.

| 참고 문헌 |

심지영, 《생태전환교육, 학교에서 어떻게 할까?》, 살림터, 2023

전정일, 《일과 놀이로 여는 국어수업》, 천개의 정원, 2021

_____, 《일과 놀이로 자란다》, 맑은샘, 2014

양경윤 외, 《지구를 구하는 수업 - 기후위기 시대에 꼭 필요한 생태전환 교육》, 케렌시아, 2023

_____, 《생태문명으로의 전환과 새로운 교육 패러다임》, 경기도교 육연구원, 2021

남미자 외, 《기후위기와 교육체제 전환 방향》, 경기도교육연구원, 2020

엄수정 외, 《포스트휴먼 시대의 기후위기 대응 교육》, 경기도교육연구 원, 2021

우석훈, 《생태 페다고지-탈토건 시대를 여는 생태교육》, 개마고원, 2009

강신호, 《이러다 지구에 플라스틱만 남겠어》, 북센스, 2019

고금숙, 남예진, 노리, 공석진, 강신호 저 외 8명, 《플라스틱 프리》, 교육 공동체벗, 2018

박복선, 이아롬, 임덕연, 오선재, 전정일 등저 외 9명 《모두의 정원》, 교 육공동체벗, 2019

존 쿡, 《기후위기, 과학이 말하다 - 우리는 고집불통 삼촌의 마음을 바 꿀 수 있을까?》, 청송재, 2021

그림책사랑교사모임, 《생태 전환 교육 (그림책으로 시작하는)》, 학교도 서관저널, 2023

임성화, 《이토록 멋진 지구의 아이들 (개정교육과정을 담은 지속가능한 생태전환교육 이야기)》, 시대인, 2024

이경한 외, 《생태전환시대 생태시민성 교육》[eBook], 푸른길, 2023

이태숙, 《생태 감수성을 기르는 그림책 수업 - 기후 위기 극복 위해 생각을 바꾸고 행동을 이끄는 생태 전환 교육》, ㈜학교도서관저널, 2023

최재천, 《생태적 전환, 슬기로운 지구 생활을 위하여 - 지속가능한 지구를 위한 마지막 선택》, 김영사, 2021

김성원, 박복선, 최소연, 전정일 외, 《플라스틱 프리-삶의 기술, 세 번째》, 교육공동체벗, 2018

성미산학교, 《마을 학교 - 성미산학교의 마을 만들기》, 교육공동체벗, 2016

전남마을교육공동체활동가모임, 《마을의 가치, 학교와 같이 - 9인 9색 전남마을교육공동체 이야기》, 에듀니티, 2022

심성보, 김태정, 《시민이 만드는 교육 대전환》, 살림터, 2022

김용련, 《마을교육공동체 : 생태적 의미와 실천》, 살림터, 2019

서용선, 김아영 외, 《마을교육공동체란 무엇인가?》, 살림터, 2016

현병호, 《함께 만드는 마을교육공동체 (삶과 동떨어지지 않은 배움을 찾아, 개정증보판)》, 민들레, 2020

강영택, 《지속가능한 마을, 교육, 공동체를 위하여-마을교육공동체의 역사 탐구》, 살림터, 2022

박원순, 《마을이 학교다 - 함께 돌보고 배우는 교육공동체》, 검둥소, 2010

김태정, 《혁신교육지구와 마을교육공동체는 어떻게 만들어지는가? - 어쩌다 공무원의 좌충우돌 마을교육공동체 만들기》, 살림터, 2019

아마이아 안테로 인차우스티, 《학교와 마을을 잇는 교육공동체 이카스톨라 이야기 - 자율과 협동을 배우는 신뢰의 교육학》, 착한책가게, 2019

심성보, 《코로나 시대, 마을교육공동체운동과 생태적 교육학 - 돌봄과
교육의 위기, 어떻게 극복할 것인가?》, 살림터, 2021

김환철 외, 《신나는 학생들, 마을에서 자란다 - 마을교육공동체 공교육
의 미래를 잇다》, 북트리, 2022

맑은샘어린이, 《맑은샘아이들》, 맑은샘학교, 2007~2023

고병헌 외, 《교사, 대안의 길을 묻다》, 이매진출판사, 2009

붉나무, 《사계절 생태놀이》, 길벗어린이, 2009

비노바 바베, 김성오 옮김, 《아이들은 무엇을 어떻게 배워야 하는가》,
착한책가게, 2014

서정오, 《누구나 쉽게 쓰는 우리말》, 보리, 2020